学ぶ人は、
変えて
ゆく人だ。

目の前にある問題はもちろん、

人生の問いや、

社会の課題を自ら見つけ、

挑み続けるために、人は学ぶ。

「学び」で、

少しずつ世界は変えてゆける。

いつでも、どこでも、誰でも、

学ぶことができる世の中へ。

旺文社

最高クラス
問題集

国　語
小学2年

旺文社

目次

編集協力　有限会社マイプラン
装丁・本文デザイン　内津剛（及川真咲デザイン事務所）
校正　東京出版サービスセンター、山﨑由美子

中学入試を視野に入れたハイレベル問題集シリーズ

●中学入試に必要な学力は早くから養成することが大切！

中学入試では小学校の教科書を超える高難度の問題が出題されますが、それらの問題を解くための「読解力」や「思考力」は短期間で身につけることは困難です。早い時期から取り組むことで本格的な受験対策を始める高学年以降も余裕をもって学習を進めることができます。

●3段階のレベルの問題で確実に学力を伸ばす！

本書では3段階のレベルの問題を収録しています。教科書レベルの問題から徐々に難度を上げていくことで、確実に学力を伸ばすことができます。

●思考力問題で実際の入試をイメージ！

中学入試では思考力を問われる問題が近年増えているため、本書は中学入試を意識した思考力問題を掲載しています。暗記やパターン学習だけでは解けない問題にチャレンジして、自分の頭で考える習慣を身につけましょう。

本書の3段階の難易度

★	標準レベル …	当該学年の教科書と同程度のレベルの問題です。確実に基礎から固めていくことが学力を伸ばす近道です。
★★	上級レベル …	教科書よりも難度の高い問題で、応用力を養うことができます。上の学年で扱う内容も一部含まれています。
★★★	最高レベル …	上級よりもさらに難しい、中学入試の準備にふさわしい問題です。

別冊・問題編

問題演習

標準レベルから順に問題を解きましょう。

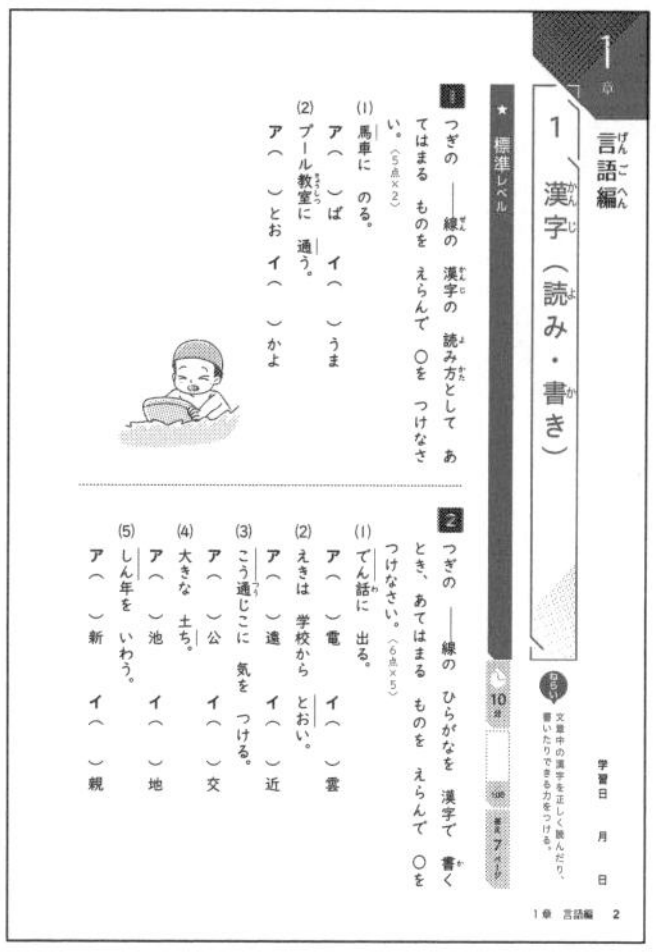

復習テスト

2～4単元に一度、学習内容を振り返るためのテストです。

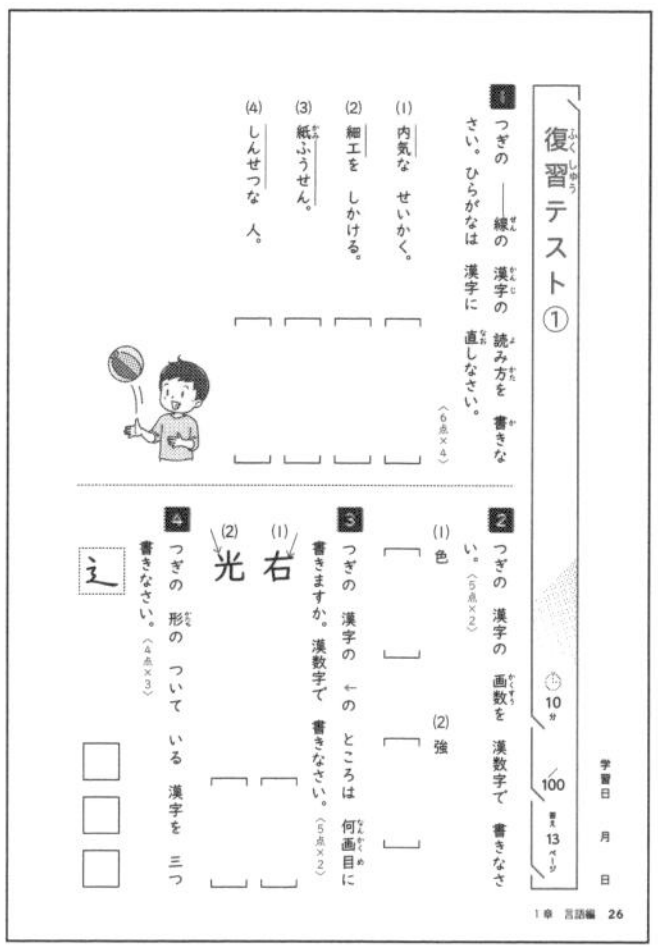

思考力問題にチャレンジ

中学入試を意識して挑戦してみましょう。

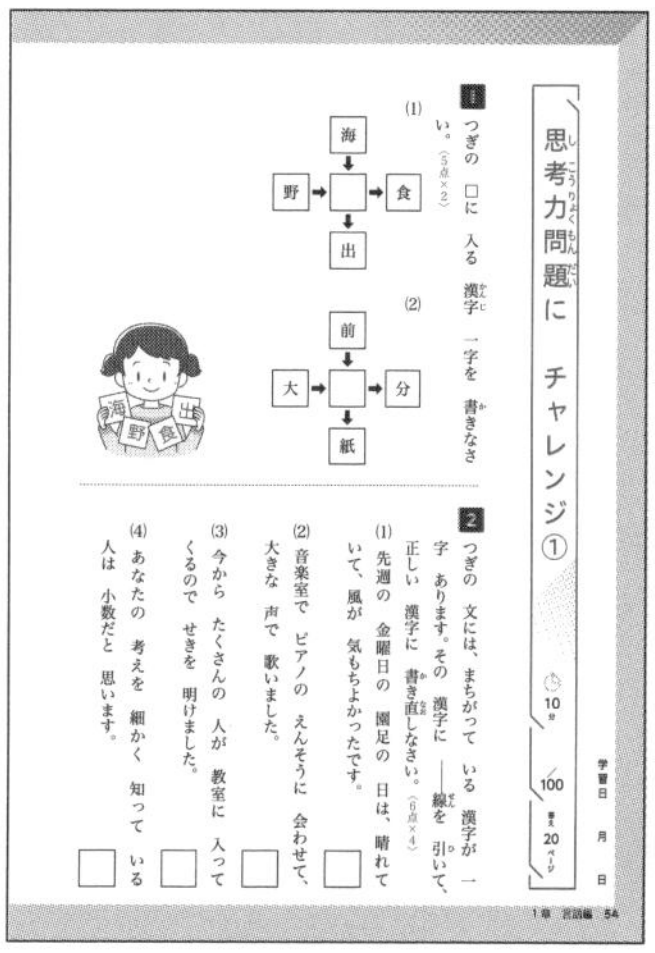

総仕上げテスト

本書での学習の習熟度を確認するためのテストを2セット用意しています。

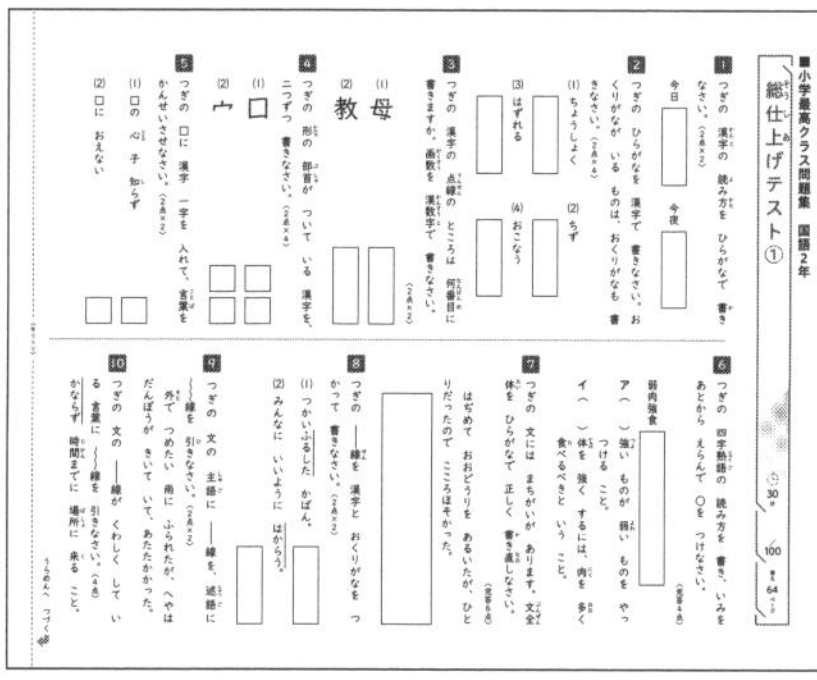

本冊・解答解説編

解答解説

丁寧な解説と、解き方のコツがわかる「中学入試に役立つアドバイス」のコラムも掲載しています。

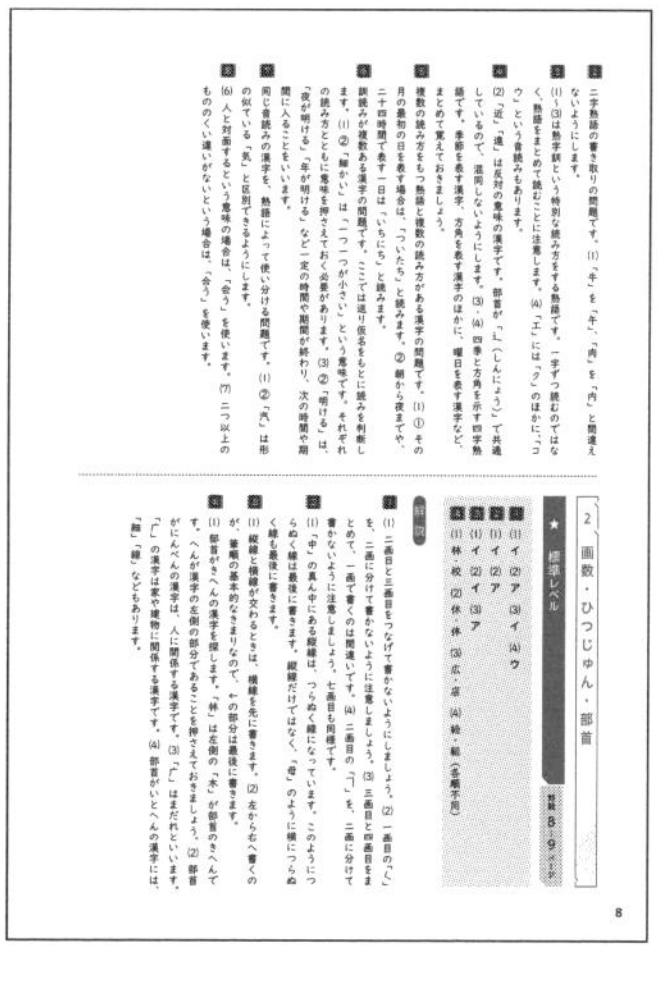

解答解説

編

これ以降のページは別冊問題編の解答解説です。問題を解いてからお読み下さい。

本書の解答解説は保護者向けとなっています。採点は保護者の方がして下さい。

満点の8割程度を習熟度の目安と考えて下さい。また、間違えた問題の解き直しをすると学力向上に効果的です。

「中学入試に役立つアドバイス」のコラムでは、類題を解く際に役立つ解き方のコツを紹介しています。お子様への指導に活用して下さい。

■1章 言語編

1 漢字（読み・書き）

★ 標準レベル　問題 2～3ページ

1 (1) ア　(2) イ
2 (1) ア　(2) ア　(3) イ　(4) イ　(5) ア
3 (1) エ　(2) オ　(3) ウ　(4) イ　(5) カ
4 (1) エ　(2) 会　(3) 帰

解説

1 (2) 送り仮名をもとに、漢字の訓読みを判断する問題です。「通る」「通う」という終止形だけではなく「通らない」「通わない」など形が変化しても読み分けられるようにしましょう。

2 形の似ている漢字や同じ音読みの漢字を正しく使い分ける問題です。(1)「電」「雲」のほか、「雪」なども押さえておきましょう。(2)「遠」は、「近」のほかに、同じ部首である「道」「週」などと間違えないようにしましょう。(3)「公」を使う熟語には、「公園」などがあります。「交」を使う熟語にはほかに「親交」などがあります。「コウ」のように同じ音読みの漢字が多い漢字は、熟語の意味といっしょにどの漢字を使うとよいかを覚えておきましょう。(5)「新」の訓読みは「あたら（しい）」「あら（た）」「にい」で、「親」の訓読みは「おや」「した（しい）」「した（しむ）」です。訓読みから漢字の意味や熟語の意味を考えることもできます。

3 読み方が複数ある漢字の問題です。(5)「元」は音読みが「ゲン」「ガン」、訓読みは「もと」です。熟語ごとにどの読み方をするか覚えておきましょう。

4 同じ音読みの漢字から、適切な漢字を選ぶ問題です。それぞれの漢字の訓読みや、その漢字が使われているほかの熟語も押さえるようにしましょう。
(1) 選択肢の中で、「こう」と読む漢字は「工」「高」「光」です。「工」を使った熟語にはほかに「図工」などがあります。「高」の訓読みは「たか（い）」「たか」「たか（める）」「たか（まる）」で、「高」を使った熟語には「高音」などがあります。「光」の訓読みは「ひか（る）」「ひかり」で、「光」を使った熟語には「日光」などがあります。

★★ 上級・最高レベル　問題 4～7ページ

1 (1)①もん ②かん　(2)①どう ②しゅう　(3)①きょう ②すう　(4)①ほう ②まん
2 (1) 牛肉　(2) 金魚　(3) 計算　(4) 半分　(5) 毎朝　(6) 弓矢　(7) 黄色
3 (1) かわら　(2) けさ　(3) たなばた　(4) だいく　(5) うもう
4 (1)①強 ②弱　(2)①近 ②遠　(3) 春夏秋冬　(4) 東西南北
5 (1)①ついたち ②いちにち　(2)①け ②か ③や
6 (1)①ほそ ②こま　(2)①あたら ②あら　(3)①あか ②あ ③あき
7 (1)①記 ②汽　(2)①星 ②声　(3)①止 ②紙 ③市
8 (1) 少　(2) 親　(3) 太　(4) 鳴　(5) 用　(6) 会　(7) 合

解説

1 形の似ている漢字の読み方を区別する問題です。(1)「門」「間」のほかに、「聞」も形が似ています。「門」には「出入り口」という意味があり、「モン」「かど」という読み方があります。「間」は「二つのものの間」という意味があり、「カン」「ケン」「あいだ」「ま」という読み方があります。形の違いによって、読み方や意味がどのように違うのかを覚えておきましょう。

2 二字熟語の書き取りの問題です。(1)「牛」を「午」、「肉」を「内」と間違えないようにします。

3 (1)〜(3)は熟字訓という特別な読み方をする熟語です。一字ずつ読むのではなく、熟語をまとめて読むことに注意します。(4)「工」には「ク」のほかに、「コウ」という音読みもあります。

4 (2)「近」「遠」は反対の意味の漢字です。部首が「辶（しんにょう）」で共通しているので、混同しないようにします。(3)・(4) 四季と方角を示す四字熟語です。季節を表す漢字、方角を表す漢字のほかに、曜日を表す漢字など、まとめて覚えておきましょう。

5 複数の読み方をもつ熟語と複数の読み方がある漢字の問題です。(1) ① その月の最初の日を表す場合は、「ついたち」と読みます。② 朝から夜までや、二十四時間で表す一日は「いちにち」と読みます。

6 訓読みが複数ある漢字の問題です。ここでは送り仮名をもとに読みを判断します。(1) ②「細かい」は「一つ一つが小さい」という意味です。それぞれの読み方とともに意味を押さえておく必要があります。(3) ②「明ける」は、「夜が明ける」「年が明ける」など一定の時間や期間が終わり、次の時間や期間に入ることをいいます。

7 同じ音読みの漢字を、熟語によって使い分ける問題です。(1) ②「汽」は形の似ている「気」と区別できるようにします。

8 (6) 人と対面するという意味の場合は、「会う」を使います。(7) 二つ以上のもののくい違いがないという場合は、「合う」を使います。

---

2 画数・ひつじゅん・部首

★標準レベル

問題 8〜9ページ

1 (1) **イ** (2) **ア** (3) **イ** (4) **ウ**

2 (1) **イ** (2) **ア**

3 (1) **イ** (2) **イ** (3) **ア**

4 (1) 林・校 (2) 休・体 (3) 広・店 (4) 絵・組（各順不同）

解説

1 (1) 二画目と三画目をつなげて書かないようにしましょう。(2) 一画目の「く」を、二画に分けて書かないように注意しましょう。(3) 三画目と四画目をまとめて、一画で書くのは間違いです。(4) 二画目の「𠃍」を、二画に分けて書かないように注意しましょう。七画目も同様です。

2 (1)「中」の真ん中にある縦線は、つらぬく線になっています。このようにつらぬく線は最後に書きます。縦線だけではなく、「母」のように横につらぬく線も最後に書きます。

3 (1) 縦線と横線が交わるときは、横線を先に書きます。(2) 左から右へ書くのが、筆順の基本的なきまりなので、←の部分は最後に書きます。

4 (1) 部首がきへんの漢字を探します。「林」は左側の「木」が部首のきへんです。へんが漢字の左側の部分であることを押さえておきましょう。(2) 部首がにんべんの漢字は、人に関係する漢字です。(3)「广」はまだれといいます。「广」の漢字は家や建物に関係する漢字です。(4) 部首がいとへんの漢字には、「細」「線」などもあります。

★★ 上級・最高レベル

問題 10〜13ページ

1 (1) 五 (2) 三 (3) 七 (4) 九 (5) 八 (6) 十 (7) 三 (8) 十

2 (1) エ (2) イ (3) オ (4) ア (5) ウ

3 (1) 三 (2) 二 (3) 七 (4) 九 (5) 六 (6) 二

4 (1) エ (2) ア (3) ウ

5 (1) (例) 海・池・活 (汽など) (2) (例) 時・曜・晴 (明など)
(3) (例) 話・読・記 (計など) (4) (例) 草・花・茶 (など)

6 (1) ア (2) イ (3) ウ (4) イ

7 (1) 図 (2) 羽・行 (順不同) (3) イ

解説

1 (1) 二画目を二回に分けて書かず、一画で書くことに注意します。四画目も同様です。(2)「了」の部分はつなげて一画で書かず、二画に分けて書きます。(3)「⻌(しんにょう・しんにゅう)」は、三画で書くことに注意しましょう。(5)「市」の部分は「亠」の部分と「巾」の部分からできています。真ん中の縦線を一画でつらぬかないようにしましょう。(7) 三画目は、一画で書きます。(8)「糸」の部分は六画、「氏」の部分は四画です。

2 (1)「今」「手」は四画、(2)「足」「村」は七画、(3)「田」「広」は五画、(4)「年」「百」は六画、(5)「夜」「東」は八画で書きます。(3)「広」の「ム」は二画で書くことに注意しましょう。

3 (2)「十」のように、横線と縦線が交わる場合は横線を先に書きますが、「王」は、一画目の「一」を書いたあと、先に縦線を書いてから、横線を書くのがきまりです。(3) つらぬく線は最後に書くので、「車」の縦線も最後に書きます。(4)「禾(のぎへん)」を書いたあと、右側の点を上から書き、つらぬく横線→縦線の順に書きます。(5) 外側の囲みから先に書くきまりなので、まず、一画目と二画目に囲みの上の部分を書き、そのあとで←の部分を書きます。二つの点を書いたあとは、左はらいの部分を先に書き、そのあとで←の部分を書きます。(6)「⻌(しんにょう・しんにゅう)」の部分は、あとで書くきまりです。

4 (3) 漢字のはらいや横線の長さによって、筆順が変わることに注意しましょう。「友」は横線の「一」が、はらいの部分より短いので、横線から先に書きます。

5 (1) 部首が「氵(さんずい)」の漢字は水に関係する漢字、(2) 部首が「日(ひ)」の漢字は日時や明暗に関係する漢字、(3) 部首が「言(いう・げん)」の漢字は言語に関係する漢字、(4) 部首が「艹(くさかんむり)」の漢字は植物に関係する漢字です。なお、「言」が漢字の左側につくときは、「ごんべん」と呼ぶなど、部首の呼び方は、漢字のつく位置によって異なります。

6 (1)「何」「体」に共通するのは「亻(にんべん)」です。(2)「遠」「道」に共通するのは「⻌(しんにょう・しんにゅう)」です。道や歩くことに関係する漢字であることを意味しています。(3)「地」「場」に共通するのは、「土(つちへん)」です。(4)「家」「室」に共通するのは、「宀(うかんむり)」です。家屋を意味しています。

7 (1)「園」と同様に部首が「くにがまえ」の漢字は「図書館」の「図」です。文章中にはありませんが、「国」「回」などもくにがまえの漢字です。(2)「多」の画数は六画です。文章中の「羽」「行」も六画です。(3) 左はらいを書いてから右はらいを書くのが、筆順の基本的なきまりです。「人」のほかに「入」なども同様です。

3 ことわざ・慣用句・四字熟語

★ 標準レベル

問題 14〜15ページ

1 (1) ア (2) ア (3) イ (4) イ (5) ア

2 (1) かた (2) あぶら (3) 羽

3 (1) 読み方 イ　いみ ア　(2) 読み方 イ　いみ イ

解説

1 (2)「やぶから棒」は、やぶから突然棒がつき出てくることから、出し抜けに物事を行う様子、思いがけない様子を表すことわざです。(4)「猫に小判」は、猫に小判を与えても何の反応もないことを表しており、「値打ちをわからない人に貴重なものを与えても役に立たない」という意味です。似た意味のことわざには「豚に真珠」もあります。

2 慣用句を完成させる問題です。(1)「肩をもつ」は「争っているうちの一方の味方をする」という意味の慣用句です。「肩を入れる」も似た意味で「ひいきする」「肩を落とす」は「がっかりする」、「肩を並べる」は「対等になる」です。このように同じ言葉を使った慣用句の意味をしっかり区別できるようにしましょう。(2)「油を売る」は「仕事の途中にむだ話などをして怠ける」という意味です。慣用句には、体の一部を表す言葉を使うものや、動物や植物に関するもの、衣食住などの生活に関するものなどが多くあります。

3 (1)「古今」は「昔から今まで」、「東西」は、「東でも西でも」、つまり、「すべての場所」を意味しています。(2)「十人」はここでは「さまざまな人々」を表し、「十色」はさまざまな個性があることを表しています。

★★ 上級・最高レベル

問題 16〜19ページ

1 (1) イ (2) ウ

2 (1) 二　いみ イ　(2) 馬　いみ ウ　(3) 七　いみ ア

3 (1) ア・イ (2) イ・ウ (各順不同)

4 イ

5 (1) イ (2) ア (3) イ (4) イ (5) ア

6 (1) 手 (2) 足 (3) 目 (4) 口

7 ウ

8 (1) (例) このレストランのスープは、わたしの口に合う。
(2) (例) わたしと親友は、馬が合っていつもいっしょにいる。

9 (1) 漢字 ア　いみ ア　(2) 漢字 イ　いみ ア
(3) 漢字 ウ　いみ ウ　(4) 漢字 ア　いみ イ

解説

1 (1)「縁の下の力もち」は、「人に気づかれないところで、努力や苦労をして、他人を支えること」という意味です。「縁の下」は、人には見えないところを表しているので、表立った努力や苦労などには使いません。(2)「泣きっ面に蜂」は、泣いている顔を蜂に刺されることから、「不運や不幸が重なること」という意味です。また、「転ばぬ先のつえ」は、「失敗しないように前もって準備をしておくこと」、「ちりも積もれば山となる」は「わずかなものも積もり続ければ、大きくなる」という意味です。

2 (1)「二階から目薬」は、二階から目薬を差しても目に入れるのは難しいことから、「思うようにならずもどかしいこと。回りくどいこと」という意味です。

3 (1)「ぬかにくぎ」はぬかにくぎを打っても手応えがないこと、「のれんに腕押し」はのれんを押しても手応えがないこと、「豆腐にかすがい」は柔らかい豆腐にかすがい（二つの材木をつなぐ金具）を打ち込んでも手応えがないこと。(2)「猿も木から落ちる」は木登りの得意な猿でも木から落ちることがあること、「上手の手から水がもれる」は上手な人でも失敗することがあること、「かっぱの川流れ」は泳ぎの得意なかっぱも水に流されることがあること。いずれも「名人であっても失敗することがある」という意味です。

4 「立つ鳥跡を濁さず」は「立ち去るときは、跡をきれいにしておかなくてはいけない」、「あとは野となれ山となれ」は「今さえよければあとはどうなってもかまわない」という意味です。

5 (4)「さじを投げる」は薬の調合をするさじを投げ出すことで、「治療法がないと診断する。よい状況にはならないとあきらめる」という意味です。

6 体の一部を表す言葉を使う慣用句は、「目が高い」「鼻が高い」のように一字違うと意味が変わるものもあるので、混同しないように注意が必要です。(4)「口が堅い」は「秘密を他言しない」、その逆を表すのは「口が軽い」で「なんでもぺらぺら話す」という意味です。

7 「むねがはずむ」は「喜びや期待で気持ちが高まる」、「いきをのむ」は「はっとする」という意味です。

8 (1)「口に合う」は「自分の好みの味である」という意味です。ある食事について好みであるという意味の文を書きましょう。(2)「馬が合う」は「人と気が合う。意気投合する」という意味です。身近な人と考えや好みなどが合うという文や人と相性がいいという文を書きましょう。

9 (2)「一日千秋」は、「一日が千年のように感じられるほど長い。待ち遠しい」という意味です。(3)「電光」は稲妻の光、「石火」は火打石の火花のこと。これらは一瞬だけ光ることから、「とても短い時間。すばやいこと」という意味です。

---

4 かなづかい・送りがな

★ 標準レベル

問題 20~21 ページ

1 (1) ア (2) イ (3) イ (4) ア (5) ア
2 (1) う・を (2) は・じ
3 (1) ア (2) ア (3) ア (4) ア (5) イ
4 (1) 合 (2) 聞 (3) 外 (4) 直 (5) 休 (6) 下

解説

1 (1) エ列の長音（「え」を伸ばす音）は、「おねえさん」の「ねえ」のように、エ列の仮名に「え」をつけて書くのが原則です。(2) オ列の長音は、原則としてオ列の仮名に「う」をつけて書きます。ただし、(3)の「こおろぎ」や「こおり」「おおきい」「とおい」などオ列の仮名に「お」をつけて書く言葉もあるので、一つ一つ覚えておきましょう。(4) 二つの言葉をつなげたときに下の言葉の頭の「ち」「つ」が濁音になる場合は、「ぢ」「づ」と書くのが原則です。「手づくり」は「手」と「つくり」が結びついて、「つ」が濁音になっているので、「ず」ではなく「づ」と書きます。(5)の「うなずく」のように二語に分けづらいものは「ず」と書きます。

2 (1)・(2)「タオルを」「道は」のように助詞の場合は「を」「は」と書きます。

3 (1) 名詞には、原則として送り仮名をつけません。(2)・(3) 活用のある語は、活用語尾から送り仮名をつけるのが原則です。「ひかる」は「ひから（ない）」「ひかっ（て）」と活用するので「光る」、「かぞえる」は「かぞえ（ない）」「かぞえれ（ば）」と活用するので「数える」と送ります。(4)「近い」は形容詞で活用のある語なので、活用語尾から送ります。(5)「楽しい」のように語幹が「し」で終わる形容詞は、「し」から送ります。

4 (1)「合う」「合わせる」、(2)「聞く」「聞こえる」、(3)「外す」「外れる」、(5)「休まる」「休める」は送り仮名が変わっても漢字の読みは同じですが、(4)「直《なお》る」「直《ただ》ちに」、(6)「下《さ》がる」「下《くだ》る」は読み方が変わります。

★★ 上級・最高レベル

問題 22～25ページ

1 (1) ぢ (2) じ (3) ぢ (4) じ (5) づ (6) ず (7) ず (8) づ (9) づ (10) ず

2 (1) イ (2) ア (3) ア (4) ア (5) イ

3 (1) うたごえ (2) くもりぞら (3) こころづよい (4) そこぢから

4 (1) ウ (2) ウ (3) エ (4) ア

5 (1) 水にこおりをいっぱい入れる。 (2) 夕方にはみんないえへかえる。
(3) ボタンをおすとふたはとじる。
(4) おじいさんへ手紙とかんづめのおくりものをわたす。

6 (1) 弱い (2) 細かい (3) 自ら (4) 明るむ (5) 新しい

7 (1)① おしえる ② おそわる (2)① あゆんで ② あるこう
(3)① まじえる ② まじる (4)① うしろ ② おくれ

8 (1) 走り出す (2) 買い上げる (3) 思い立つ (4) 言い方
(5) 引き分ける (6) 回り道 (7) 見晴らし

9 話なし合い（を）→話し合い（を） 考がえ（て）→考え（て）
書き記るし（ました）→書き記し（ました）（順不同）

解説

1 「じ・ぢ」「ず・づ」の使い分けの問題です。(1)「ち」や「つ」が連なって濁音がつく場合は、「ぢ」「づ」を使います。(2) 同じ音の連呼や二つの言葉が連合した言葉ではないので、「じめん」と書きます。「地面」という漢字のため間違えやすいので注意しましょう。(8) (1)と同様に同じ音の連呼による濁音のため「つづく」です。

2 (3)「それでは」の「は」は助詞なので、「わ」ではなく「は」と書きます。(5)「ほおずき」は花の名前。例外の仮名遣いの言葉に注意しましょう。

3 言葉をつなげた場合に下の言葉の頭が濁ること（連濁）を押さえます。連濁が起きない言葉も多いので、さまざまな言葉に慣れることが大切です。(3)・(4) 下の言葉の頭が「ち」「つ」の場合は、「ぢ」「づ」と書きます。「じ」や「ず」にしないように注意しましょう。

4 (2) ほかの言葉につく助詞の場合は「え」ではなく「へ」と書きます。(3) あいさつの「こんにちは」「こんばんは」の「は」は、「わ」と書き間違えることが多いので注意しましょう。

5 (3) 語頭にある場合は助詞ではないので、「をす」は「おす」に直します。(4)「缶」と「つめる」をつないでいる言葉なので、「かんづめ」とします。

6 (3) 名詞は原則送り仮名をつけませんが、「自ら」は「ら」をつけます。「自から」と「か」から送るのは誤りです。(5) 語幹が「し」で終わる形容詞（「～しい」という形）は、「し」から送り仮名をつけます。「新」は「新《あら》た」という読み方もあり、送り仮名をつける位置を混乱しやすいので、それぞれ確かめておきましょう。

7 (1) 動詞は活用語尾から送るのが原則ですが、「教《おそ》わる」は「教える」と区別するため、活用語尾の一字前の「わ」から送っています。このように複数の読み方がある場合は、活用語尾の前から送る場合もあります。

8 (2)「買い上げる」は、「買う」と「上げる」をつなげた複合語です。このような場合、つなげる言葉のそれぞれに送り仮名をつけます。「上《あ》げる」は「げ」から送ることに注意。「上《のぼ》る」と区別しておきましょう。

9 「考える」など終止形に直して、間違いを確認していきましょう。

復習テスト①

問題26～27ページ

1 (1) うちき (2) さいく (3) 風船 (4) 親切

2 (1) 六 (2) 十一

3 (1) ニ (2) ニ

4 (例) 週・道・通（近など）

5 (1) 耳 (2) 顔

6 (1) 鳴らす (2) 用いる

7 (1) **ア** (2) **イ** (3) **ア**

8 びょうぶをきれいにそうこへかたづける。

解説

1 (4)「親」は同じ音読みで形の似ている「新」と区別しましょう。

2 (2)「弓」は三画、「ム」は二画、「虫」は六画で書きます。

3 (1)「右」は横線「一」が長く、左はらいは短くなっています。このような場合は、はらいから先に書きます。

4 「しんにょう（しんにゅう）」は、道や歩くことに関係する部首です。

6 (1) 動詞は活用語尾から送り仮名をつけるのが原則ですが、「鳴らす」は「鳴る」と区別するため、活用語尾の一字前の「ら」から送ります。(2) 活用のある語は、活用語尾から送り仮名をつけるのが原則です。「もちいる」は「もちい（ない）」「もちいれ（ば）」と活用するので、「用いる」と送ります。

7 (3)「一朝一夕」はひと朝、ひと晩を表し、「とても短い」という意味です。

8 オ列の長音はオ列の仮名＋「う」と書くのが原則で、「びょうぶ」も例外ではありません。「きれいに」は「え」を「い」と直します。「かたづける」は、「片」と「付ける」をつないだ語で、「つける」の頭の「つ」がにごって「づ」となります。

---

5 文節と単語

★標準レベル

問題28～29ページ

1 (1)（主語）**イ**（述語）**オ** (2)（主語）**ウ**（述語）**オ** (3)（主語）**ウ**（述語）**オ** (4)（主語）**オ**（述語）**カ** (5)（主語）**オ**（述語）**カ**

2 (1) ひびく (2) くつを (3) 根元に (4) 書く (5) すごした (6) あげて

3 (1) **ア** (2) **イ** (3) **ア** (4) **イ** (5) **ウ**

解説

1 主語と述語を判断するときは、まず述語がどれなのかを探します。述語は、文の中で「どうする」「どんなだ」「何だ」「ある（いる・ない）」にあたる部分です。(5)の文では、**カ**「いるよ」が「何が（何は）―いる」の「いる」にあたるので、述語です。「何が」「いる」といっているのかを探すと、「ペンギンも」とあり、これが主語です。主語は、「何が（何は）」という形だけではなく、「何も」「何こそ」などの形もあります。述語に対応し、「何が（何は）―ある」などの意味が通じるかどうかで判断しましょう。また、**イ**「水族館には」とありますが、これは「どこに」「いる」のかをくわしく説明している修飾語です。主語と間違えないように注意しましょう。

2 修飾語がどの部分をくわしくしているのかを捉える問題です。修飾語は、文の中で「どんな」「どこで」などほかの部分をくわしく説明しています。修飾語とつなげて読んで意味が通じる部分が、被修飾語（修飾語がくわしくしている言葉）です。(2)の「新しい」をほかの部分につなげると、「新しい明日は」「新しいくつを」「新しいはこう」となります。「新しい明日は」も意味は通りますが、文全体の意味を考えると、「新しい」がくわしくしているのは「くつを」だとわかります。「どんな」「くつ」なのかをくわしく説明しています。

3 呼応の副詞の問題です。呼応の副詞は、決まった表現とセットになっているので、それぞれセットで押さえておきましょう。(4) あとに仮定の表現「〜たら」があるので、「もしも」が入ります。(5) あとに「〜ても」という逆接条件を示す表現があるので、「たとえ」が入ります。

★★ 上級・最高レベル

問題 30〜33ページ

1 (1) 2→4→(一)→5→3　(2) 2→(一)→4→3→5

2 (1) **ウ**　(2) **ア**　(3) **エ**　(4) **ア**　(5) **イ**

3 (1) **ア**　(2) **イ**　(3) **ウ**　(4) **イ**　(5) **ウ**

4 (1) 走る　(2) よろこぶよ　(3) 作品だ　(4) とどいたよ　(5) 思った

5 (1) 花びらが　(2) たてものは　(3) メモは　(4) へやは

6 (1)① 日曜日・友人と・公園に　② わたしたちの　(2) 人が

7 (1)① 夏の　② まぶしく　(2)① 色えんぴつを　② 赤い　③ たくさん

8 (1) 見たい　(2) 晴れるだろうと　(3) あけないように

9 (1) (例) 人が少しも見あたらない。
(2) (例) あなたはなぜ読書がすきなのですか。

解説

2 (2)「何が(何は)」にあたるのが「だれも」、「どうする」にあたるのが「つかいません」です。「どうする」にあたる部分は、助動詞を伴って打ち消しの表現になっていることに注意して判断しましょう。(3)「何が」にあたるのが「ねこが」、「ある」にあたるのが「いた」です。

3 (2) 述語は「わすれない」です。それに対応する主語の「何が(何は)」は省略されています。(3)「どうする」「どんなだ」「何だ」「ある・ない」にあたる部分がありません。「名前は」のあとに続く「何ですか」などの述語が省略されている文です。

4 (4) 語順が入れかわっている文はもとの語順に直してから考えます。「大きなにもつが、今家にとどいたよ。」となり、「とどいたよ」が「どうする」にあたる部分で述語です。

5 (1)「何が」にあたる部分が「風が」と「花びらが」の二つありますが、「風が」の述語は「ふくと」です。「まいはじめた」の主語は「花びらが」です。組み立てが複雑な場合は、文全体の意味を捉えて考えましょう。(4) もとの語順に直すと「日の当たらないへやは、なんてさむいのだろう。」となり、「何が」「さむい」のか考えると「へやは」が主語だとわかります。

6 (1)① ——線①のある文の主語は「わたしは」、述語は「行きました」、そのほかの部分は修飾語です。「日曜日—行きました」「友人と—行きました」「公園に—行きました」のように意味が通じるので、「日曜日」「友人と」「公園に」が正解です。

7 (2) それぞれの空欄には→の指している言葉をくわしくしている修飾語が入ります。「赤い」が「色えんぴつを」をくわしくしているので、②に「赤い」、①に「色えんぴつを」を書きます。

8 ══線の言葉が、どの言葉をくわしく説明しているのかを考えましょう。(1)「どうしても」は「見たい」気持ちの強さをくわしく説明しています。(2)「たぶん」は「晴れるだろう」という言葉がどれぐらい確かなものかをくわしく説明しています。

9 (1)「少しも」は、打ち消しの表現を伴う呼応の副詞です。「少しも〜ない」などの表現のある文を書きましょう。

6 カタカナで 書く 言葉・擬態語・擬音語

★ 標準レベル

問題 34～35ページ

1 (1) × (2) ○ (3) ○ (4) × (5) ○

2 (1) ○…テレビ・チャンネル (2) ○…ガシャン・ガラス
(3) ○…アメリカ・ボール・サイン

3 (1) **イ** (2) **イ** (3) **ア** (4) **ア** (5) **イ**

4 (1) **ア** (2) **イ** (3) **ア** (4) **イ** (5) **イ** (6) **ア**

解説

1 外国の国名、都市名、人名、外国から日本に入ってきた言葉、擬音語（動物の鳴き声を表す言葉、ものの音を表す言葉）は、カタカナで書きます。ここでは、(2)、(3)、(5)が、外国から入ってきた言葉です。

2 (3)「アメリカ」は、外国の国名なのでカタカナで書きます。漢字で表記する国名や都市名もあるので、注意しておきましょう。「ボール」、「サイン」は外国から入ってきた言葉です。

3 様子を思い浮かべて、実際の音を表しているかどうか考えましょう。(5)ここでの「ドンドン」は、ものを連続してたたく音を表す擬音語です。物事が勢いよく進んでいくことを表す「どんどん」という擬態語もあります。前後の内容から、どちらを表しているかを判断しましょう。

4 文脈から適切な擬態語（様子を表す言葉）と擬音語（音を表す言葉）を選ぶ問題です。(3)「ぎっしり」は、「すきまなくつまっている様子」です。「ごっそり」は「残らず全部」という意味で、「たなから食品がごっそりなくなる」などのように使います。

★★ 上級・最高レベル

問題 36～39ページ

1 (1) ×…シ（正しい字）ミ
(2) ×…メ（正しい字）ナ ×…シ（正しい字）ツ
(3) ×…ソ（正しい字）ン ×…ヅ（正しい字）ジ
×…デ（正しい字）ジ

2 (1)① **ウ** ② **エ** (2)① **ウ** ② **オ** (3)① **イ** ② **ア**

3 (1) (例) キャベツ (2) (例) ショートケーキ (3) (例) ニュース

4 (1) (例) カレーライスをスプーンで食べる。
(2) (例) ドアがバタンとしまる。

5 (1) **オ** (2) **ウ** (3) **イ** (4) **ア** (5) **カ** (6) **エ**

6 (1) **ウ** (2) **カ** (3) **オ** (4) **ア** (5) **イ** (6) **エ**

7 (1) **イ** (2) **オ** (3) **カ** (4) **ア** (5) **エ**

8 (1) (例) きのうはぐっすりねむった。
(2) (例) うさぎがぴょんぴょんはねる。
(3) (例) 風がそよそよふいている。
(4) (例) 車は道をすいすいすすんだ。
(5) (例) 店の前に人がずらりとならぶ。

9 (1) バイオリン・パチパチ (2) カナダ・メール （各順不同）

解説

1 (2)「シ」は、一画目、二画目のやや右斜め下向きの点を、上下に並べるように書き、三画目は下から上に書きます。「ツ」は、一画目、二画目の右斜め下向きの点を、横に並べるように書き、三画目は上から下に書きます。
(3)「ソ」と「ン」は一画目の点の角度や長さ、二画目の書く方向に注意して書き分けましょう。

2 (3)「オランダ」は国の名前です。

3 (1)「ヤ」はひらがなの「や」としっかり書き分けましょう。(2)「ヨ」は反転して「E」としないようにしましょう。

4 (1)「スプーン」「カレーライス」のように、長く伸ばす音は「ー」と表記します。(2)「バタン」は擬音語です。音を表していることがわかる文を書きましょう。

5 動物の鳴き声や物音などの音を文字で表す場合は、聞こえたとおりにカタカナで表記すればいいのですが、ねこの鳴き声を「ニャー」と表すように、きまって使われる言葉の組み合わせがあります。覚えておきましょう。

6 それぞれ、どんな文で使うことが多いかをイメージしましょう。(1)は「問題はすんなり解決した。」、(4)は「意外なことが起こって、おろおろしてしまった。」、(5)は「相手をまじまじと見つめる。」、(6)は「しんしんと雪が降る。」などのように使います。

7 (3)この文の「ばったり」は「思いがけず出会う様子」を表します。そのほかに「勢いよく倒れる様子」を表す場合もあります。(5)「なみなみ」は「液体が容器からあふれそうな様子」という意味です。

8 (1)「ぐっすり」は「深く眠る様子」、(2)「ぴょんぴょん」は「くりかえしはねる様子」、(3)「そよそよ」は「風が静かに吹く様子。風に吹かれて草木などがわずかに動く様子」、(4)「すいすい」は「軽く、すばやく動く様子」、(5)「ずらりと」は、「人やものが多く連なって並ぶ様子」を表します。「ぐっすり」であれば、「ぐっすりねむった」のように、それぞれの意味にふさわしい文を書きましょう。

9 (1)「バイオリン」は、外国から入ってきた言葉、「パチパチ」はものの音を表す言葉です。「リ」「ン」「ソ」の書き間違いに注意しましょう。

---

7 多義語・むずかしい 言葉の いみ

問題 40～41ページ

★ 標準レベル

1 (1)ク (2)イ (3)キ (4)エ (5)ア (6)カ

2 (1)①ウ ②ア (2)①ア ②ウ

3 (1)イ (2)ア (3)ア (4)イ (5)イ

解説

1 一つの言葉で、複数の意味をもつ言葉を多義語といいます。また、多義語の意味の違いを別の漢字の訓読みを使って示したものを同訓異字といいます。二つの文で、それぞれどのような意味で使われているかも押さえておきましょう。(1)「ふたをあける」の「あける」は「おおいを取り除いて開いている状態にする」、「夜があける」の「あける」は、「明ける」と書き、「朝になる」という意味です。(5)「紙をやぶる」の「やぶる」は「布や紙など平らなものを引き裂く」、「やくそくをやぶる」の「やぶる」は「守るべきことを守らない」という意味です。

2 文脈をもとに、多義語がどの意味で使われているのかを押さえる問題です。(1)①「おだやかな 目で 見る」という表現は、ものや人を見る目つきがおだやかな様子であることを表しています。意味がわかりづらいときは、「おだやかなまなざしで見る」のように別の言葉をあてはめて考えてみましょう。また、「見た目がよい」などの「目」は、イの「ものの すがたや 形」という意味です。「目」は、ほかにも多くの意味があります。

3 (5)「まさに」は、ほかに「あることが起きる直前、ちょうどそのとき」「ぴったりあてはまる」などの意味があります。

★★ 上級・最高レベル

問題 42～45 ページ

1 (1) **エ** (2) **ウ** (3) **ア**

2 (1) [いみ] **ウ** [文] **キ** (2) [いみ] **ア** [文] **カ**

3 (1) あげる (2) おくる (3) はずむ

4 (1) **イ・ウ** (2) **ア・エ** (3) **イ・ウ** (各順不同)

5 (1)① (例) スープをさましてのむ。
② (例) 六時に目をさます。
(2)① (例) りんごを入れた紙ぶくろがやぶれた。
② (例) サッカーのしあいでやぶれる。

6 (1) **エ** (2) **イ** (3) **オ** (4) **ウ** (5) **ア**

7 (1) (例) きげんがわるい (2) (例) ざんねんに思う
(3) (例) 大よろこびする

8 (1) **オ** (2) **エ** (3) **ア**

9 (例) 朝から夕方までひたすらピアノをひきつづける。

解説

1 「手」の複数の意味を押さえる問題です。(1)「やり方。方法」を、**ア**～**エ**の選択肢の傍線部にあてはめて、意味が通るか考えます。**エ**が「ひきょうな方法はつかわない。」となり自然です。(2) 身体の部位そのものの意味で使っているのは**ウ**の「手を　つないで」。(3)「手」が「手間」の意味で使われる表現には「手がこむ」のほか、「手がかかる」などもあります。**イ**の「行く手」の「手」は「方向」という意味です。

2 (2)「いたみを　とる」、「よごれを　とる」の「とる」は「余計なものや不必要なものをなくす、取り除く」という意味です。[文]の**ク**「こんぶの　だしを　とる。」の意味は、[いみ]**イ**「ざいりょうから　つくり出す。」です。

3 (2)「合図をおくる」の「おくる」は「送る」と書き、「情報が相手に届くようにする」という意味です。「プレゼントをおくる」のように、「祝福や感謝の気持ちで人に品物などを与える」という意味の場合は「送る」とは書かず、「贈る」と書きます。

4 (1)「立つ」「建つ」のように同じ読みで漢字の違う言葉もあります。未習の漢字がありますが、意味の違いを押さえ、異なる漢字を使う意識をもちましょう。**ア**は「建つ」、**イ**、**ウ**は「立つ」を使います。(2) **ア**の「きく」は「相手のたのみを受け入れる」、**エ**の「きく」は「音や声を耳で感じる」という意味です。これらは「聞く」と書きます。**イ**は「効く」、**ウ**は「利く」と書きます。(3) **ア**、**エ**の「はやい」は「速い」と書き、「移動にかかる時間が短い」という意味です。**イ**は「ふさわしい時間になっていない」という意味、**ウ**は「急いで終わらせようとする」という意味で、どちらも「早い」と書きます。

5 (2) ①は、紙や布などがやぶれるという内容の文、②は、スポーツやゲームで一方の人やチームがやぶれるという内容の文を書きましょう。

6 (1)「こじつける」は「もともと関係ないことを無理やり結び付けて、理屈が通っているように見せかける」という意味です。

7 (1)「へそを曲げる」は「きげんを損ねて、意地を張る」という意味です。空欄には、「きげんが悪い」「すねる」などの言葉が入ります。(2)「心残り」は「心配や未練が残る」という意味です。(3)「有頂天」は「ほかをかえりみないほど喜ぶ。舞い上がる」という意味です。

8 (1)「すがすがしい」は「すっきりしていてさわやかだ」という意味です。(2)「めまぐるしい」は「動きや変化が、目が回るほどはげしい様子」。(3)「しぶとい」は「気弱にならず、ねばり強い」という意味です。

9 「ひたすら」は「あることだけを行うさま」を表します。

8 ふごうの つかい方

★ 標準レベル
問題 46～47ページ

1 家族 みんなで、へやの そうじを しました。へやが たくさん あるので 時間が かかりましたが、とても きれいに なって、気もちが よかったです。

2 (1) うめの 花が さいて、いい においが しました。
(2) わたしたちの 学校では、(中略) とりくんで います。
(3) じゃがいも、にんじんを なべに 入れて ください。
(4) マラソンの (中略) したので、少し つかれて しまいました。
(5) つくえの (中略) 本は、ぼくが (中略) かりた ものです。

3 (1)① **ア** ② **イ** (2)① **イ** ② **ア**

4 (1) ケーキを二つください。 (2) ノートを見せて。

5 アメリカにあるところ

解説

2 (3)「じゃがいも にんじんを」のように、助詞の「と」を入れずに言葉を並列する場合は、「、(読点)」をつけます。(4)「ので」という接続助詞があり、その前後で意味が分かれるので、「ので」のあとに読点をつけます。

3 (1)①は「わたしは 走りながら」で文を区切っているので、走っているのは「わたし」です。②は「わたしは」で文が切れ、「走りながら 歌って いる」の部分が「友達に」を修飾するので、走っているのは「友達」です。

4 会話文には「」(かぎ)をつけます。会話文の終わりの「。(句点)」までかぎの中に入れることに注意しましょう。

5 ( )は、直前の言葉や内容に補足や説明を加えるときに使います。説明している部分がどこなのかを正しく読み取りましょう。

★★ 上級・最高レベル
問題 48～51ページ

1 (1) **ウ** (2) **イ** (3) **ア** (4) **エ**

2 (1) × (2) ○ (3) × (4) × (5) ○

3 (1) 今日 お知らせを 見た 人が、たくさん お店に やって くる。
(2) 中村さんは しせいを 正して、(中略) あいさつを した。
(3) 妹は、うきうきしながら (中略) となりに すわった。
(4) 教室で、しあげた ポスターを じっくり 見せ合おう。

4 (1) **イ** (2) **ア** (3) **ア**

5 (1) 石田さんはあわてて、ころびそうになっている一年生をたすけた。
(2) 石田さんは、あわててころびそうになっている一年生をたすけた。

6

　犬が、ソファーでね
ていました。ぼくは、
「こっちにおいで。」
と言って、犬のせなか
をなでました。

7 (1) 木村さんと わたしは、近くの (中略) 本を かりたかったので、うけつけの 人に たずねました。
(2) 星の王子さま (3) その本は今かし出し中です。

8 天気よほうによると、明日はきっと晴れるでしょう。どこかへ出かけませんか。

9 おじいさんはおばあさんと、わたしたちのためにおみやげをたくさん買ってきてくれました。

解説

2 (1) 会話文の終わりの「。（句点）」は、「」（かぎ）の中に入れます。(3)「平成十四年」は「二〇〇二年」を補足しているので（ ）をつけます。(4)「」（かぎ）の直前であっても、文末には「。（句点）」をつけます。(5) 会話文の中にさらに会話文を入れる場合は『』（二重かぎ）をつけます。

3 (1)「、（読点）」の位置によって、「今日」が「お知らせを　見た」を修飾しているのか、「お店に　やって　くる」を修飾しているのかが変わります。「今日　お知らせを　見た　人が」で区切ると、「今日　お知らせを　見た」ことを伝えられます。「今日」で区切ると、「お知らせを　見た　人」が、「今日お店にやってくる」ことを伝えられます。

4 (1) **ア**の場合は、「わたしが　考えた　計画」について夏子さんとわたしが話し合ったという意味の文です。**イ**の場合は、「夏子さんと　わたしが　考えた　計画」について教室で話し合ったという意味になります。(3) **イ**の場合は、「弟がしっかりとついていった」ことになります。

5 (1)「（一年生ではなく）石田さんが　あわてて　いる」という内容にする場合は、「石田さんは　あわてて」で文を区切ります。(2)「一年生が　あわてて　いる」という内容にするには、「石田さんは」で区切り、「あわてて　ころびそうに　なって　いる」が「一年生を」を修飾する文にします。

6 「、（読点）」「。（句点）」はそれぞれ一マス使って書きます。段落の初めは一段下げることや、かぎをとじるときは、会話文の終わりの「。（句点）」と「」（とじるかぎ）」を一マスに入れることに注意します。

7 (2) 本の題名などには『』（二重かぎ）をつけましょう。

8 「天気よほうによると、明日はきっと晴れるでしょう。」は一つの文です。

9 もとの文は、「おじいさん」が「おばあさんと　わたしたち」におみやげを買ったという内容です。《　》の意味にするには、「おじいさんはおばあさんと」で区切ります。

復習テスト②

問題 52〜53ページ

1 (1)（主語）**ウ**（述語）**オ** (2)（主語）**オ**（述語）**イ**

2 (1) 見つめた (2) ある

3 ① フランス ② テニス ③ ボール ④ ビュン

4 (1)① **イ** ② **ア** (2)① **ウ** ② **イ**

5 ぼくと　石田さんは、山、川、海などの　しゃしんを　とった。先生は「すばらしい　しゃしんだね。」と　ほめて　くれた。

6 (1) わたしは　ゆっくりと、歩いて　いる　妹に　ついて　行った。(2) 先週、この　映画を　見た　人たちが　かんそうを　話した。

解説

1 (2)「ほら、わたしたちがおうえんしたチームはかちましたよ。」のようにもとの語順に直して考えます。述語が「かちましたよ」で、「何が」勝ったのかを考えると、「チームは」が主語だとわかります。

3 「フランス」は国名、「ビュン」は擬音語のため、カタカナで書きます。

4 (1)① 頭を「上から下に動かす」という意味の「さげる」です。「いすをさげる」などは「後ろに移動させる」という意味です。② 「体で支えて下にたらす」は「肩や手などにぶらさげる」ことを表しています。

5 「山、川、海」など並列する部分には「、（読点）」を書き入れます。

6 (1)「わたしは　ゆっくりと」で区切ると、「わたしがゆっくりとついて行った」という意味になり、「わたしは」のあとに「、（読点）」を入れると、「ゆっくりと歩いている妹」という意味になります。(2)「人たちが」のあとに「、（読点）」を入れると、「先週」は「（映画を）見た」を修飾し、《　》とは異なる意味になります。

思考力問題に チャレンジ①

問題 54〜55ページ

1 (1) 外　(2) 半
2 (1) 園→遠　(2) 会→合　(3) 明→空　(4) 小→少
3 (1)① 社　② 車　(2)① 心　② 新　(3)① 光　② 口
4 **ア**○　**イ**×　**ウ**○　**エ**○　**オ**○　**カ**×

解説

1 語彙力を確かめる問題です。上下左右の漢字と二字熟語を作る漢字をすぐに思い出せるようにしておくことが大切です。(1)「海外」「外食」「外出」「野外」という二字熟語が完成するので、「外」があてはまります。たとえば、「海外」という二字熟語が思い浮かんだら、「外→食」「外→出」「野→外」のように、ほかの漢字とも合わせて確認して、あてはまる漢字を考えます。(2)「前半」「半分」「半紙」「大半」という二字熟語が完成するので、「半」があてはまります。「大半」は「半分以上。ほとんど」という意味です。

2 同音異字、同音異義語、同訓異字の間違いを見つけ、正しく直す問題です。
(1)「遠足」の「遠」は、「エン」という同じ音読みの「園」と間違えやすいです。熟語としてしっかり覚えておきましょう。また、「遠足」の意味は「学校から離れて遠くに出かけること」です。意味をふまえると、使われている漢字が間違っていることにも気づきやすくなります。(2)「ある基準（ここでは「ピアノの　えんそう」）に調和させる」という意味の「あわせる」は「合わせる」と書きます。「会う」は、「人と対面する」「物事に出会う」という意味です。(3)「せきをあける」のように、「移動して、その場所があいた状態にしておく」という意味の「あける」は「空ける」と書きます。「明ける」と書くのは、「夜が終わり、朝になる」「新しい年や月に変わる」「決められた期間が終わる」という意味の場合です。「あける」は、ほかに「開ける」と書く場合もあります。それぞれ意味の違いを押さえておきましょう。
(4)「少数」は「人数が少ない」、「小数」は「小さな数」という意味です。「あなたの考えを知っている人は少ない」という内容なので、「少数」を使います。

3 (1) まず、直前または直後の漢字一字と合わせて二字熟語になる漢字を考えます。①か②のどちらかであてはまる漢字を考え、その漢字と同じ音読みの漢字で、もう一方の□にあてはめて熟語ができる漢字がないかを考えましょう。たとえば、(1)の場合、①で「会社」が思い浮かんだら、「シャ」と読む漢字で、「水」と熟語を作る漢字がないかを考えるとよいでしょう。(2)「内心」は「心の中」という意味です。(3)「人口」は「ある地域に住んでいる人の数」という意味です。「人口」には「人工」（人の手によってつくられたもの）という同音異義語があるので、文脈に注意が必要です。

4 この文は、「、（読点）」がないため、意味が複数に読み取れるようになっています。そこで、いくつかの文の切れ目に「、（読点）」を入れて、それぞれどのような意味になるかを考えましょう。
・わたしは気をつかいながら、絵に色をぬっている山本さんに話しかけました。→「わたしが気をつかっている」「わたしが話しかけた」という意味になるので、**ア**と**ウ**は○です。
・わたしは、気をつかいながら絵に色をぬっている山本さんに話しかけました。→「気をつかっている山本さん」「色をぬっている山本さん」という内容なので、**エ**と**オ**も○です。**イ**と**カ**の意味は読み取れません。
「、（読点）」の位置によって意味が変わることや、主語・述語の関係、修飾・被修飾の関係などをふまえ、読み取れる内容を考えましょう。

9 つなぎ言葉・文と 文の かんけい

★ 標準レベル

問題 56～57ページ

1 (1) ので (し) (2) けれど (3) と (4) し (けれど) (5) たら

2 (1) だから (2) ところが (3) なぜなら (4) たとえば (5) それとも

3 (1) だから (2) しかし (3) なぜなら

解説

1 (1)「雨が ふって きた」結果、「かさを さした」のですから、「ので」でつなぎます。また、「ので」を「し」にしても、意味が通るので正解です。(2)「ころんで いたかった」という前の内容に反して、後ろでは「なかなかった」となっているので、「けれど」でつなぎます。(3)「そうじが おわる」という事柄に、「いそいで 家に 帰った」という事柄が続くので、「と」でつなぎます。(4)「のどが かわいた」、「おなかも すいた」と二つの内容を並べているので、「し」でつなぎます。また、「し」を「けれど」にしても、意味が通るので正解です。(5)は(3)の「と」と同じ意味ですが、「あけ」に続く「たら」が入ります。

2 (1)「かぜを ひいた」ことが理由で、その結果として「学校を 休んだ」ので、「だから」でつなぎます。(2)「本を なくした」のだから、おこられるだろうと思っていたら、「おこられなかった」という文脈なので、「ところが」が入ります。(3)「弟が ないた」理由が後ろに書かれているので、「なぜなら」が入ります。(4)「赤い 食べもの」の例が「いちごや りんごなど」なので、「たとえば」が入ります。(5)「海が すきですか」「山が すきですか」と比べて聞いているので、「それとも」が入ります。

★★ 上級レベル

問題 58～59ページ

1 (1) イ (2) ア (3) ウ (4) ウ

2 (1) (例) 色がむらさきになった。なぜなら、赤と青をまぜたからだ。
(2) (例) わたしは、その本を読んだことがなかった。しかし、読んだとうそをついた。

3 (1) (例) へやをきれいにそうじすると、お母さんにほめられた。
(2) (例) 毎日がんばってれんしゅうしたが、大会ではかてなかった。
(3) (例) わたしは一番になりたかったので、がんばって走った。

解説

1 (1)「でも」の前後は、反対の内容になります。(2)「つまり」は、前の事柄を言いかえるときに使います。(3)「えきまで 走った」ことの結果が後ろにくるとき、「電車に 間に合った」のなら「だから」などで、「間に合わなかった」のなら「しかし」などでつなぎます。(4)「ところが」も、前後が反対の内容になります。

2 (1)「から」という理由を表す言葉が最後にきていることに注意します。「赤と 青を まぜた」は、「色が むらさきに なった」理由なので、「なぜなら」を使います。(2)「読んだ ことが なかった」と「読んだと うそを ついた」という反対の内容をつなぎます。「しかし」は、「だが」「けれども」「ところが」などでも可です。

3 (1)「すると」というつなぎ言葉があるので、「～と、」で後ろにつなぎます。「すると」は「したら」などでも可です。(2)「しかし」とあるので、「～が、」「～けれど、」「～けれども、」「～のに、」という形にします。(3) 前の「一番に なりたかった」は、後ろの「がんばって 走った」ことの理由なので「～ので、」「～から、」「～ため、」という形にします。

★★★ 最高レベル

問題 60～63ページ

1
(1) イ　(2) (例) おばあちゃんの家は山の上にあります。だから、クーラーがなくても、あつくはありません。
(3) (例) おばあちゃんが、つめたいかきごおりを出してくれると、お兄ちゃんは、やっとすずしくなったと言いました。

2
(1) イ　(2) (例) みやざわけんじはびょう気で、わかいときになくなりましたが、作ひんは今も多くの人にあいされています。　(3) イ

3
(1) ア　(2) (例) ぼくは、ほうちょうをつかうのがはじめてでした。だから、とてもきんちょうしました。　(3) が

4
(1) イ　(2) たとえば　(3) (例) ひまわりはせが高く、ほかの花より目立つので、花が太ようをおいかけているように見えたのかもしれません。

解説

1
(1) 前の文に「あつくは　ありません」とあるのに、後ろの文では「あつい　あついと　あせを　かいて　いました」と、反対のことが書いてあるので、「でも」が入ります。(2)「ので」という言葉で、前後をつないでいることに注意します。前の事柄が原因になっているので、「だから」や「そのため」「それで」のようなつなぎ言葉を使います。(3)「すると」という、前の事柄に後ろの事柄が続くことを示すつなぎ言葉があります。このようなときは、「～と、」といった言葉を使って一つの文にします。

2
(1) 空欄Aの前は「みやざわけんじ（宮沢賢治）」についての説明で、空欄Aの直後から話題が変わっています。話題を変えるときに使うつなぎ言葉は「ところで」や「では」などです。(2)「しかし」という、反対の事柄の文をつなぐつなぎ言葉が使われています。このような場合は「～が、」「～けれど、」「～けれども、」といった形で一つの文にします。(3) 空欄Bの前に「みやざわけんじの　作ひん」とあり、後ろに「『風の又三郎』や……」と、作品の「例」が挙げられています。したがってここには、例を挙げることを示す「たとえば」のようなつなぎ言葉が入ります。

3
(1)「じゃがいもと　にんじんと　たまねぎを～あらいました」という事柄の後ろに、「ほうちょうで～切りました」という事柄が続くことを示すつなぎ言葉は「そして」です。(2)「ので」で前後をつないでいるので、「だから」「そのため」「それで」のようなつなぎ言葉を使います。(3) 前の部分に「(カレーが) きちんと　できて　いるか　しんぱいでした」とあるのに対し、後ろの部分では「とても　おいしいと　言って　くれました」と「しんぱい」であったことを否定する内容が書かれているので、「～が、」「～けれど、」といったつなぎ方が考えられます。「一字の　ひらがな」という指定なので、「が」が答えになります。

4
(1) 空欄Aの前に「お日さまの　方を　むいて　回るから」とあるのに、後ろには、「回ると　いう　ことは　ありません」と逆のことが書かれているので、「しかし」のような「前とは　はんたいの　ことが　後ろに　くる」つなぎ言葉が入ります。(2)「コスモスの　花」は、空欄Bの前にある「太ようの　方を　むいて　いる　花」の例なので、「たとえば」が入ります。(3)「だから」という、前の事柄が原因になって、後ろの事柄が結果として起こることを示すつなぎ言葉があります。よって、「～ので、」「～から、」「～ため、」のような形で一文にします。

中学入試に役立つアドバイス

つなぎ言葉

つなぎ言葉の種類には、「前の事柄が原因になる」「前の事柄と反対の事柄が続く」「理由を示す」「話題を変える」「例を挙げる」などがあります。

10 こそあど言葉

★ 標準レベル　問題 64～65ページ

1 (1) ア　(2) イ　(3) ウ　(4) ウ

2 (1) イ　(2) イ　(3) ウ

3 (1) これ　(2) それ　(3) あれ　(4) どれ

解説

1 (1) 話し手が自分の手に持っているノートを指しているので、「これ」になります。(2) 話し手が自分からも話している相手からも遠いところを指しているので、「あそこ」になります。(3) 話し手が相手のくつを指しているので「その」になります。(4) 複数あるもののうち、特定のものを決めずに示す場合、「どちら」を使います。

2 (1) 「あれ」は、自分からも相手からも遠いものを指します。門のところに立っている「人」が「お母さん」です。ウ「お母さん」だと、「お母さんがわたしのお母さんです」となり、文の意味が通りません。こそあど言葉が指す言葉をあてはめて読んでみて、意味が通るか確かめるとよいでしょう。(2) 「そこ」は、相手に近い場所や、相手も自分もわかっている場所や事柄を指します。この場合は、おじいちゃんが住んでいる山おくの「村」を指します。(3) 「あの」は、自分からも相手からも遠いものを指します。教室の前のつくえの上にある小さな「はこ」を指しています。

3 (1) 自分に近いものなので、「これ」です。(2) 相手に近いものなので、「それ」です。(3) 自分からも相手からも遠いものなので、「あれ」です。(4) はっきりとわからないものなので、「どれ」です。

★★ 上級レベル　問題 66～67ページ

1 (1) この　(2) そこ　(3) どれ

2 (1) 家　(2) ノート　(3) 男の子

3 (1) そこ　(2) この

4 A ここ　B その

解説

1 (1) 「ぼく（自分）が 今、読んで いる 本」なので、「この（本）」になります。(2) 直前で「わたし（自分）」が相手に話していることの中の、「おばあちゃんの 家」を指す言葉なので、「そこ」になります。(3) 「三つ」持っているおかしのうちの決まっていない「一つ」を指すので、「どれ」になります。

2 (1) 直前の文にある「（友達の）家」で「わたし」は犬を見せてもらったのです。(2) 「きみにわたした」のは直前にある「（ぼくの）ノート」です。(3) 話しているのは「（先週、マラソン大会でゆうしょうした）男の子」のことですので、「あの 子」は「男の子」のことを指しています。

3 (1) 直前の文で「わたし」が話している「公園」のことを言いかえるこそあど言葉なので、「そこ」になります。(2) 「わたしが きて いる ふく」とありますので、自分に近いことを示す「この（ふく）」となります。

4 A 直前に「すぐ そばまで やって きて」とあるので、「ここ」になります。B 「ぼく」の話に出てきた「友達の 家」を知らないと言っているのですから「その（家）」になります。

★★★ 最高レベル

問題 68〜71ページ

1 (1) 教室　(2) Aそれ　Bこれ　Cその

2 (1) どこ　(2) **ウ**　(3) そこ

3 (1) そこ　(2) その　(3) しゃしん

4 (1) Aここ　Bそこ　Cどこ　(2) お店のおく　(3) お店の前

解説

1 (1) 直前にある「(学校の)教室」を指しています。(2) ノートをだれが持っていたのかに注意します。「ぼく」は「友達」の持っていたノートを指しているので、Aは「それ」です。「友達」は自分が持っているノートのことを指しているので、Bは「これ」になります。「となりに　いた　女の子」は、「ぼく」と「友達」が取り合っているノートのことを指しているので、Cには、相手に近いものを指すときに使う「その」が入ります。

2 (1) 決まっていない、わからない場所のことを聞いているので「どこ」が入ります。(2)「お父さん」は、自分からも「わたし」や「お母さん」からも遠い場所を指しているので、「あそこ」や「あちら」が入ります。(3) すぐ前に出てきた「ライオンの　おり」という場所を指しているので、「そこ」になります。

3 (1)「ぼくの　いとこが　すんで　いる　ところ」は、直前の文に出てきていますので、自分も相手(聞き手や読み手)もわかっている場所を指す言葉の「そこ」になります。(2) 何の「しゃしん」なのかと考えます。すぐ前にある「雪だるま」の写真なので、「その(しゃしん)」になります。(3)「ぼく」は、雪だるまの写真に、見たことのない「ねこ」が写っていたので、そのことをいとこに聞きました。それで、いとこは写真をとったときにねこがいたことを思い出し「ああ、あの　ねこ」と言ったのです。したがって「あの　ねこ」とは「しゃしん」に「うつって　いた　ねこ」のことです。

4 (1) A お母さんは、いっしょにいる「わたし」に「まって　いてね」と言ったので、「ここ」が入ります。B お母さんに待っているように言われた場所を指しているので「そこ」が入ります。C「おうちの　人」がいる場所がわからなくて聞いているので、「どこ」になります。(2)「お母さん」のいる場所を指さして「あそこ」と言っているので、前にある「お店の　おく」を指しています。(3)「わたし」は、「お店の　前」でお母さんを待っていて、そこに「店員の　女の　人」が来て、「ここ」と言っているので、「お店の　前」を指しています。

中学入試に役立つアドバイス

こそあど言葉　ものや事柄を指し示す言葉

① **「こ」で始まる**……自分の近くのものや事柄を指す。
「これ」「ここ」「この」「こんな」「こちら」など

② **「そ」で始まる**……相手の近くのものや事柄、自分も相手もわかっている事柄などを指す。
「それ」「そこ」「その」「そんな」「そちら」など

③ **「あ」で始まる**……自分からも相手からも遠いものや事柄を指す。
「あれ」「あそこ」「あの」「あんな」「あちら」など

④ **「ど」で始まる**……確かではないもの、よくわからないものを指す。
「どれ」「どこ」「どの」「どんな」「どちら」など

☆「こそあど言葉」の指す内容は、それより前に出てくることが多いです。

復習テスト③

問題 72～73 ページ

1 (1) × (2) ○ (3) ○
2 (例) 新しいふくを買いに行ったが、わたしのほしいふくがなかった。
3 (1) (例) のどがかわいた。だから、水をのんだ。
(2) (例) わたしはあやまった。しかし、友達はゆるしてくれなかった。
4 (1) スカーフ (2) 家 (3) 女の子
5 ① それ ② これ
6 そんな

解説

1 (1)「強い 風が ふきつけた」ことの当然の結果は「木はたおれた」ですが、「たおれなかった」と反対の事柄が続いているので、「ので」ではつなげません。

2 「しかし」は、前の文から考えられる結果とは反対の事柄が後ろに続くことを示すつなぎ言葉です。一文にするときには「～が、」や「～のに、」「～けれども、」などといった形にします。

3 (1)「のどが かわいた」結果、「水を のんだ」のですから、「だから」や「そこで」「それで」などのつなぎ言葉を使います。「～ので、」にも注意します。
(2)「～が、」が、前の事柄と反対の事柄が後ろに続くことを示しています。二つの文にするときには、「しかし」や「けれども」「だが」「ところが」などのつなぎ言葉を使います。

4 (1)「風に なびいて……はためいて いた」のは「スカーフ」です。(2)「あそこ」とは「(赤い屋根の)家」のことです。

5 ① 前の文にある「ハンカチ」を言いかえる言葉なので、「それ」になります。
② 「ぼく」が、ひろって手に持っているハンカチを指して言っているので、「これ」になります。

6 弟が「わかって いる」のは、前にある「ぼく」の「うそを ついては だめだよ」という言葉です。これを指して「～こと」に続くのは「そんな」です。

思考力問題に チャレンジ②

問題 74～75 ページ

1 Aだから Bしかし Cなぜなら Dたとえば
2 (1) も (2) ころで
3 (1) Aそ Bそ Cこ (2) すると (3) そんな

解説

1 A 前に書いてあることの当然の結果が後ろにくるつなぎ言葉には、「だから」のほかに、「それで」「そこで」などがあります。B 前に書いてあることとは反対のことが後ろにくるつなぎ言葉には、「しかし」のほかに、「ところが」「だが」などがあります。C 前の事柄に対して後ろで理由をつけ加えるつなぎ言葉は「なぜなら」です。前に理由がきて、後ろに結果が続く「だから」とは違うので注意しましょう。

2 (2)「今日も よい 天気ですね。」のあとで、話題が変わっています。話題の転換を示す「と」で始まる四字のつなぎ言葉が入ります。

3 (1)A 前の文の「村」を指すので「その 村」となります。B 前の文の「川」を指すので「そこ」です。C 大きな子たちは「すぐ そば」で言ったので、「ここ」になります。(2) 前の事柄に後ろの事柄が続くことを示すつなぎ言葉は、「すると」です。(3) おじいさんが男の子たちに「言っては いけない」と言ったのは、「わたしたち」に言った「ここは……帰れ。」という言葉です。それを示し、「こと」につながる三字の言葉は「そんな」です。

■3章　物語の　読みとり

11　場面

★ 標準レベル　問題 76〜77ページ

1
(1) 日曜日・朝
(2) 林・いっけんや
(3) イ
(4) 車・手入れ
(5) 1 車・赤　2 わくわく

解説

1 (1) 物語を読むときには、まずどういう場面なのかを理解する必要があります。そのために大事になるのが、「いつ」「どこで」起こった出来事なのか、「だれ」が出てきて、「何」をしているのか（「何」が起きているのか）の四つを捉えることです。この問題では、「いつ」が問われています。三行目に「あるい日曜日の　朝でした」とあります。

(2) 「どこで」起こった出来事なのかを問う問題です。一〜二行目に「林のなかの　いっけんやに、こぶたの　ぶーぷが、ひとりで　きちんと　暮らしていました」とあります。物語は、その「いっけんや」で起こった出来事について書かれています。そのあとに出てくる「台所」と「物置」も、ぶーぷの暮らしているいっけんやにあります。問題にはなっていませんが、場面を押さえる上で重要な「だれ」は「（こぶたの）ぶーぷ」です。

(3) 「何」をしているのか（「何」が起きているのか）を問う問題です。傍線部①の直後の「ぶーぷ」の言葉に注目します。「こんなに　朝から　暑い日は、考えが　まとまらないよ」とあります。暑くて考えがまとまらない（＝考えられない）ために、ぶーぷは、ぼんやりとしていたのです。したがって、イの「暑くて考えられなかったから」が正解です。ア「ペンキぬり」はこのあとに出てくる出来事です。このときぼんやりしていたのは、ペンキぬりでつかれたためではありません。ウ「おなかがすいていた」という内容は、文章中に書かれていません。

(4) 傍線部②のあとを読んでいくと、「きょうは、車の手入れを　する　予定だったんだ」とあります。「するつもり」にあたるのが、「する予定」です。ここで、ぶーぷは、何をするつもりだったのかを思い出したのだということがわかります。

(5) 1 傍線部③の直後に、『ぼくの　車を、ぜんぶ　赤色に　しちゃえばいいんだよ』ぶーぷは　ペンキと　ハケで　車を　ぬりはじめました」とあります。ぶーぷは、自分の車をぜんぶ赤いペンキでぬることを思いついたのです。

2 ぶーぷは「車の　手入れ」をして、どんな気持ちになったのでしょうか。気持ちを表す言葉がないか、探しながら読み進めます。最後の文に「車がどんどん　赤く　なるに　つれて、ぶーぷの　気持ちも　わくわくと、はずんで　きました」とあります。ペンキで車を赤くぬって（車の手入れをして）いるうちに、「わくわく」した気持ちになったのですね。「わくわく」とは、うれしくなったり、何かを楽しみに思ったりして、心がはずむような気持ちになることを表す言葉です。

短い文章ですが、全体を読んであらすじを捉える練習になります。いつの出来事なのか、登場人物（「人」とは限りません。）はだれなのか、どこで起こった出来事なのか、何をしているのか、ということを押さえることが、まず大切です。それができたら、登場人物の気持ちを考えるなど、一歩進んだ取り組みができるようになるでしょう。

★★ 上級レベル

問題 78〜79ページ

1

(1) くうこう
(2) ナオキ・ダイキ（順不同）・ひいばあちゃん
(3) おばあさん
(4) （例）ふたりが大きくなったこと。
（例）子どもだけで、飛行機に乗ってきたこと。（順不同）
(5) **ア**
(6) **ア**

解説

1

(1) 物語の場面を理解する際に必要になるのが、「どこ」での出来事が書かれているのか、ということです。一行目に「ここは、沖縄。那覇の　空港です」とあります。この文章では、ダイキがお兄ちゃんと一緒に飛行機に乗って、沖縄のひいばあちゃんのところにやってきたことが書かれています。「とうちゃく口を　出た　ところに、おむかえの　人たちが、たくさん　立っています。その　中に、背の　ひくい　おばあさんが　いて、なにか　書いた　画用紙を　持って　います」とあることからもわかるように、空港という場所で、ダイキとお兄ちゃんが出てくるのをひいばあちゃんが待っているところから、物語は始まっています。

(2) 物語に登場するのは「だれ」かを読み取ることは、物語文を読む際にとても大切です。登場人物は、むかえに来てくれた「ひいばあちゃん」「お兄ちゃん」「ダイキ」の三人です。ひいばあちゃんの持っていた画用紙に「〈ナオキくん、ダイキくん、ようこそ　沖縄へ〉」と書いてあったことから、「お兄ちゃん」の名前は「ナオキ」だとわかります。

(3) 傍線部①の直後に「お兄ちゃんが、指さしました」とあります。お兄ちゃんは、だれかを指さしながら「あ、もしかして、あれじゃねえの？」と言ったのです。だれを「あれ」と言いながら指さしたのかを読み取っていきます。「とうちゃく口を　出た　ところに」いる「おむかえの　人たち」の中にいた、「なにか　書いた　画用紙を　持って」立っている「背の　ひくい　おばあさん」をお兄ちゃんは指さして「あれ」と言っていたのです。

(4) ひいばあちゃんの言葉に注目しましょう。「写真では　見てたけど、ふたりとも、ほんとに　大きく　なったねえ。東京から、子どもだけで　飛行機に　乗って　くるって、たいした　ものさあ。たいした　ものさあ」とあるので、ひいばあちゃんは、お兄ちゃんとダイキが大きくなったことと、二人が子どもだけで飛行機に乗って沖縄に来たことにおどろいていることがわかります。

(5) どういう場面なのかを考えて答えます。ひいばあちゃんは、ひ孫のナオキとダイキを空港にむかえに行き、大きくなった二人に会って、感動しています。うれしくて「顔を　くしゃくしゃに　して」喜んでいるのだとわかります。「くしゃくしゃ」は、しわがたくさんある様子をいいます。笑ったり泣いたりすると、顔にしわができます。顔にしわがたくさんできるほど笑顔になりながら、ひいばあちゃんは喜んでいるのです。

(6) 傍線部④の直前に「そんな……もう　ぼくは　六年生だから、これくらい、どうって　こと　ないです」と「お兄ちゃんが、照れたように　言いました」とあります。「照れた」と似た意味である**ア**「恥ずかしそう」が正解です。お兄ちゃんは、ひいばあちゃんにほめられたことに照れて、このような発言をしていることから考えます。

★★★ 最高レベル

問題 80〜83ページ

I

(1) **ア**
(2) **イ**
(3) (例) 家でつくったことはない
(4) **イ**
(5) **イ**
(6) **ア**
(7) (例) はじめてつくったのに、きれいにできているね。

解説

I

(1) 一文めに「翌日、汐里ちゃんは、海苔と　エプロンを　持って　家に来た」とあることに着目します。「家」とはだれの家でしょうか。そのあとの「お母さんも　太巻きを　つくる気、まんまんだ。なんと、家にも　巻きすが　あったのだ」「ぼくんちでも　太巻きが　できるんだと、感心した」などから、「ぼく」＝保志の家に汐里ちゃんがやってきて、みんなで太巻きを作っていることがわかります。この文章の前半は、保志の家での出来事です。

(2) 物語を読むときには、登場人物をしっかりと読み取りましょう。出てくる人は、「保志（ぼく）」「汐里ちゃん」「お母さん」「厚志」「おじいちゃん」です。「お父さん」はこの文章に登場していません。

(3) 傍線部①の前に、「家にも　巻きすが……記憶に　ないけど」とあります。保志は家でお母さんが太巻きを作ったことがないと思っていたので、自分の家で太巻きができるということに感心しているのです。

(4) 汐里ちゃんの「最初は　はかって　つくるけど、そのうち　目分量でできるように　なると　楽」「なんども　味見して、調整する」という言葉から、汐里ちゃんが寿司酢を作ることに慣れていて自信をもって教えてくれていることがわかります。また、保志に親身になって教えていることや、あとの「はじめてだからね」と気遣う様子から、**ウ**「いばっている様子」はあてはまりません。**ア**の「くるしそうな様子」も本文から読み取れません。

(5) 傍線部③の直後にある「はじめてだからね。そのうち　きれいに　できるよ」という汐里ちゃんの言葉から、桜寿司の太巻きほどは見た目がきれいではなかったことがわかります。

(6) 空欄の直前の言葉「はじめてだからね。そのうち　きれいに　できるよ」から、汐里ちゃんが保志をはげましてくれたことが読み取れます。「心強い」とは安心した気持ちでいられることを意味します。汐里ちゃんにはげまされて、「そうだ、だいじょうぶだ」と安心できたのでしょう。

(7) 太巻きを作るときに保志は、「ぼくが　つくるよ。おじいちゃんに　食べて　もらいたいから」と言っており、おじいちゃんを喜ばせるためにはりきっていることがわかります。また、保志が太巻きを作るのは「はじめて」で、「ちょっと、もったりした　巻き方に　なって　しまった」ものの、お母さんが仕上げをしてくれたことで、「きれいな　形に　仕上がった」とあります。「期待しながら」とあるように、保志はおじいちゃんにほめてもらいたいと思っているため、それまでの内容をふまえた、プラスの発言を考えましょう。

中学入試に役立つアドバイス

物語の読み取り

物語を読むときには、次のことに注意しましょう。

①**いつ**
②**どこで**
③**だれが**
④**どうした**

物語のあらすじをつかむために、①〜④を、押さえながら読みましょう。

12 場面の へんか

★ 標準レベル　問題 84～85 ページ

I
(1) かあさんアザラシ
(2) **イ**
(3) **ウ**
(4) 火のように・やすらかな

解説

I

(1) 短い文章なので、まず全体のあらすじを理解することから始めましょう。どこで起こっている出来事でしょうか。「うみ（海）」とあるので、どこかの海がこの物語の舞台です。次にだれが出てくるのかを読み取ります。「北極グマのかあさん」「かあさんアザラシ（アザラシのかあさん）」「（アザラシのむすこの）オーラ」「（北極グマの子どもの）ミーシカ」です。傍線部①の前後の場面では、かあさんアザラシと北極グマのかあさんが中心です。傍線部①の直後に「かあさんアザラシの　おそろしい　目が、火のように　もえて、こちらを　にらんで　いました」とあります。「こちら」とは北極グマのかあさんがいる方向です。つまり、「かあさんアザラシ」が北極グマのかあさんを見ていたのだとわかります。そのあとに、「アザラシの　かあさん」と言いかえられていますが、問題では、「八字で」となっているので、「かあさんアザラシ」が答えです。かあさんアザラシは、むすこのオーラがねらわれているのではないかと思って、北極グマのかあさんをおそろしい目でにらんでいたのです。

(2) 傍線部②のあとを読んでいくと、「ちいさい　むすこの　オーラから、北極グマの　目を　そらせようと　して、アザラシの　かあさんが、身を　おどらせたのです」と書かれています。アザラシのかあさんは、むすこのオーラが北極グマにおそわれるのではないかと思っているのです。それで、自分の方に北極グマの注意を向けさせて、むすこのオーラを助けようとして海に飛びこんだのです。自分がおそわれるかもしれないのに、むすこを助けるために、わざと大きな音をたてて海に飛び込んだのです。

(3) 傍線部③の直前にある、北極グマのかあさんが言った「だいじょうぶ、わたしは、なにも　しません。ミーシカの　お友だちを、どう　する　ものですか！」に着目します。これは、アザラシのかあさんに向けて言った言葉です。「ミーシカの　お友だち」とはだれのことでしょうか。ここまでに出てきたのは、北極グマのかあさん、アザラシのかあさん、（アザラシのかあさんのむすこの）オーラ、そしてミーシカです。この中で「ミーシカの　お友だち」とは、アザラシのかあさんのむすこであるオーラのことです。北極グマのかあさんは、アザラシのかあさんが、むすこのオーラを助けるために飛び込んだのだとわかったのでしょう。アザラシのかあさんに〝あなたのむすこは、ミーシカの友だちです。だから、なにもしませんよ。安心してください〟ということをなんとかして伝えようとして、アザラシのかあさんがいる場所とは反対の方向に泳いで見せたのです。

(4) アザラシのかあさんの目に注目して文章を読むと、初めは「かあさんアザラシの　おそろしい　目が、火のように　もえて、こちらを　にらんで　いました」とあります。しかし、アザラシのかあさんは、その後北極グマのかあさんが反対の方向に泳いでいき、魚を食べる姿を見たことで、自分のむすこをおそって食べるつもりはないのだ、と安心します。そのことは、最後の場面で北極グマのかあさんがミーシカを、アザラシのかあさんがオーラをつれていく前に二匹で話している様子からもわかります。文章の終わりには、「火のように　もえて　いた　アザラシの　目の　光は、やすらかな　光に　かわって　いました」とあります。

★★ 上級レベル

問題 86〜87ページ

1

(1) **イ**

(2) **ア**

(3) (例) 自分から声をかけることはなかったということ。

(4) (例) もう友だちができていて、うらやましい気もち。

(5) ㋒

解説

1 (1) まず、物語のおおよそを把握しましょう。登場人物は、「私（はるちゃん）」で、場所は学校です。「クラス替え」とあるので、おそらく学校が新しく始まる四月でしょう。ではどんな出来事が起こったのでしょうか。順番に読み取っていきましょう。最初に「昨日は、クラス替えが　気に　なって　あまり　ねむれなかった。朝、学校へ　行くと　四年の　教室の　入り口に　はって　ある　クラス名簿を、みんなが　見て　いた」とあるので、クラス替えの日の朝、四年生の「私」が教室の入り口で、クラス名簿を見る、という場面から物語が始まることがわかります。読んでいくと、「私」は一組のところに自分の名前が書かれているのを見つけますが、三年生のときにできた友だちは「ちがう　クラスに　なって」いました。それを知った「私」は「みんなの　間を　すりぬけるように　教室へ　入」ります。同じクラスになった子から声をかけられても、自分から声をかけようとはしません。こうした「私」の様子から、「ねむれなかった」のは、新しいクラスに三年生のときの友だちがいるかどうか不安だったからだとわかります。**ア**のように「新しい友だちを　つくろう」と積極的にはりきっていたわけではありません。また、**ウ**のように「学校に　行きたくない」とまで思っているとは書かれていません。

(2) (1)で見たように、三年生のときにできた友だちは「ちがう　クラスに　なって」いたことを知った「私」は「みんなの　間を　すりぬけるように　教室へ　入」りました。「みんなの　間を　すりぬけるように」とは、どんな様子でしょうか。きっと、だれとも話さず、目も合わせないようにして、速足で歩いていったことでしょう。この様子から、友だちとちがうクラスになってしまい、とてもがっかりしていることがわかります。

(3) 「でも、それだけ」の「それ」とは、前の部分にある「何人かの　子に　声を　かけられた」を指しています。つまり、「声をかけられただけ」ということです。さらに、傍線部③のあとに、「私から　声を　かける　ことは　なかった」とあることから、ほかの子に声をかけられただけで、自分から（周囲の子に）声をかけることはなかったのです。

(4) 傍線部④の直後にある二文に着目します。「ちょっと、うらやましかった。あの　二人　もう　友だちに　なったんだ」と、「うらやましい」という気持ちを表す言葉があります。こうした言葉が出てきたときには、「なぜ」と思うようにすると物語を理解しやすくなります。新しいクラスには自分の友だちはいないし、まだ自分には友だちができていない。それなのに、あの二人はもう友だちになったなんて、うらやましい、というのが「私」の気持ちです。二文に出てくる言葉を使ってうまくまとめて答えを書きましょう。

(5) 「私」は、㋐のところでは、新しいクラスに三年生のときの友だちがいなくて、がっかりします。㋑のところでも、ほかの子に声をかけられますが「私」からは声をかけず、落ち込んだ、消極的な気持ちのままであることが読み取れます。その後「私」は、㋒のところで、新しいクラスでもう友だちになっている子を見かけてうらやましくなりますが、「私は　まだ　友だち　いないけど、この　クラスで　新しい　友だち　つくろう」「自分から　声をかけて　みるの」と、落ち込む気持ちから前向きな気持ちをもつように変わっていったことがわかります。

★★★ 最高レベル

問題 88〜91 ページ

1

(1) **ウ・エ**（順不同）

(2) 帰り道、マ

(3) (例) 原田のおじいちゃんが、おなかがいたくて、めまいがする、と言っているということ。

(4) (例) おじいちゃんに、花だんの花をふんづけてしまったことをあやまろうと思った。

(5) **イ**

(6) (例) ママがぼくの気もちを全部わかっていることをうれしく思う気もち。

解説

1

(1)「いつ」の出来事が書かれているかは、場面を捉えるうえで大切です。時間や、季節の言葉などが文章中にないか、確認しながら読んでいきます。最初の文に「つぎの　日の　夕方」とあるので、まず「夕方」とわかります。さらに読んでいくと、「ママは、星が　いっぱいの　夜空を　見あげた」とあるので、「夜」のことだとわかります。

(2) ☆の直後の場面では、「ママ」「おじいちゃん」「ぼく」が登場しており、三人はおじいちゃんの家にいます。場面の変化は、場所や、登場人物、時間の変化によって起こるため、それらが変化しているところを探します。すると、傍線部③のあとに「帰り道」とあり、おじいちゃんの家から、場所が変化していることがわかります。また、登場人物についても、「おじいちゃん」がいなくなり、「ママ」と「ぼく」の二人のみになっています。最初の五字をぬき出すという指定なので、「、」も含めてよく見て書くようにしましょう。

(3)「ぼく」はママにおじいちゃんの説明をします。ママにどんなことを伝えればよいのでしょうか。傍線部①より前のおじいちゃんの言葉に注目します。おじいちゃんは「ぼく」に「どないしたん（どうしたの）」と聞かれて、「はらが　いとうて、めまいが　して」と答えています。それを聞いて「ぼく」はママを呼びに行ったのですから、〝原田のおじいちゃんが、おなかがいたくてめまいがすると言っている〟ということを説明したと考えられます。

(4)「よし、いまだ」というのは、今、何かをしようと決めたときに言ったり思ったりする言葉です。「ぼく」は何をしようと思ったのでしょうか。読み進めると、「ぼく、だんご虫を　とる　ために、花だんの　花を　ふんづけてしもた。ごめんなさい」とあります。つまり、「ぼく」は〝花だんの花をふんづけてしまった〟ことを正直に話し、おじいちゃんにあやまろうと思ったのです。

(5)「目を　おさえ」るという様子は、泣いているときや泣きそうになっているときなどに見られます。おじいちゃんはなぜ泣いている（泣きそうになっている）のでしょうか。前を読むと、「『また、なにか　あったら、わたしたちを　家族と　思って、たよって　ください』ママは、おじいちゃんに　うちの　電話番号を　教えて　いる」とあります。ママの親切な言葉と行動に、おじいちゃんは感動して「目を　おさえた」のですから、「うれしい」という気持ちの**イ**が答えです。泣いているからといって、「かなしい」や「くやしい」を選ばないように注意しましょう。

(6) 直前に「ママは、ぼくの　気持ちが　全部　わかって　いると　思った」とあり、直後には、「心の　中で　いばったが、声に　出さなかった」とあることから、自分の気持ちをわかってくれるママに対してうれしく思っていることや頼もしく、誇らしく思っていることが読み取れます。

復習テスト④

問題 92～93ページ

I

(1) 帰り道は、
(2) 校長先生
(3) わら
(4) **ウ**
(5) (例) つかれているが、すがすがしい気もち。
(6) **ア**

解説

I

(1) 「わたし（みずき）」がいる場所に注目して文章を読んでいくと、文章の初めからジャックのベッドメイキングが終わるまでは動物を保護する施設にいることがわかります。読み進めていくと、「帰り道は、わたしも……」とあり、施設から出て帰路についた（場所が変わった）ことがわかります。

(2) この文章には「わたし」と「ジャック」と「摩耶さん」が出てきます。「わたし」はジャックのことを、「しかたの　ない　校長先生だ。こまった　校長先生だ」「はい、先生、これで　今夜の　寝床の　できあがり！」のように、「校長先生」や「先生」という言葉で表現しています。問題には「四字でぬき出しなさい」とあるので、「校長先生」が答えになります。「せんせい」ではぬき出しにならないので、注意しましょう。

(3) 傍線部②を含む「わたし」の言葉に「はい、先生、これで　今夜の　寝床の　できあがり！　ベッドメイキング、終了です」とあります。「先生」は「ジャック」のことです。つまり、「わたし」がジャックのために「新しい　わらを　しきおえ」たことを「今夜の　寝床の　できあがり」「ベッドメイキング、終了」と言っているとわかります。そのため、「寝床」は「わら」をしいた床のことを指していると考えられます。

(4) 空欄Aの直後に「ジャックは　笑う。『なかなか　よろしい、けっこうなしあがりです』って　言ってるみたいに」とあるので、これに合う様子を表す言葉は「うれしそうに」になります。**ア**の「かなしそうに」や**イ**の「つらそうに」は、あとに続く「ジャックは　笑う。……」の部分に合いません。

(5) 傍線部③のあとを読んでいきます。「くたくたに　つかれて　いる」とありますが、さらに、「わたしの　気持ちは、すがすがしい。台風の　去ったあとの　青空みたいに　さっぱりして　いる。体から　汗を　流せば、心からも　汗が　流れでて　いくのだろうか」とあります。そのため、つかれてはいるが、とてもさっぱりしたすがすがしい気持ちでいることが読み取れます。

(6) 「B」と　思って　いる」のあとに、「わたしの　気持ちは、すがすがしい。台風の　去った　あとの　青空みたいに　さっぱりして　いる」という文章が続いています。ここでは「けれども」に注目します。「けれども」という言葉があるということは、その前には「けれども」の後ろとは逆のことが書かれているということになります。つまり、「けれども」の後ろに「すがすがしい」「さっぱりして　いる」と書かれているので、前の部分には、すがすがしくない、さっぱりしていない、という意味のことが書かれているということです。さらにその前には、「帰り道は、わたしも　摩耶さんもくたくたに　つかれて　いる」とあり、わらをしいたりするような仕事をしてつかれていることがわかります。体をつかって仕事をしてくたくたになり、さっぱりしていない、というときには、まずどんなことを思うでしょうか。**ア**のように「早く　おうちに　もどって、シャワーを　あびて、さっぱりしたい」と思った、と考えられますね。**イ**のように「動物の　世話を　するのは、いやだ」と思っていたら、そのあと「すがすがしい」という気持ちになるとは考えられません。また、**ウ**のように、「顔を　あらって、シャワーもあびたから、すっきりした」と思っているのなら、「けれども、……すがすがしい。……さっぱりして　いる」という文は後ろに続きません。

13 気もちを 読みとる(1)

★標準レベル　問題94～95ページ

1 (1) **ウ**　(2) 五つ・おるす番　(3) **ア**
(4) おどろきました　(5) **エ**

解説

1
(1)「(かけよってきて) くれました」「ようやく」という表現から、マキオの心情はマイナスからプラスへ変化したことがわかります。**ア**「かっと」は怒り、**エ**「ぞっと」は恐怖を表し、ともにマイナスの心情です。**イ**「はっと」は意外なことに出会っておどろく様子を表しますが、ここまでの内容からマキオが何かに気づいたり、おどろいたりした様子は読み取れません。したがって答えは、**ウ**「ほっと」です。えみ子おばさんの発言に「名古屋の　おにいちゃんが　くる」とあるので、名古屋からやってきたマキオが東京駅でえみ子おばさんに会い、安心したのだと考えられます。

(2)「ええっ！」の直後に「マキオは　おどろきました」とあるように、「ええっ！」はマキオのおどろきを表す言葉になっています。マキオは何におどろいたのか、直前のえみ子おばさんとの会話から読み取ります。「うちには　ちあきと　ヒサオだけよ」というえみ子おばさんの発言に対して、マキオはおどろいて、「ちあきちゃんは　五つだって　いうのにな」と思っています。「五つ」がちあきの年齢を表していることも確認しましょう。

(3)「おそるおそる」はこわいと思いながら、緊張して行動する様子を表す言葉です。**ア**「こわごわ」と類似しています。まだミルクを飲むほど幼いヒサオを「だれが　おもりしてるの？」と聞くことに、マキオは緊張しています。ヒサオをおもりしているのは、まさか五歳のちあきだろうか、というマキオの気持ちを読み取って考えます。

(4) 空欄の直前に「ますます」とあるため、これまでマキオが抱いていた気持ちがさらに大きくなっていることがわかります。えみ子おばさんから、「うちには　ちあきと　ヒサオだけ」と聞いておどろき、「もし (ヒサオの) 目が　さめたら、ちあきが　ミルクを　やるわ」と聞いてさらにおどろいたという流れです。

(5)「へーえ！」はおどろいたときや感心したときに使われることが多い言葉です。「五つ」で「まだ　幼稚園」に通っているちあきがヒサオをおもりしており、ヒサオにミルクをやることもできることに、マキオはおどろいて、感心しています。**ア**「よろこぶ」、**イ**「おこる」、**ウ**「心配」という心情は、「へーえ！」という言葉からは読み取れません。

★★上級レベル　問題96～97ページ

1 (1) **ウ**　(2) (例) まだ庭の半分ほど残っていてたいへんだ
(3) 気持ち・らく
(4) (例) お手本にならなくてはいけないと思った

解説

1
(1)「音を　あげる」は、大変さにたえられず弱音をはくという意味です。あゆみは「だまって　作業を　つづけて　います」とあります。前書きに、「えりは　四年生」「あゆみは　三年生」とあります。えりより年下のあゆみが、弱音をはかずに草むしりをがんばろうとしているので、えりも弱音をはくわけにはいかないのだと考えましょう。

(2) 直後の隆一の発言に注目します。「残りが　まだ　こんなに　広いから、たいへんだって　思うんだよね」とあります。おばあちゃんの家の「草いっ

ぱいの　庭」は広く、まだ草むしりは「半分ほど」残っていて、とても「たいへん」な作業なのです。そのうえ、おばあちゃんは「朝ごはんの　したく」があるからと「家の　中へ　入って」しまったため、ここからは子ども四人だけの作業になります。そのこともあって、草むしりがますます「たいへん」になると感じられ、四人はため息をついたのだと考えられます。

(3) 空欄には、直前の隆一の発言を受けて、えりが感じたことが入ります。隆一が、庭を「四つに　区切」れば、「一人分ずつは　せまく　なる」、そうしたら「気持ちが　らくに　ならないか」と言っていて、これを受けてえりは「ほんとう」だと感じたのです。

(4) 冒頭でえりは、自分より年下なのに「だまって　作業を　つづけて」いるあゆみを見て「音を　あげる　わけには」いかないと考えています。また、傍線部③の直前には「手伝って　もらうようでは、小さい　雄也や　あゆみたちへの　しめしが　つきません」とあり、年下の二人にはしっかりしたところを見せたいと考えていることがわかります。この内容を「お手本」という言葉を使って「お手本になりたい」「お手本を示したい」などと書いていきます。

★★★ 最高レベル

問題 98～101ページ

1

(1) (例) ほのかちゃんとアミちゃんが買い物にさそってくれなかった

(2) (例) きらわれて、なかまがいなくてもへいき・ひとりはさびしい

(3) わたしは、～子なのだ。

(4) **ア・ウ** (順不同)

(5) なやみごと・いいたい　(6) さびしい　(7) 心配

(8) (例) 自分のことをわかってくれている　(9) **イ**

解説

1

(1) マイが、ほのかちゃんとアミちゃんに「きらわれた」と思った理由が、傍線部①の前にあります。マイは、ほのかちゃんとアミちゃんが二人で買い物をしているすがたを思い出し、「何を　買って　いたのかな?」「なんで、さそって　くれなかったんだろう?」と思っています。さらに、「きのう、ふたりで　目くばせして　いた」ことから、「わざと　さそって　くれなかった」のではないか、と思いをめぐらせています。「さそって　くれなかった」という点を中心にして、主語「ほのかちゃんと　アミちゃんが」、修飾語「買い物に」という言葉を加えて答えとします。

(2) 直前に「こんな　こと」とあるので、「こんな　こと」が指す内容から、マイが何に悩んでいるのかを読み取ります。ひとつ前の段落に「一ぴきおおかみで　いく。なかまが　いなくても、へいき」と思いながら、「でも……。ひとりは、さびしい」とも感じている様子が書かれています。つまり、きらわれても平気だという気持ちと、さびしさを感じる気持ちが対立している様子が読み取れます。二つある空欄には、それぞれ空欄のあとの言葉につながる形で答えを書くようにしましょう。

(3) マイは、友人関係に悩んでいる自分のことを「わたしらしく　ない」と感じて、自分に腹を立てています。マイが「いつもの　自分を　どのような人物だと　考えて　いるかが　わかる」部分を本文から探すと、傍線部③のあとに、「わたしは、いつも　元気で……ぐちぐちしない　子なのだ。」という二文が見つかります。

(4) 直前の「でもぉ……、気になるぅ」から考えます。マイが気になっているのは、冒頭で浮かんできた「何を　買って　いたのかな?」「なんで、さそって　くれなかったんだろう?」「わざと　さそって　くれなかったって　こと?」ということだと読み取れます。そのため、ほのかちゃんとアミちゃんに関することが気になって、寝つけないのだと考えられます。また、本文冒

頭に「ねむれない。きっと、昼ねを　しちゃったからだ」とあるため、それもねむれない理由の一つだと考えられます。**イ**「おねえちゃんが　声を　かけて　きた」のはこれよりあとの場面です。また、この時点では「けんかをして　しまった」かどうかはわからないので、**エ**もふさわしくありません。したがって、正解は**ア**と**ウ**です。

(5) おねえちゃんがマイにかけている言葉から、おねえちゃんの考えを読み取ります。おねえちゃんは、傍線部⑤のあとで、マイに対して、「いい子ちゃんだから、いろいろ　がまんしちゃうでしょ」と話しかけています。さらに、「もっと、わがままを　いっても　いい」「なやみごとや、いいたい　ことがあったら……ひとりで　かかえこまなくても　いいんだよ」とやさしく声をかけています。「いい子ちゃん」なマイのことなので、何か悩みがあって抱え込んでいるのだろうとおねえちゃんはわかっていたのです。そこから、空欄のあとの「や」と「ことを　ひとりで　かかえこまずに」につながる形でぬき出しましょう。

(6) おねえちゃんはマイを「いい子ちゃんだから、いろいろ　がまんしちゃう」性格だと考えています。ここでの「いい子ちゃん」は、周囲に心配をさせないように明るくふるまい、たくさんのことをがまんしている子を指しています。傍線部⑥のあとに、「わたし、小麦と　卵の　アレルギーだし……おかあさんも　おとうさんも、わたしばかり　心配してた」とおねえちゃんについての説明があります。そして、そのためにマイは「さびしい　思いを　して　いる」とあります。

(7) 一つ目の空欄Aは、「マイったら　いい子だから、わたしの　ことを［A］して　くれる」です。ここでの「わたし」はおねえちゃんを指しています。そのため、いい子であるマイが、おねえちゃんのことをどうしているかを考えましょう。また、二つ目の空欄Aは、「いつも　いい子で、にこにこ　明るく、自分は　みんなに［A］させないように」です。ここでの「自分」はマイのことを指しています。そのため、マイがみんなにどうさせないようにしているかを考えましょう。

(8) 友人関係に悩む気持ちを押し殺して「あしたも、元気な　顔で」いようとしているマイの心を「見すかし」て、やさしく寄りそってくれるお姉ちゃんの様子が文章の後半から読み取れます。また、傍線部⑦の直前でおねえちゃんは「相談してね」と言ってくれており、それに対してマイは「やさしい　声」と感じています。「自分のことを理解してくれている」「わかってくれている」という内容が含まれていれば正解です。

(9) 空欄Bが、「心が　かるく　なって　きた」にかかっている点に注目しましょう。おねえちゃんのやさしい声に「心が　かるく」なった様子を比喩を用いて表現しています。マイは初め、悩んでしまう自分の気持ちを押し殺そうとして、マイナスの気持ちに傾いていました。それが、理解者であるおねえちゃんの発言によって、最後にはプラスの気持ちへと転じています。このマイナスからプラスへ転じる様子をよく表しているのが、**イ**「氷がとけて」です。「氷」は冷たいものですが、それが「とける」ということはあたたかくなることを表しています。この場合は、「心がかるく」なったことのたとえなので、気温があたたかくなったことではなく、心があたたかくなったことを「氷がとけて」と表していると考えられます。**ア**「川が　ながれて」、**ウ**「月が　かがやいて」、**エ**「花が　さいて」からは、マイナスからプラスに心情が変化した様子を読み取ることはできません。

中学入試に役立つアドバイス

心情を読み取る

心情は、「うれしい」「悲しい」などの直接的な言葉（心情語）によって表されることもありますが、中学入試では、登場人物の言動や様子から心情を読み取り、自分の言葉で説明することが求められます。

例・スキップをする…「うれしい」　・口数少なくうつむく…「悲しい」

14 気もちを 読みとる(2)

★ 標準レベル

問題 102〜103ページ

I
(1) ア　(2) イ
(3) 犬は　(4) エ

解説

I (1) たくとは、お母さんの「そう なる 前に、うちで、かって あげようか」という提案を聞いて「えっ」と小さくさけんでいます。林で見た犬も、いつかは捕まえられてしまうのかという質問にお母さんが返した言葉が、たくとにとっては意外なものであったために「えっ」とさけんだのです。傍線部①のあとに「それから 口を つぐみました」「たくとは 考えました」とあるため、意外なことに「えっ」と思わず口に出してから、だまって考えたのだとわかります。そのため、小さくさけんだ時点の様子としては、**ウ**「こわがっている」や**エ**「なやんでいる」は、外すことができます。

(2) 空欄Aの前に、「すると きゅうに」とあるので、直前にたくとが何を考えていたのかを読み取ります。たくとは、「犬は すき」だが、林で見た犬は「大きいから、ちょっと こわい」のです。お母さんの提案に「飼う」と即答はできないが、自分が飼わずに「犬が つかまったら、どう なる」のだろうか、捕まえられてしまうのではないかと犬を案じています。このような心の動きに、**ア**「わくわく」、**ウ**「うきうき」、**エ**「ほかほか」は合わないことを押さえます。不安な状況に合うのは、**イ**の「ざわざわ」です。

(3) 「……たぶん」の「……」からは、その直前にある「かったら、なかよくするよ」という自分の発言に、たくとが自信をもてていない様子が読み取れます。林で見た犬と「なかよく」できる自信がない理由は、傍線部②の前に「犬は すきだけど、あの 犬、大きいから、ちょっと こわいな――」とあることから怖いからだとわかります。問題文に「一文を」探して始めの二字をぬき出すように指定があるので、「犬は」と答えることに注意しましょう。

(4) 空欄Bのあとに「むりしちゃって」とあることに注目します。**ア**「楽しみなんでしょう」、**ウ**「うれしいんでしょう」という心情に、「むりしちゃって」は不適です。**イ**「はずかしい」についても、たくとが犬に対して恥ずかしいと思っているような描写はないので不適です。たくとのお母さんは、たくとが少し無理をして「ぼく、かったら、なかよくするよ」と言っていることに気づいています。たくとが犬を飼うことに対して心から前向きになれないのは、大きい犬を怖いと思っているからです。したがって正解は**エ**です。

★★ 上級レベル

問題 104〜105ページ

I
(1) (例) はらだたしく思う
(2) (例) こうかい
(3) (例) 長くかんじる
(4) (例) 心細い　(5) エ

解説

I (1) 傍線部①の前後の「ぼく」と「力」のやり取りから読み取ります。はがきにはったはずの切手が力の手にくっついたままだったことを、「ぼく」は「おまえが ぼく、ぼくって いうから」だと考えています。にもかかわらず、力が今度はスティックのりに「ぼく、ぼく、もってる」と手をのばしてくるので、「ぼく」は「バカッ！」と声をあげたのです。一連の出来事は、力のせいだと考えていること、「バカッ！」と声をあげていることをふまえて、「ぼく」が力に対して怒りの感情を持っていることを押さえます。解答欄の前後の文に合うように、「はらだたしく思う」「いらいらする」などの言葉が書けていれば正解です。

(2) 直前までは、力に対して怒りをぶつけ、力を責める発言をしていた「ぼく」が、波線部では、「どうして」力に「はらせたんだろう?」「もたせたんだろう?」「いれさせたんだろう?」と思い始めています。波線部の心情から、力に切手をはらせなければよかった、はがきを持たせなければよかった、ポストに入れさせなければよかった、と自分のとった行動を悔やんでいる様子が読み取れます。力の要求通りになんでもやらせてしまった自分の行動を「こうかい」しているのです。

(3)「どういうこと」かという問いでは、該当箇所を別の言葉で言いかえることを求められています。切手をはらずにポストに入れてしまったはがきに切手をはらせてもらうために、郵便屋さんを待っている場面で「いやに　なるほど、針が　のろい」と感じるのは、時計の針があまり進んでいないように思えるほど、郵便屋さんがなかなか来ないことをじれったく思っているからです。「あと、二十五分ぐらい」という時間がなかなか進まず、「いやに　なるほど」長く感じるという描写です。実際に時計の針が進むスピードが遅くなったわけではない点に注意しましょう。そのため、「長い」と答えても間違いではありませんが、「長く感じる」「長いように思う」などがよりよい答えです。

(4) 傍線部③の直前に「とうとう」とある点に注目します。それまでもずっとそういう気持ちであったのがついに、という文脈です。郵便屋さんを待つ力は「まだかなあ」と「心細そう」にしていました。解答欄のあとの言葉に続くように、「心細そう」を三字で「心細い」と変えられるかどうかがポイントとなります。「つらい」「苦しい」「悲しい」などでも可です。

(5) 空欄の直前に「こっちまで」とあることに注目します。「ぼく」は、「ぐすぐすと　ベソを　かきはじめた」力を見て、「見て　いる　こっちまで」そうしたくなると感じていることを捉えます。「ベソをかく」は、子どもが今にも泣きそうになる、泣き顔をするといった意味を表す言葉です。「ぼく」が力と同じように「ベソを　かき」たい気持ちになっていることを読み取り、**エ**「泣きたく」を選びましょう。

★★★ 最高レベル

問題 106~109 ページ

1
(1) 目に~たち　(2) **イ**
(3) **ウ**　(4) **ウ**
(5) (例) かわいいわが子を食べてしまう・(例) すまない
(6) (例) 食べてしまった子どもたち　(7) **イ**

解説

1 (1) 傍線部①「かわいい　子どもたち」の「かわいい」を、どんな「子どもたち」だと言いかえているのかを問われているので、「子どもたち」について説明されている部分を探しましょう。ネンブツダイがクジラの子どもに、自分の子どもたちのことを「目に　入れても　口に　入れても　痛くない　子どもたちだ」と言っています。問いで指定されている二十一字を数えるときに、文末の「だ」まで数えないように注意しましょう。「目に入れても痛くない」とは、非常にかわいがっている様子を表す言葉です。

(2) 直後でクジラの子どもが「ぼくも　かあさんの　口の　中で　大きく　なれたら　よかったのに」と言っていることに注目しましょう。ネンブツダイの子は親の口の中で孵り、育つという話を聞いたクジラの子どもは、同じようにかあさんの口の中で大きくなれたら「迷子に　ならずに　すんだのに」とネンブツダイの子どもを「うらやましく」思っているのです。**ア・ウ・エ**は、かあさんとはぐれて、迷子になっているクジラの子どもが抱く気持ちとしては不適です。

(3) クジラの子どもが迷子になった理由については、冒頭にくわしく書かれています。「かあさんと　はぐれて　迷子に　なって　しまいました」「ちょっとした　ことで　叱られて、すねて　かあさんの　もとを　離れたのが　いけなかった」「気づいたら　かあさんが　いない　どころか、まるで　知らない　海に　来て　いました」とあります。

(4) ネンブツダイが「少し　だまりこんだ」理由は、傍線部③のあとのネンブツダイの言葉から読み取れます。ネンブツダイは、迷子になった子どもたちの行き先が自分の胃袋であること、つまり親である自分が、かわいい子どもを食べることになってしまうという悲しい出来事を、クジラの子どもに話すべきかどうかを考えたために、すんなり口にすることができなかったので、**エ**「まよい」があてはまります。また、子どもを食べてしまうという**ア**「おそろしさ」、**イ**「くるしさ」も、迷子になった子どもたちの行き先をすぐに口にできなかった理由として考えられます。

(5) 一つ目の空欄のあとの「つらいこと」に注目します。傍線部④の直後に「つらい　ことを　言わせた　気が　して」とあるので、一つ目の空欄には、ネンブツダイが口にした「つらいこと」が入ります。「子どもを食べる」という内容が書かれていれば正解です。二つ目には、空欄のあとに「と　思ったから」とあるので、クジラの子どもが「ごめんなさい」と謝ったときの気持ちが入ります。傍線部④のあとに「すまなく　思いました」とあるので、空欄のあとの言葉に続くように形を変えて答える必要があります。「すまない」「申し訳ない」などと書けていれば正解です。

(6) 「念仏を　となえるんだよ」と言ったネンブツダイに、クジラの子どもは「念仏を？」と聞き返しています。これに対する「そうだ。食っちまった子らの　ためには、もう　それしか　できんのだよ」というネンブツダイの発言から、ネンブツダイにとって念仏は「食っちまった　子ら」のためにしていることであり、「それしか　でき」ないものであることを押さえます。「食っちまった　子ら」をそのままぬき出して答えても正解ですが、書き言葉としてふさわしい「食べてしまった子どもたち」と直すと、よりよい答案になります。

(7) ネンブツダイが、食べてしまった子どもを思いながら唱える念仏が「悲しい　声」に聞こえたのは、「しかたが　ない」と言いつつも、かわいい子どもを食べてしまうことを言いよどんだり、「それしか　できんのだよ」と、ぶつぶつと念仏を唱え始めた様子に、悲しさに通じるものをクジラの子どもが感じたからだと考えられます。このことを最もよく表しているのが、**イ**です。**ア**は、ネンブツダイの唱える念仏を聞いたことがきっかけで「かあさんに　会いたく　なった」とは読み取れないので不適です。**ウ**は、クジラの子どもが、「じゃまを　してはいけない」と思ったのは、「悲しい　声」に聞こえたときよりもあとのことなので不適です。**エ**は、ネンブツダイが泣きながら念仏を唱えていたとは本文には書かれていないので不適です。

中学入試に役立つアドバイス

出来事と心情と行動の関係

物語文で、【好きな子の前で転んでしまったぼくは、顔を真っ赤にしてその場から走って逃げだしてしまった。】という描写があったとします。

この表現について「なぜその場から走って逃げだしたのですか。（行動の理由）」とたずねられたら、「何が起こったのか（出来事）」「どう感じたのか（心情）」を合わせて書く必要があります。

ただし、心情については、心情語（うれしい、悲しい）などが文章中に明示されていないことも少なくありません。その場合は、適切な心情を自分で補って書きます。先の例文では、「顔を真っ赤にして」「走って逃げだして」という表現から「恥ずかしい」という言葉を導きましょう。

15 気もちの へんか

★ 標準レベル 問題110〜111ページ

I
(1) **ウ**
(2) **ア**
(3) **ア**
(4) こわく・ほっと・いい人

解説

I (1) ねね子さんから紹介された宇宙人が「ことばが　話せる」様子を見て、関心を向けている草太とは対照的に、さやは「ちょっと　こわく　なって」います。**ア**「そらさない」は、テンテンを見つめるということになるので間違いです。**イ**「とじない」も同様に、テンテンを視界に捉えているので間違いです。**エ**「こすらない」は動作としてこの場に合いません。正解は、恐怖の対象であるテンテンの目を見ないようにしたという意味の**ウ**「合わせない」です。

(2) 「それ」は指示語で、指示語の指す内容はその直前にあることが多いです。ここでは、さやが「ほっと　むねを　なでおろ」すことにつながる「それ」の内容は、「いや、だいじょうぶ……とれるし」までであることを正しく読み取って答えましょう。**イ**「こわれた　宇宙船が　なおった」は、「こしょうした　宇宙船を　なおす　ことが　できた」、**ウ**「だいたいの　方角が　わかる」は、「だいたい、方角も　わかって　いる」、**エ**「友だちと　れんらくが　とれる」は「友だちと　れんらくも　とれるし」と対応しています。**ア**「ねね子さんの　庭に　着いた」も、本文中に「着いた　ところが、たまたま、ねね子さんの　庭だった」という部分と対応していますが、さやが「ほっと　むねを　なでおろ」すことにつながる「それ」ではありません。

(3) 空欄補充の問題は、前後をよく読みましょう。空欄は、テンテンを「いい　人そう」だと思い、「なかよく　なれるかも　しれない」と感じるさやの気持ちとつながります。**イ**「そわそわ」は落ち着かない様子、**ウ**「はらはら」は心配する様子、**エ**「いらいら」は怒りを表しています。

(4) 初めて見る宇宙人、テンテンに対するさやの心情の変化を本文の表現を使って説明する問題です。恐怖（こわくなって）から、安心（ほっとむねをなでおろし）、期待（わくわく）へと変化していく様子を、丁寧に捉えましょう。

★★ 上級レベル 問題112〜113ページ

I
(1) **イ・エ**（順不同）
(2) （例）あきらめそう・（例）がんばろうという
(3) （例）教えてくれたように天井の目印を決めて、全力で泳ごうという気もち。

解説

I (1) あてはまるものを二つ選ぶことに注意して、「あたし」の泳ぎの実力について書かれた部分を文章中から探しましょう。「あたし」の実力については、傍線部①の次の段落で、「まだ『ラッコ』クラスで、腰の　ヘルパーを　はずして、背泳ぎ　十五メートルが　やっと」だと説明されています。『イルカ』クラスで、「背泳ぎ二十五メートル」を泳げるのは鈴音ちゃんなので、間違えないように注意しましょう。

(2) 鈴音ちゃんの発言をきっかけに、「そうだよね、あきらめちゃ　だめだ。よーし、がんばるぞ」と、背泳ぎで合格することに関する「あたし」の気持ちが変化しています。「あきらめ」かけていた気持ちが、「がんばるぞ」という気持ちへ変化していることを読み取りましょう。

(3)「にらんだ」とありますが、ここでは怒りではなく、「天井を　しっかり　見つめた」という様子を表しています。「天井」について、「プールの　かべに　頭や　手が　ぶつかりそうで、おそるおそる（こわがって）泳いで　しまう」「あたし」に、鈴音ちゃんが「天井の　目印を、自分で　決めると　いいのよ」とアドバイスをしてくれているので、この部分を使いましょう。気持ちを切りかえた「あたし」が、「全力」で泳いでいる様子も含めて、最後が「気もち。」となるように書きます。

★★★ 最高レベル

問題 114〜117ページ

I

(1) 上田先生・ばかな
(2) **ウ**
(3) (例) ふまんな気もち。(8字)
(4) **ア**
(5) a **エ**　b **キ**
(6) 低い
(7) (例) 自分が悪かったと言うこと。
(8) a **キ**　b **エ**　c **イ**（bc順不同）

解説

I

(1)「新学期早々、気分が　悪い」「わたし」は、幸子に「最悪ね」と話しかけています。その理由は、「こんどの　担任」です。担任の先生については、傍線部①を含む段落にくわしく書いてあります。三年生のときの担任であった「細野先生」と間違えないようにしましょう。また、「わたし」、幸子、哲也の三人が立たされている理由は、「わたし」が哲也に向かって「哲也のせいよ」と言っている部分から読み取ります。この発言から、「わたし」は、自分は悪くないのに、哲也が「ばかな　こと　ばっかり　する」せいでしかられたのだと考えていることがわかります。

(2)「細野先生が　赤ちゃんを　生む」ことになったせいで、担任の先生が上田先生になったと「わたし」は考えています。もし「それで　なければ」、今でも担任は細野先生で、「いっしょに　笑いざわめいて」いただろうとも感じているので、「わたし」の赤ちゃんに対する心情は、マイナスのものであると考えられます。正解は、**ウ**「にくらしい」です。

(3)「最悪ね、こんどの　担任」と声をかけた「わたし」に、幸子は「そうなの。ゆううつ、一年間も」と同調しており、幸子もマイナスの気持ちでいることが読み取れます。また、くちびるをつきだすのは、不満をかかえているときだということからも考えられます。文末は「気もち。」で終えているかを確認しましょう。「ゆううつな気もち。」も可です。

(4) 予想していたこととは違う結果となったときに「意外」という言葉を用います。「意外に」の直後に「哲也は　すなおだった」とあるので、「わたし」は哲也が「すなお」ではない反応をすると予想していたとわかります。「すなお」とは対照的な表現として、**イ**は「はんせいして　いる」が、**ウ**は「おどろく」が、**エ**は「あやまろうと　して　いる」が合いません。「わたし」は、「哲也の　せい」とにらみあげれば、哲也は「自分のせいではない」と言うだろうと予想していたのです。このことと、**ア**「言いかえすだろうと　思った」が合います。

(5)「ふきだし」たとは、おかしさをこらえきれず、思わず口から息が漏れてしまう様子を表すので、まずは空欄bに**キ**「おかしかった」があてはまるとわかります。

　次に「わたし」がそのような状態になった理由については、直前に起こった出来事から考えます。「ふきだしかけ」た直前で、哲也は「ごりごりと

頭を　かい」ています。これは、「幼稚園の　ころから、ちっとも　かわって　いない」哲也の反応で、いたずらをしたあとに見せるのだと、直後の段落で述べられています。このことと**エ**が合います。

(6) 幼稚園のころからのことをなつかしく思い出し、「ふきだし」そうになったり、「いくぶん　やさしい　気持」になったりしていた「わたし」ですが、われに返って、「いい？　わたしは　本気で　怒ってるのよ。わかってるわね」と哲也のせいで自分たちが怒られたことを念押ししています。これは哲也が「すなお」に自分のせいだと認める前の気持ちと同じだと考えられるので、その部分から「低い（声）」をぬき出しましょう。

(7) 傍線部⑥は、「わたし」から哲也への言葉です。そのあとで「わたし」は、「放課後、きっと　また　しかられるんだから……言うのよ、ぼくが　悪かったって」と言っています。解答欄の前の言葉につながるように、その内容をまとめましょう。

(8) 文章全体から、「わたし」の心情の変化を読み取ります。「最悪」や「哲也の　せい」だとにらみあげる様子から、空欄aには**キ**「いかり」が入るとわかります。

次に、自分のせいであることをあっさり認めて昔と変わらない様子で頭をかく哲也の様子におかしさを感じ、哲也から受けてきた数々のいたずらを**エ**「なつかしく」思い出したりするうちに、「わたし」の心は**イ**「あたたか」くなっていったことが読み取れます。なお、空欄bと空欄cは順不同なので、**イ**と**エ**がどちらかに一つずつ入っていればよいです。

そして、最後に「わたし」は、哲也に再度**キ**「いかり」を伝えて、自分が「悪かった」と先生に言うように、哲也に話しています。

中学入試に役立つアドバイス

心情の変化

物語文では、さまざまな出来事が起き、それを受けた登場人物の心情もさまざまに変化していきます。

心情は、登場人物の行動や会話、表情から読み取ることができます。まずは心情を正確に押さえ、どのようなきっかけ（出来事）で登場人物がそのような心情になったのか関連させながら読み進めていくことが重要です。

そうして初めて、

・友だちとけんかをしてしまい（出来事）

↓

・寂しさや怒り（心情）をおぼえていたが、

↓

・仲直りをしようという手紙をもらいお互いに謝罪した（出来事）ことで

↓

・うれしい気持ち（心情）になった。

のように、「変化」をたどることができるようになります。

16 せいかく・人物像

★ 標準レベル

問題 118〜119ページ

I

(1) **エ**
(2) **イ**
(3) **エ**
(4) **ア**

解説

I

(1)「なあ、とうちゃん。ロバと　ラマと、なにが　どう　ちがうのや？」という質問に重ねて、「ぼく」が空欄の直前で「ちゃんと　こたえてや」と続けていることが手がかりとなります。「ぼく」が「ちゃんと」とくぎを刺したくなるような、とうちゃんの普段の受け答えとは、どのようなものであるかを考えましょう。ロバとラマの違いについて、「一れつに　ならばせて、前に　くるのが　ラマ。うしろが　ロバや」「そやから、ラ・リ・ル・レ・ロや！」と言っていることからも、ふざけて面白おかしいことを言うとうちゃんの様子がわかります。したがって、正解は**エ**「へんな」だと判断します。**ア**「いじわるな」、**イ**「正しい」、**ウ**「むずかしい」は、いずれも本文からは読み取れないとうちゃんの様子なので不適です。

(2) 性格は、その人の発言や行動、表情などから読み取ることができます。ロバとラマの違いを「一れつに　ならばせて、前に　くるのが　ラマ。うしろが　ロバや」「ラ・リ・ル・レ・ロや！」と答えたあとのとうちゃんの様子に着目します。かあちゃんが「あんたの　頭が、ラリルレロや」と言って笑ったあとに、とうちゃんが「くそっ」とつぶやいたことや、かあちゃんがラマとロバの違いを、的確に答えたあとの「とうちゃん、ひとことも　いいかえせない。夕方の　あさがおみたいに、しぼんで　しもた」といった様子から、悔しがっているとうちゃんの「まけずぎらい」で「おちこみやすい」性格を捉えることができます。

(3) 言葉の意味がわからない場合でも、その言葉の前後の内容から推察できることがあるので、もし知らない言葉の意味を問われた場合は、あきらめずに前後の文章をしっかり読む習慣をつけておきましょう。この文章では、とうちゃんが「あごを　しゃく」りながら、かあちゃんに向かって「ほな、おまえ　わかるのか」と言っていることに着目しましょう。とうちゃんは、ロバとラマの違いを説明できなかったことを、「あんたの　頭が、ラリルレロや」とかあちゃんに笑われてしまいます。それならば、おまえ（かあちゃん）はどうなのか、自分を笑うのなら、ロバとラマの違いをちゃんと説明してみろ、どうせできないだろう、というかあちゃんを見下したような気持ちとえらそうな態度が、「あごを　しゃく」るという動作に表れているのです。したがって、正解は**エ**「相手を下に見た様子」です。「下に見る」は、一語で「見下す」と言いかえられます。また、「あごをしゃくる」の「しゃくる」は「すくうようにして上げる」という意味で、似た表現として、横柄な態度で相手に指示を出すときなどに「あごで人を使う」などということがあります。

(4)「夕方の　あさがお」にたとえられた、とうちゃんの様子を読み取りましょう。見下していたかあちゃんに「ラマは、ラクダの　なかま。ロバは、馬の　なかまや」とすかさず的確に答えられてしまい、とうちゃんは「ひとことも　いいかえせな」くなってしまいます。このときの様子が「夕方の　あさがお　みたい」だと表現されています。問いの文「正しい　ことを　言う　相手の　前では　［　　］　様子。」にあてはまるのは、さっきまでの勢いがすっかりなくなってしまった**ア**「おとなしく　なる」です。とうちゃんのしょんぼりとした様子を、朝に咲いた朝顔が夕方にはすっかりしぼんでしまう様子と重ねて表現されていることを捉えましょう。**イ**「いかりを　かくせない」、**ウ**「自信を　見せる」は、傍線部②直後の「しぼんで　しもた」という表現に合わないため不適です。

★★ 上級レベル

問題 120〜121ページ

1 (1) (例) いくらだすかをふたばにまかせると言ったから。
(2) (例) どんなことにもかかわっていこう・(例) せきにん
(3) (例) 自分のお金をぜんぶつかってもいいと思う気もち。

解説

1 (1) 傍線部①直前のママとの会話「それは、ふたばに　まかせるわ」に着目しましょう。パパがママのことを「いじわる」だと言ったのは、ママが、ハニーの「ケージを　買う　お金、ふたばにも　ださせてね」と言ったことに加えて、ふたばにいくら出してもらうのかをたずねたパパに「それは、ふたばに　まかせるわ」と言ったことに対してです。問いの言葉「ふたばに　自分の　おこづかいから　ハニーの　ケージを　買う　お金を　だすように言い、そのうえ、」に続くように答える必要があることに注意しましょう。ふたばがハニーのために、自分のおこづかいから五百円出すのか、千円出すのか、それとも、もっと出すのかを試すような、ふたばのハニーを飼いたい気持ちをはかるようなママの発言を、パパは「いじわる」だと言ったのです。問いで「なぜ」と理由を聞かれているので、答えの文末は「〜から。」「〜ため。」「〜ので。」などとすることを忘れないように注意しましょう。

(2) 波線部から、ふたばが「どうしても　ハニーを　飼いたい」とお願いしたから、ハニーを引き取るのだということを押さえます。ふたばは、自分が言い出したことだからこそ、あとのことは「しーらない」とするのはよくないと考えていて、だからこそ、「ハニーを　飼う　ために　する　ことに」は「ひとつ　ひとつ　かかわって　いく　つもり」なのです。これらの内容をまとめて、まず一つ目は、問いの言葉「自分が　言い出した　ことだから、」に続くようにまとめましょう。「かかわっていく」という内容が書けていれば、正解です。二つ目は、自分の言い出したことに関わるすべてのことを、きちんと引き受けようとするふたばの性格を、解答欄の直後の「感」をヒントにして考えましょう。ここでは、「せきにん感」などがあてはまります。

(3) ふたばの貯金箱には、「千円札が　三まい」と「百円や　十円」などの小銭がつまっていましたが、「ケージって、いくらぐらいなんでしょう」とあるように、ふたばにはケージがいくらするのかまったく見当がつきません。自分のおこづかいからいくら出すかは「まかせる」とママに言われていたふたばは、「(よしっ)」と何かを心に決めて、貯金箱代わりのカンごと持って行くことにしました。ここでは、傍線部②の前の「(よしっ)」がヒントとなります。ふたばの決意の表れが「(よしっ)」であることを読み取りましょう。つまり、ふたばは、ハニーのために自分のおこづかいはすべて出してもいい、全部なくなってもいい、という気持ちだったのだとわかります。問いの言葉「ハニーの　ためなら、」に続くように答えの文をまとめることと、問いで「ふたばの　気もち」を聞かれているので、答えの文末を「〜気もち。」とすることに注意しましょう。

★★★ 最高レベル

問題 122〜125ページ

1 (1) (例) 見つからないように・チャンス
(例) 手伝ってあげたい・(例) やさしい
(2) (例) 自分のしっぱいをきちんとあやまることができる
(3) 不満
(4) (例) おこって
(5) **ア**
(6) ゆるい・**エ**

解説

1

(1) Aさんは、「ぼく」が「先生の　目を　ぬすんで」「チューチュー」とカレーを吸っていたこと、男子がドレッシングのかかっていない生野菜に「はきそう」「のこして　いい?」と不満の声をあげているときに、「ぼく」は「大きらいな　生野菜を　のこす　チャンス」だと考えていることに着目して、「ずるい　せいかく」だと批判しています。一方、Bさんは、床にこぼしてしまったドレッシングをぞうきんでふくユメちゃんを、「手伝って　あげたかった」と「ぼく」が考えていたことに着目して、周りの目が気になって実行できなかったものの、人を気づかえる「やさしい」ところもあるのではないかと考えています。「やさしい」は「親切」など同意の言葉でも正解とします。

(2) ユメちゃんは「いつもは　なまいき」と書かれています。しかし、この日は給食のドレッシングを床にこぼすという失敗をしてしまいます。この失敗に対してユメちゃんは「ごめんなさい」と謝っていることを押さえましょう。また、男子の不満の声にすっかりうなだれ、小さく震えている様子などが描かれています。問いの説明文の空欄にあてはまる形で答えられているかを確認しましょう。「あやまる」と同意の内容であれば正解です。

(3) 空欄の直前に「まずー」「はきそう」「のこして　いい?」とあること、空欄のあとに、それが「どんどん　高く　なって、おさまりが　つかなくなった」とあることに注目します。この部分と似ているのが、「おいしくない」「ぜんぜん　味が　ない」「こんなの　食べられない」という「不満の声」が男子の間からあがる場面です。ここから、空欄にあてはまる二字は「不満」だとわかります。

(4)「気色ばむ」は怒った顔になるという意味ですが、言葉の意味がわからない場合は、その前後の内容から判断しましょう。「いつも　にこにこ顔のてんせいくん」が、「気色ばんで　い」て、「お地蔵さんみたいな　顔が　真っ赤に　なって　いた」と表現されています。「にこにこ顔」のてんせいくんが、真っ赤な顔になっているのです。てんせいくんの発言の前に、「ガタンといすの　音を　たてて、てんせいくんが　立ち上がった」とあることから、恥ずかしくて顔が赤くなっているのではないことがわかります。これらから、てんせいくんは怒っているのだと判断することができます。

(5) かんちゃんについて書かれているのは、てんせいくんの「ゴカンの　カツ」という言葉を聞き、「『あー、トンカツ　食いてえ』」と「すっとんきょうな声を　あげ」たり、「この　上に　カツを　のせたら　カツカレーに　なるのに」と発言したりする部分と、最後の「『ドテッ』と　大げさに」「ひっくり返った」部分です。「すっとんきょう」とは、調子の外れた様子を表す言葉で、かんちゃんは怒っているてんせいくんを気にすることもなく、おどけた発言をしていることや、「『ドテッ』」とわざとひっくり返るという行動から、**ア**「おちょうしもの」があてはまります。

(6) 一つ目は、空欄の前に「いつもは、お地蔵様のように」とあること、空欄のあとに「えみを　うかべて」とあることから、「にこにこ」が想定できますが、問いの指定字数が三字なので、ほかのてんせいくんの描写から探します。最終段落の「いつもの　ゆるい　笑顔に　もどった」から、「ゆるい」をぬき出します。「えみを　うかべて」の「えみ」が「笑顔」であることに気がつけるかがポイントになります。次に、てんせいくんは、食べ物について「まずー」「はきそう」「のこして　いい?」と声高く不満を言う男子に対して、「そんな　こと　いっちゃ、バチが　当たるよ」と気色ばみ、厳しい態度を見せています。よって、二つ目の空欄には**エ**があてはまるとわかります。

復習テスト⑤

問題 126~127ページ

1

(1) (例) サッカーシューズを手に入れるか、正直に先生に話すべきか、なやむ気もち。 (2) ずるを (3) **ウ**

解説

1

(1)「まっくらな 闇」が何をたとえたものかを考えましょう。文章の最後で、先生に正直に言おうと決意したあとは、「闇が 消えて いくような 気」がしていることから、「闇」は、言おうか言うまいかと悩んでいる気持ちを表現したものだとわかります。どのようなことをてつろうは悩んでいるのか、両者がはっきりとわかるように答えましょう。問いの言葉に続くように書けているか、「サッカーシューズを手に入れる」ことと「先生に話す」ことの両方について触れられているかを確認しましょう。

(2) てつろうが、テストの採点にミスがあったことを先生に伝えるかどうかを悩んでいるのは、百点のテストを持って帰れば、念願のサッカーシューズが手に入るからです。しかし、てつろうはサッカーシューズが手に入らないほうを選びました。その理由は「ずるを してまで サッカーシューズを手に いれたくは ない」と思ったからです。ここを含む一文の初めの三字なので、「ずるを」をぬき出します。

(3) この文章には、てつろうの思い悩む姿が描かれています。自分の中に、「だまって いれば」「わかりゃ しない」という「もう ひとりの 声」を聞きながらも、ずるはしたくないという気持ちに従っているので、**ウ**が正解です。**ア**は「わるい ことは ぜったいに ゆるせない」、**イ**は「ずるがしこい」、**エ**は「ものごとに どうじないで おちついて 考えられる」の部分が不適。

思考力問題に チャレンジ③

問題128～129ページ

1

(1) **ウ**

(2) (例) もとヤンが転校しても、自分はずっともとヤンの友だちでいると思ったから。

解説

1

(1) 以下のように、順を追って、思考を整理しましょう。

思考ステップ1 場面を捉える。

「ぼく（もとヤン）」とタケちゃんは、日曜日に、自転車で出かけています。

思考ステップ2 「ぼく」の言動を整理する。

「こわいもの」を聞かれた「ぼく」は、タケちゃんの言葉に「プッと ふき出し」ながらも、（「こわいもの」を打ち明けるために）ぴったりタケちゃんの横に並ぶように自転車をこいでいます。

思考ステップ3 本文と選択肢の内容を照らし合わせる。

ア「ずるいぞ。オレだけに 言わせるなんて」とタケちゃんに言われて、「ぼく」は受け入れています。**イ**「タケちゃんだったら、きっと そう 言って くれるような 気が して いた」や、文章の最後に「タケちゃんになら」とあることから、タケちゃんは今までの友だちとは違うと感じていることがわかります。**ウ**「ふき出した」とあるので、怖いとは感じていません。

(2) 以下のように、順を追って、思考を整理しましょう。

思考ステップ1 指示語の内容を確認する。

傍線部②の「そんな」は、本文の中略以降で「ぼく」が「何度も 転校を くり返して、ぼくが 学んだ こと」をタケちゃんに説明した内容を指しています。

思考ステップ2 タケちゃんの言動を押さえる。

こわいものの説明をさえぎるように、「ぼく」の前に、「バーカ!」と言って出てきています。

思考ステップ3 タケちゃんの言葉から心情を読み取る。

「そんな わけ ないだろ」のあとに隠れている言葉を推測します。もとヤンが転校しても自分はずっと友だちでいるに決まっているというタケちゃんの思いが、そのあとの「バカじゃねえの」にも込められています。

■4章　説明文の　読みとり

17　話題(1)

★　標準レベル　問題130～131ページ

I

(1) 女王バチ・はたらきバチ
(2) ウ　(3) ア　(4) 〈どこ〉イ　〈どんな　ところ〉ア

解説

I

(1) 文章の話題を捉える問題です。初めの段落に「ミツバチ」「女王バチ」「はたらきバチ」「オスバチ」と四つのハチの名前が出てきますが、続きを読んでいくと、女王バチの体の大きさや仕事、はたらきバチのすることがくわしく説明されていることがわかります。

(2) 空欄の前後に注目しましょう。前の文に「ほとんど　ハチは、同じ　大きさです」とあり、あとの文に「その　なかに　一ぴきだけ、体が　大きな　ハチが　います」とあります。つまり、「ほとんど　ハチは　同じ　大きさだが、その　なかに　一ぴきだけ　大きな　ハチが　い」るということなので、**ウ**「でも」が適しています。なお、**ア**「たとえば」は具体例を示すとき、**イ**「つまり」は話の内容を要約するときなどに用います。

(3) 傍線部①の直前に注目すると、「女王バチの　腹には　たくさんの　卵が　入って　いるので」と書かれています。文をつなぐ言葉（接続助詞）「ので」は、あとに書かれる結果の原因・理由を示します。ここでは、原因・理由にあたるのが「女王バチの　腹には　たくさんの　卵が　入って　いる」であり、結果にあたるのが「とくに　腹の　部分が　大きく　なって　います」です。

(4) 傍線部②「蜜胃」について書かれている事柄を、〈どこ〉（場所）と〈どんなところ〉（役割）に分けて整理しましょう。「はたらきバチは、したで　花の　みつを　なめて　のみこみ、それを　体の　中に　ある　蜜胃と　いう　ふくろに　ためます」とあることから、蜜胃のある場所は「はたらきバチ」の「体の　中」であることがわかります。また、「ふくろに　ためます」という言葉から、蜜胃は花のみつをためるところだとわかります。

★★　上級レベル　問題132～133ページ

I

(1) 消しゴム
(2) こくえんのつぶがくっつきやすいから
(3) (例) こまかいカスになるようにできています
(4) (例) ガラスのつぶなどをまぜて、紙のせんいをはぎとる力を、とくに強くした消しゴム。
(5) イ

解説

I

(1) 文章の話題を捉える問題です。前書きから順に読んでいくと、「消しゴムは、べんりな　筆記具と　して　広まりました」（前書き）、「えんぴつで　書かれた　文字が、なぜ　消しゴムで　消せるのでしょう?」（第一段落）とあり、消しゴムで文字が消える仕組みについて説明している文章だと読み取れます。「えんぴつ」も四字で、文章中に何度か出てきますが、えんぴつの仕組みについて説明した文章ではないので、この文章の話題とはいえません。

(2) 傍線部①のあとに注目しましょう。「これは、紙よりも　ゴムの　ほうが、こくえんの　つぶが　くっつきやすいからです」とあります。ここで注目すべきは、文頭の指示語「これ」と文中の表現「から」です。まず、文頭の指示語「これ」が示す内容を見つけましょう。ここでの「これ」は、直前の傍線部①の内容を示しています。次に、文中の表現「から」は、原因・理由を示します。そのため、解答欄の前の言葉につながるように、「こくえんのつぶが　くっつきやすいから」をぬき出しましょう。

(3) 前の段落と空欄のある段落が、対比関係になっています。まず、前段落は「プリーストリーの　時代の　消しゴム」について、空欄のある段落では「現在の　消しゴム」について書かれています。次に、それぞれの内容を整理しましょう。「プリーストリーの　時代の　消しゴムは、生ゴムの　かたまりでした。生ゴムは、紙に　こすりつけても　カスが　でません」とあり、「現在の　消しゴムは、イオウや　油などが　まぜて　あり、紙に　こすりつけると、□」とあります。プリーストリーの時代は「生ゴムの　かたまり」であったのに対し、現在は「イオウや　油など」が混ざったものです。これらが対比関係であることをふまえると、生ゴムのかたまりは「紙にこすりつけても、カスがでない」のに対し、イオウや油が混ざったものは「紙にこすりつけると、カスがでる」ことが推測できます。また、空欄のあとに、「こくえんの　つぶを　すいつけて　黒く　なった　ゴムは、カスに　なり、すてられるので、……」とあることから、生ゴムと違ってカスがでるといった内容を押さえましょう。指定された語を必ず用いることに注意しましょう。「カスになる」「カスがでる」という内容が書けていれば正解です。

(4) 傍線部②を含む文に、「消しゴムに、ガラスの　つぶなどを　まぜて、紙の　せんいを　はぎとる　力を、とくに　強く　したのが　すな消しゴム」とあります。「どんな　消しゴムですか」と問われているので、文末を「～消しゴム。」とすることに注意し、傍線部②の前の内容を書きましょう。

(5) **イ**は、第三段落の「生ゴムは、紙に　こすりつけても　カスが　でません。ですから、使って　いる　うちに　黒く　なり」の部分と一致しているので、適しています。**ア**は、「現在の　消しゴム」が「生ゴムの　かたまり」という点が違います。生ゴムのかたまりは、プリーストリーの時代の消しゴムです。**ウ**は、「油も」という点が違います。文章中には、「紙の　表面の　せんいも　少し　はぎと」るとあります。

★★★ 最高レベル

問題 134～137 ページ

1
(1) 話をしたり、遊んだりする　(2) (例) つまらなくなっちゃう
(3) (例) 友だちはたったひとりでいいこと。・(例) 友だちはコロコロ変わってもいいこと。(順不同)
(4) (例) 親友というほど仲がよくなくても、休み時間に話ができる友だち。
(5) (例) 学年が上がってクラスが変わるたびに、いっしょに帰る友だちが変わったこと。
(6) **ア**　(7) **イ**　(8) **ア**

解説

1
(1) 傍線部①を含む文に注目しましょう。「学校で『楽しい』と　思えるのは、やっぱり、休み時間に　仲の　いい　友だちと　話を　したり、遊んだりする　ときですよね」とあります。

(2) 空欄Aの前に「友だちとの　関係が　うまく　いって　いると、学校に行くのが　楽しく　なるし、逆に、友だちとの　関係が　うまく　いっていないと、……」とあります。逆接の接続語「逆に」に注目します。逆接の接続語は、前に示された内容と反対の内容を示すときに使います。「友だちとの　関係が　うまく　いって　いると、学校に　行くのが　楽しく　なる」の逆を考えると、「友だちとの関係がうまくいっていないと、楽しくなくなる（つまらなくなる）」といった内容が推測できます。

(3) ポイントが二つあることに注意しましょう。まず、傍線部②の直後に注目すると、指示語「それは」で文が始まっています。この指示語は、傍線部②の内容を示しているので、指示語「それは」に続く文章を読みます。すると「友だちは、たった　ひとりで　いい！」とあることから、これが一つ目

のポイントです。さらに文章を読むと、『友だちづくり』の もう ひとつの ポイントは、『友だちは コロコロ 変わっても いい』と いう ことです」とあります。これが二つ目のポイントです。

(4) 傍線部③「そんな 友だち」の「そんな」は指示語であるため、前に出てきた内容に注目します。前の文章を確認すると、『親友』と いう ほど、めちゃくちゃ 仲が よくなくても いいんです。休み時間に、なにか ちょっと 話が できる 友だち」とあるので、ここを指していることがわかります。「親友」という言葉を使う点、「どんな友だちか」という点を押さえ、内容をまとめましょう。

(5) 指示語の示す内容を押さえましょう。傍線部④「それ」は、直前の文「学年が 上がって クラスが 変わる たびに、いっしょに 帰る 友だちは 変わりました」を示しています。問題文が「どんな ことですか」となっているので、文末は「〜こと。」にして、指示語の内容をまとめましょう。

(6) 空欄Bの前後に注目しましょう。直後の段落で「でも、友情と いうのは……」と「友情」の説明が始まっていることがわかります。よって**ア**の「友情」が正解です。選択肢**イ**・**ウ**・**エ**もどれも文章中に出てくる言葉で、「命がけで 信頼し合える [B] は すばらしいですね」という範囲しか読まずに空欄にあてはめてみると意味は通りますが、前後の段落も含めて読み通してみるとふさわしくないことがわかります。

(7) 傍線部⑤のあとに注目しましょう。筆者は、『その 人の 性格が 全部好きで、その 人の ことを 全部 理解して いないと 友だちじゃないよ』なんて、おおげさに 考える 必要は ない」とし、友だちは「なにか ひとつでも 共通の 話が できれば いい」存在であることを述べています。よって**イ**が正解です。最初の数段落で学校についての記述がありますが、「学校に 通う だけで、自然に 友だちが できる」とは書かれていないので、**ア**は不適です。筆者は「なにか ひとつの 話題で 楽しく もり上がる ことの できる 相手」が友だち、「なにか ひとつでも 共通の 話が できれば」友だちであると述べていますが、**ウ**のように「仲が よくなくても、学校で 会う 人は、みんな 友だち」であるとは述べていません。

(8) この文章全体で、どのような友達を作ってほしいかが書かれています。また、135ページ下段に「ぼくが、小学生の みんなに つくって ほしいのは、楽しく 話の できる 友だちです」とあるように、小学生に向けて書かれているので、正解は**ア**です。135ページ上段に「太宰治が 書いた『走れメロス』と……」という一文があり、筆者が親友について説明する際に出ていますが、**ウ**は文章の話題ではありません。筆者は友だちは変わってもよいことや、たったひとりでもいいことは述べていますが、関係を続ける方法については述べていないので、**イ**は不適です。

中学入試に役立つアドバイス

話題

「話題」は、多くの場合、文章の「はじめ」に示されます。また、「話題」に関わる言葉は文章中に何度も出てくるので、くり返し出てくる言葉に着目して読んでいくとよいでしょう。

〈説明文の典型的な形式〉

① **序論**(はじめ):問題提起です。筆者の疑問や考え、いわゆる「話題(テーマ)」が示されます。

② **本論**(なか):「序論」で示された「話題」のくわしい説明です。具体例などが用いられます。

③ **結論**(おわり):文章全体の「まとめ」になる部分です。筆者の主張が書かれています。

18 話題(2)

★ 標準レベル

問題 138～139ページ

1

(1) イ

(2) チョウ・テントウムシ・ハチ・カエル・トカゲ・ヒヨドリ・花 (順不同)

(3) ア

(4) a ア　b カ　c オ (a・bは順不同)

解説

1

(1) 文章の話題を捉える問題です。アの『わたし』の 庭は どう すばらしいか」は、筆者は文章の初めで自分の庭にいる生き物を挙げ、それらに話しかけるということを述べていますが、続きを読んでいくと、庭のすばらしさについて説明した文章ではないとわかるので不適です。ウの「地球には どんな 国が あるか」は、アフリカという大陸の名前は文章中に出てきますが、地球のさまざまな国についての記述はないので不適です。イの「わたしたちの 祖先を たどると どこに たどりつくか」は、文章の途中から最後までの内容に合っています。

(3) 傍線部③「声を かけます」の直後に注目しましょう。「なぜなら みんな わたしの 仲間だからです」とあります。「なぜなら」は、理由・原因を説明する接続語です。ここから、「わたし」が生きものに話しかけたり、声をかけたりするのは、「みんな わたしの 仲間だから」ということがわかるので、アが正解です。イは、「昆虫や 花が、声を かけて くる」という点が違います。声をかけるのは「わたし」です。ウの「庭が あかるく なる」は、「わたし」は「咲いて いる 花」に「おかげで 庭が あかるくいわ」と言っていますが、「庭が あかるく なるから」生き物に話しかけたり声をかけたりするわけではないので違います。本文の内容と合うものを選ぶ問題では、一箇所でも本文の内容に合わない点がある選択肢は不適です。選択肢の文を区切り、それぞれの内容が合っているか確かめるようにしましょう。

(4) まとめの文と本文を見比べましょう。すると、「あなたは どこから 来たのでしょう」から、最終段落「人間は みな 仲間……と いうより 家族だと いって よいのでは ないでしょうか」までの内容をまとめていることがわかります。「お母さんから 生まれたのです……それは お母さんの 卵と お父さんの 精子が いっしょに なって 生まれた、……」とあるので、a・bには「お母さん」・「お父さん」が入ることがわかります。文章を読み進めると、お父さんとお母さんの両親も、地球上にいる人たち、その一人一人も、たどっていくとみんなアフリカに生まれた同じ「祖先」にたどりつくことが書かれています。「人間は みな 仲間……と いうより 家族だと いって よいのでは ないでしょうか」とあるので、cにはウの「仲間」ではなくオの「家族」が入ります。

★★ 上級レベル

問題 140～141ページ

1

(1) イ

(2) 1 (例) 夏が暑すぎて葉がしおれて落ちてしまうとき。

2 (例) 冬ごしのえいようをつくるには、葉っぱがたりないため。

(3) (例)「ねむり薬」をつくる。

(4) (例) 葉がつくる「冬のねむり薬」がもらえないから。・

(例) あたたかい日がつづくと、さくらは春とかんちがいしてしまうから。

解説

1

(1) 文章の話題を捉える問題です。選択肢**ア**・**ウ**にある春、夏という言葉も文章中に出てきますが、文章の初めから順に出てくる「秋に　なりました……新しい　芽が　のびだして　います」「秋の　葉には、秋に　しなくては　ならない、たいせつな　ことが……」などの内容から、さくらの芽や葉が秋にすることについて述べた文章だとわかります。

(2) 1・2、どちらも、傍線部①のあとの「たとえば、……」に注目しましょう。まず、1は「夏が　暑すぎて　葉が　しおれて　落ちて　しまうと、二度のびが　よく　おこります」とあり、「二度のび」は「夏が　暑すぎて　葉が　しおれて　落ちて　しまうとき」に、よく起こることがわかります。なお、問題文で「どんな　ときに」と聞かれているので、文末は「〜とき。」にしましょう。また、2は「冬ごしの　えいようを　つくるには　葉っぱが　たりないので、その　分を　ふやすのです」に注目しましょう。ここから「二度のび」が起こる理由は、「冬ごしの　えいようを　つくるには、葉っぱが　たりない」ためだとわかります。なお、問題文で「どうして」と理由を聞かれているので、文末は「〜から。」「〜ため。」などにしましょう。

(3) 傍線部②のあとに注目しましょう。「芽は　秋の　あいだは　育ちますが、冬は　ねむりに　入ります。秋の　葉は、芽が　ねむれるように『ねむり薬』を　つくります」とあるので、秋の葉が「ねむり薬」を作ることがわかります。

(4) 傍線部③のある段落の次の段落に注目しましょう。ここから、問題文にある、「どうして　秋に　さいて　しまうの」かの「理由を　二つ」読み取ります。まず、「9月に　強い　台風が　きて、ソメイヨシノの　葉を　ぜんぶ　ふきとばして　しまう　ことが　あります。そう　なると、葉っぱの　つくる『冬の　ねむり薬』が　もらえません」とあることから、葉がぜんぶ吹きとばされてしまうと、「冬の　ねむり薬」がもらえないために花をさかせてしまうということがわかります。次に、「そのうえ、10月に　あたたかい　日が　つづくと、さくらは　春と　かんちがいして、花を　さかせて　しまうのです」とあります。ここから、「あたたかい　日が　つづくと、さくらは　春と　かんちがいして」しまうことがわかります。問題文が「どうして」と理由・原因を聞いているので、文末は「〜から。」「〜ため。」にする点に注意しましょう。

★★★ 最高レベル

問題 142〜145ページ

1

(1) (例) ボランティアの人たちに育てられ

(2) 1 主人・みちびく

2 (例) つけることで、仕事開始の合図になるもの。

(3) 人や車の流れる音

(4) (例) 主人の命令に逆らってでも止めること。

(5) (例) 目の不自由な人の命に関わる仕事をできるか、たしかめなければいけないから。

(6) **イ**

解説

1

(1) 傍線部①中の指示語「この」に注目しましょう。指示語はたいてい、前に出てきた内容を指しています。ここでは、直前の「1年後に　むかえに　いった　とき、犬たちは、人間と　心を　通わせられる　頼もしい　若犬に　育って　いる」という内容を示しています。また、前書き「……飼育奉仕と　よばれる　ボランティアの　家で　育てられる」と第一段落の「ボランティアの　人たちは、それから　約　1年、子犬を　家に　あげ、毎日　散歩を　させ、いっしょに　旅行に　いくなど　して、かわいがって　育てる」という記述から、犬たちはむかえが来るまでの１年間、ボランティアの人たちに育てられることがわかります。ここから、問題文の「１年間」に続くように答えをまとめましょう。

(2) １は、傍線部②のあとの文に注目しましょう。「ハーネスとは、盲導犬が　主人を　みちびく　道具」とハーネスの説明があります。よって、この部分からぬき出しましょう。２は、傍線部②のある段落の内容を整理しましょう。ハーネスは「盲導犬が　主人を　みちびく　道具」で、「目の　不自由な　人は、ハーネスの　角度や　動きから　道の　ようすを　頭に描」きます。そのため、「盲導犬に　とっては、ハーネスを　つける　ことが　仕事開始の　合図」であるということが述べられています。ここから、ハーネスは盲導犬にとって「仕事開始の　合図」になるものだとわかります。また、問題文をよく読むと、問題文と本文の表現が「盲導犬にとって」と一致していることも、答えを導く手がかりになります。

(3) 傍線部③「信号の　青と　赤は　どう　やって　区別するのだろう」の答えにあたる、「正解は、人や　車の　流れる　音」という記述が、次の段落の初めにあります。続く、「目の　不自由な　人は、自分の　進む　方向と　平行に　車が　動けば　青、横切るように　音が　流れれば　赤と　判断して　歩いて　いる」は、どうやって信号の青と赤を区別しているのかについての具体的な説明になっています。

(4) 傍線部④の直前の「これ」という指示語に注目しましょう。「これ」が何を指し示しているのか、その前の文をみていくと、「そんな　ときは、主人の　命令に　逆らってでも　止めるのが、盲導犬の　役目だ」とあります。ここから、「これ」とは、「主人の　命令に　逆らってでも　止める」ことを指しているとわかります。さらに、「そんな　とき」がどんなときを指しているのかをさかのぼって読むと、「でも、もし　判断を　まちがえて、『ゴー』と　指示して　しまったら？　走る　車と、もろに　ぶつかって　しまうことに　なる」とあり、問題文にある「主人が　判断を　まちがえた　とき」というのは、文章のこの部分を違う表現で表したものだとわかります。

(5) 傍線部⑤のあとの文章に注目しましょう。まず「これは、わたしたち指導員が　アイマスクを　して　街を　歩き、犬の　働きを　たしかめる　テスト」とあることから、目かくし歩行が「犬の　働きを　たしかめる　テスト」だとわかります。また、「この　さき　犬たちには、目の　不自由な　人の　命に　関わる　仕事を　して　もらうのだから、訓練する　こちらも　命がけだ」とあり、次の段落で「音に　おどろいたり、街で　キョロキョロ　したり、乗り物に　酔ったり　する　犬は、ここで　不適格に　なる」と、盲導犬に不適格な犬について書かれています。これらの記述をふまえ、目の不自由な人の命に関わる仕事ができるかどうかを確かめるためのテストである、ということを押さえて書きましょう。なお、問題文に「どうして」とあるので、「〜から。」「〜ため。」という理由を表す表現で文を終えるようにしましょう。

(6) 前書きも含め、文章全体の話題をつかみましょう。前書きに、「盲導犬に　なる　犬たちは、繁殖奉仕と　よばれる　ボランティアの　家で　生まれ……家で　育てられます」とあるので、この文章が盲導犬について書かれたものであることがわかります。また、訓練の開始から最後のテストまで書かれていることから、盲導犬になるまでの訓練について述べられていることが読み取れます。よって、**イ**が適していることがわかります。**ア**の「ボランティア」は、前書きと最初の段落で出てきますが、それ以外の段落には書かれていない言葉です。また、文章全体を通して、ボランティアがいかにたいへんであるかを書いている箇所はないので、不適です。**ウ**の「言う　ことを　きかない」と似た言葉として「利口な　不服従」が出てきますが、これは主人を守るために言うことをきかない、という意味の表現で、盲導犬に求められる役目の説明として出てきています。また、そのような犬をしつける、という記述は本文中にありません。よって、**ウ**も不適です。

復習テスト⑥

問題 146〜147ページ

1 (1) (例) クマゲラが食べものをさがす姿が好きだから。　(2) **ウ**
(3) (例) 長い舌によってまもられていて、はげしいゆれうごきをやわらかくしている・(例) 気をうしなわない
(4) **ア**

解説

1 (1) 傍線部①を含む一文に注目すると、「わたしは　その　姿が　好きで、この　地に　家を　建てたのでした」とあります。ここから、「わたし」が「この　地に　家を　建てた」のは「その　姿」が好きだから、ということがわかります。次に、「その　姿」の指示語の内容を明らかにしましょう。指示語は前に出てきた内容を示すことが多いので、前の文をみると「わたしの住む　家の　うら山に、ときどき　やって　きて……食べものを　さがしています」とあります。ここから、「その　姿」は、「食べものをさがす姿」だとわかります。また、少し前に戻ると「クマゲラは、大型の　キツツキです」とあるので、クマゲラの話をしていることが読み取れます。以上より、「わたし」は「クマゲラ」が「食べものをさがす姿」が好きなので、「この　地に　家を　建てた」となります。記述する際は、指定語を必ず用いて、文末表現に注意しましょう。また、解答になる文に指示語が含まれている場合は、その内容を明らかにして書きましょう。

(2) 傍線部②のすぐあとの段落に注目しましょう。「クマゲラは　かなづちのように……頭の　ふりすぎで、脳しんとうを　起こしても　ふしぎでは　ありません」とあります。筆者は、「頭の　ふりすぎ」で「脳しんとうを　起こさないか」と「心配し」ています。**ア**「くちばしが　きずつかないか」を心配したとしてもおかしくはありませんが、本文中に記述がありません。**イ**「えさが　なくならないか」についても本文中に書かれていません。

(3) 問題文にある「クマゲラは　頭の　ふりすぎで　脳しんとうを　起こしても　ふしぎでは　ないのに」を手がかりにして、同じようなことが書いてある部分を探しましょう。すると、第六段落に「頭の　ふりすぎで、脳しんとうを　起こしても　ふしぎでは　ありませんが」とあります。続きを読むと、「森で　気絶して　いる　クマゲラを、まだ　見た　ことが　ありません」と書かれています。ここから、二つある問題の答えの二つ目、「……こと」にあてはまるのが、「気絶しないこと」だとわかります。注に、「気絶」の説明があるので、解答例のように、それを使って答えてもよいです。次に、問題文の二つ目の答えの前に「ので」と、理由・原因を説明するつなぎ言葉（接続語）があることから、気絶しない理由が一つ目の答えに入ることが推測できます。「研究者に　よると」から始まる第七段落を読むと、「クマゲラの脳は、長い　長い　舌に　よって　まもられ……舌は、途中で　ふたつにわかれ、脳を　くるりと　まくように　して　頭の　中に　おさめられていて、はげしい　振動を　やわらかくして　いるのだそうです」とあり、クマゲラが脳しんとうを起こさない（気絶しない）理由が書かれています。この部分をまとめると、一つ目の答えになります。

(4) 文章の話題を捉える問題です。選択肢を一つずつみていくと、**ア**の「クマゲラから　かんじる　生きものの　ふしぎさ」は、筆者がクマゲラの姿が好きであることや、文章後半の記述と合致します。**イ**の「クマゲラの　木を掘る　熱心さ」については、第二段落に「何日も　熱心に　掘った　ようすが　よく　わかります」とありますが、文章全体を通した話題ではありません。**ウ**は、筆者が冬の間のクマゲラの仕事ぶりを見るために森に出かけたことは文章中にありますが、クマゲラ以外の生き物の様子については説明されていないのであやまりです。

19 大切な ところ(1)

問題 148~149 ページ

★ 標準レベル

I (1) ア (2) イ (3) にて・鳥 (4) ア

解説

I (1) 傍線部①を含む文、「分類学上、まったく ちがう『目』や『科』に属する 虫が、かたちも 色も そっくりと いう ことが あります」の直後に注目しましょう。「これは しばしば『擬態』と よばれます」と指示語で文が始まっています。指示語は、前に出てきたものや内容を示すことが多く、ここでは傍線部①の内容を示しているので、正解は「擬態」であることがわかります。

(2) 傍線部②の「そう いう すがた かたち」に注目しましょう。「そういう」の「そう」は指示語です。ここでは「そう いう」は前の内容を示しているので、傍線部②の前を見ると、「まわりの 状況に とけこむ」とあります。これに合う選択肢は**イ**です。**ア**の「アブ」は初めの段落に「ハチににた アブ」とありますが、「アブ」にそっくりな姿をしている虫は出てきませんし、「そう いう」が示しているものではないので不適です。**ウ**の「どこに いても 目立つ」は、本文に書かれていないので不適です。

(3) 傍線部③を含む段落の内容を整理し、そのあとの段落に注目しましょう。まず、傍線部③を含む段落で、虫が「かれ葉」や「かれ枝」のような「もよう」をつけるのはなぜか、と疑問を示し、次の段落「正統的な 説明は……」で理由を述べています。ここでは、「かれ葉」に似ているカマキリと、似ていないカマキリが対比されています。「かれ葉」に似ているカマキリは、似ていないカマキリよりも、鳥に見つかりにくいといった内容が読み取れます。解答欄に適するよう本文中から「にて」・「鳥」をぬき出しましょう。

(4) 本文の内容と要点を整理しましょう。**ア**の「鳥が 虫を 見つける 力を 高めるほど、虫は かくれるのが 上手に なる」は、最終段落の「鳥だって エサを とるのに 必死で、虫を 見つける 能力が 向上する。かくれる ほうも どんどん かくれるのが 上手に なる、と いう わけです」と内容が一致しているので適しています。**イ**は「ぜったいに 見つからない」という点が、**ウ**は「いつか 葉っぱに なる」という点が不適です。いずれも、本文に書かれていない内容です。本文と一致するものを選ぶ問題では、一箇所でも本文の内容に合わない点があれば、その選択肢は不適になります。選択肢の文を読点などで区切り、それぞれの内容が合っているか確認するようにしましょう。

★★ 上級レベル

問題 150~151 ページ

I (1) ノネズミやノウサギ
(2) 後ろ足で~かかる。
(3) エ
(4) (例) 水鳥たちは、自分たちに近よってくる水草の下に、キツネがいるとは思わないから。

解説

I (1) 傍線部①のあとに注目しましょう。キツネは狩りの能力にすぐれているという話のあと、「本来の たべものは ノネズミや ノウサギや 鳥類で、キジ、カモ、カラス、ハクチョウなども とらえて たべて いる」とあります。ここでは「鳥類」以外の本来の食べ物を答えるので、「ノネズミやノウサギ」をぬき出しましょう。

(2) 傍線部②を含む段落に注目しましょう。「足」について書かれている箇所を探します。すると、「ジャンプ力に　ものを　いわせ、後ろ足で　高く立ちあがって、上から　とびかかる」とあります。ここでは、「足」をどのように使うかが書かれている箇所の始めと終わりの四字をぬき出すので、「後ろ足で」「かかる。」となります。二十二字の指定や、「、」や「。」も一字と数えることに注意しましょう。

(3) 空欄の前後の内容を整理しましょう。まず空欄前で、キツネはかしこいと述べています。空欄後では、「ノウサギ狩りの　しかたを　みると……」と、キツネの狩りの様子について述べています。キツネはノウサギに逃げられても、その場で待ち伏せをします。ノウサギはかしこくないため、もう一度その場に戻ってきてしまい、キツネに捕まります。ここから、キツネのかしこさを示す具体例が述べられているとわかります。よって空欄には、例示の役割をもつつなぎ言葉（接続語）である**エ**の「たとえば」が入ります。**ア**の「しかし」は逆接（前に示した内容と反対のことを示す）、**イ**の「ところで」は話題転換（前に示された内容とは異なる話題を示す）、**ウ**の「つまり」は要約（前までに示された内容をまとめる）の役割をするつなぎ言葉なので、いずれも不適です。

(4) 傍線部③を含む段落に注目しましょう。まず、傍線部③とその直前を見ると「まさか　キツネとは　思わないから、ゆだんする」とあります。次に、何をキツネと思わないのか確認します。傍線部③の前を見ると、「頭に　水草を　のせて、そーっと　泳ぎよって　いく」とあります。つまり、近づいてくる水草がキツネの頭の上にのったものとは思わないから、ゆだんするのです。ここから、「水鳥たちは、自分たちに近よってくる水草の下に、キツネがいるとは思わないから。」などと書きましょう。なお、問題文に「なぜゆだんするのですか」とあるので、答える際は文末を「～ため。」「～から。」にしましょう。

★★★ 最高レベル

問題 152～155 ページ

1

(1) 1 **ウ**

2 ススキ…（例）つけねに毛のある小さな

シバ…（例）飛ぶための毛がなく

(2) 〈手順〉**イ**　〈わかったこと〉**ア**

(3) （例）シバのタネは、シカに食べられても死なないという発見。

(4) （例）シカに食べられたタネのほうがよく芽を出した

(5) 〈サクランボの実〉（例）おいしそうな色でめだつことで、鳥に食べてもらう。

〈シバの実〉（例）シカにシバの葉といっしょに食べてはこんでもらう。

解説

1

(1) それぞれの波線部のある段落に注目しましょう。まず、ススキの情報を整理します。第二段落から、ススキは「人の　背丈を　こえるほど　大きな草」であり、「タネは　小さな　もの」だとわかります。また、「秋に　なると……穂には　たくさんの　タネが　できます」とあります。さらに、「タネは　つけねの　ところに　毛を　もって　いて、風が　ふくと　空に　まいあがり、……」とあるので、ススキのタネは小さく、つけねに毛をもっていることがわかります。次に、第三段落に注目します。ここでは、シバについて書かれています。「シバは　高さが　せいぜい　10センチメートルほどの　背の　低い　植物ですが、……」とあるので、シバは高さが10センチメートルほどの背の低い植物だとわかります。また、「その　タネは、ススキのように　飛ぶ　ための　毛は　もって　おらず、丈夫で　中身が　つまっていますから、……」とあるので、シバのタネは飛ぶための毛がなく、丈夫で中身がつまっているとわかります。これらの情報をふまえて１の各選択肢を見ていきます。**ア**は、シバはススキよりも背が低いので不適です。**イ**は、10センチメートルほどの高さなのはシバなので不適です。**ウ**は、第二段落で書かれていることと一致するので適しています。**エ**は、秋に穂にたくさんのタネができるのはススキなので不適です。次に、２では、ススキのタネとシバのタネがそれぞれどんなタネなのかが問われています。ススキについては第二段落の「タネは　つけねの　ところに　毛を　もって　いて」のところを、シバについては第三段落の「タネは、ススキのように　飛ぶ　ための　毛は　もって　おらず、丈夫で　中身が　つまって　います」のところを、それぞれ解答欄につながる形でまとめましょう。

⑵段落ごとの内容を、「手順」と「わかった　こと」に分けて整理しましょう。傍線部①のあとに、「私は　はじめに　シバが　タネを　つける　６月に、鹿山の　シカの　糞の　なかに　ふくまれる　タネの　数を　かぞえて　みました」とあります。これが筆者が最初にしたことです。「はじめに」という言葉があるので、次の調査を説明する際、「次に」などの言葉が続くことを予想しながら続きを読んでいくと、第五段落に「つぎに　私は　シカが　１日に　どのくらい　糞を　するかを　調べる　ために　動物園で　シカの　糞を　集め　かぞえる　ことに　しました」とあります。「手順」についての選択肢を見ていくと、**ア**は、動物園でシカの糞を集めて数えたのは筆者が最初に調べたことではないので不適です。**イ**は、第四段落の内容と合っているので適しています。**ウ**は、「同じ　日に」という部分が本文の内容と違うので不適です。「わかった　こと」については、第六段落に「そう　すると、糞　1000コ　×　タネ　20粒で　１頭の　シカが　１日に　２万コ（およそ小さじ　４杯分）もの　シバの　タネを　出す　ことに　なります」とあります。選択肢**ア**はこの部分と合っているので適しています。**イ**は、第七段落に書かれていることと合っていますが、筆者が調べてわかったことではないので不適、**ウ**は筆者の調べたこととは関係ないので不適です。

⑶傍線部②のある、第七段落に注目します。傍線部②の直前に、「もし　シバの　タネが　シカに　食べられても　大丈夫なら」とあり、この仮定が事実であれば「新しい　発見」であるということなので、ここが答えになることがわかります。「大丈夫」の内容は、前の文「シカの　ような　動物が　タネを　食べると　タネは　死んで　しまう……」から、シバの　タネが　死なないことだと推測できます。なお、問題文が「どんな　発見ですか」とあるので、解答の際は文末を「～という発見。」「～こと。」などにしましょう。

⑷傍線部③を含む段落に、「シカの　糞から　出て　きた　タネと、なにも　しない　タネ」の芽の出方の違いが書かれています。「そう　すると」で始まる一文では、具体的な数値を使って芽の出方を説明していますが、その次の「シカに　食べられた　タネの　ほうが　よく　芽を　出した」がその簡潔な説明になっています。

⑸問題文の内容が書かれている段落を見つけましょう。まず、サクランボの実について書かれている段落は、第十段落です。ここから、サクランボの実はおいしそうな赤色で目立つ、「鳥に　食べて　もらい」「タネを　はこばせる」ということがわかります。よって、「おいしそうな色でめだつことで、鳥に食べてもらう。」などと書きましょう。次に、シバの実がどうやってタネをはこんでもらうかについて、ここまでの内容と第十一段落をふまえ、まとめましょう。⑵の調査（第四段落～第六段落）より、シバのタネはシカの糞によって、ひろがっていることがわかります。また第十一段落より、シバの実は黒っぽい茶色で目立たないものの、たくさんの葉といっしょに食べられていることがわかります。これらの情報を整理し、「シカにシバの葉といっしょに食べてはこんでもらう。」などと書きましょう。

20 大切な ところ(2)

★ 標準レベル

問題 156〜157ページ

1
(1) **イ**
(2) 1 スイカ 2 **ア**
(3) **イ**

解説

1 (1) 傍線部①のあとに注目しましょう。第二段落に、「つぎの 日の おなじころに、月は、きのう みた 月より いくらか 東に うつって、すこしふとって いる はずです」とあります。よって、**イ**が正解です。**ア**は、「すこし ほそく なって いる」という点が、**ウ**は「西に うつり」という点が不適です。正しいものを選ぶ選択問題では、本文の内容と一致しない箇所が一つでもあれば、それは不適になることに注意しましょう。

(2) まず、1は傍線部②の前に注目しましょう。「これを」とあり、指示語があります。指示語は前に出てきた内容を示すことが多い言葉なので、前の内容を確認します。「三日月から 五、六日 たつと、スイカを わったような 半月に なりますが、……」とあるので、ここが指示語の示す内容だとわかります。解答欄に「を 半分に わったような 月。」とあるので、「スイカ」をぬき出しましょう。次に、2は「上弦の 月」について書かれた段落を探しましょう。すると、傍線部②のある第三段落以外に、第五段落に書かれていることがわかります。「まん月を すぎて、さらに 一しゅうかんたつと、こんどは、上弦の 月と はんたいがわの はんぶんが 光る、下弦の 月に なります」とあるので、正解は**ア**です。

(3) 各選択肢の内容が書かれた段落を探し、情報を整理しましょう。第七段落に「月が ふとったり やせたり する りゆうは、月が じぶんで 光らないで、太陽の 光を うけて かがやいて いるから」とあるので、**イ**の「月は、じぶんで 光らない。」が適しています。**ア**は、月が見えなくなることを説明している箇所を探すと、第六段落から第七段落にあります。「このように、月が ふとったり やせたり する りゆうは、月が じぶんで 光らないで、太陽の 光を うけて かがやいて いるからです」とあるので、月の見え方には太陽の光が関係しているとわかります。また、月がじぶんで光らないとあるので、「じぶんで 光る 力を なくす」という点が不適です。**ウ**は、「上弦の 月」や月の出について書かれた段落を探します。すると、第三段落から第五段落に書かれています。第五段落に「この ころに なると、月の 出は ずっと おそく なって、みんなが ねしずまった、まよなかに のぼって きます」とあるので、ここが手がかりになります。「この ころ」の内容を確認すると、直前に「上弦の 月と はんたいがわの はんぶんが 光る、下弦の 月に なります」とあるので「下弦の 月」のころだとわかります。よって、**ウ**は「上弦の 月の ころに なると」という点が不適です。月の出が遅くなるのは、「下弦の 月」のころです。

★★ 上級レベル

問題 158〜159ページ

1
(1) a 生活して b ツキノワグマ c 食べて
(2) (例) 夏はヤマザクラやウワミズザクラ、秋はクヌギやコナラなどのドングリ、クリやクルミなど。
(3) **ウ・エ** (順不同)

解説

1 (1) まず、傍線部①の前半の内容と、その前に注目しましょう。「こんなところ」とあるので、場所についての話題だと推測します。第一・二段落で筆者は、木の上に枯れ葉や枝のかたまりがあることに気づきました。そのかたまりがどこにあるのかを探すと、「高速道路や　林道の　すぐ　わき、人家の庭先など、人が　生活して　いる　ところに　ある　木」で見つかったと書かれています。次に、傍線部①のあとに注目しましょう。「なぜなら、それは　ある　動物が　木に　のぼり、実を　食べて　いった　あとだからです」とあります。接続語「なぜなら」には、前の内容について、その原因や理由を示す役割があります。「ある　動物」とは何のことを指しているのかを考えながら読んでいくと、第四段落に「さて、その　動物とは、いったい　だれでしょう?」とあり、第五段落に「正解は、あの　体の　大きな　ツキノワグマです」とあるので、「ある　動物」が「ツキノワグマ」であるとわかります。これらをふまえ、指定された字数に合うようにぬき出しましょう。

(2) 傍線部②のあとに注目しましょう。接続語「たとえば」には、具体例を示す例示の役割があります。よって、第五段落「たとえば、夏には　ヤマザクラや　ウワミズザクラ、秋には　クヌギや　コナラなどの　ドングリ、クリや　クルミなどです」が、傍線部②についての具体例だとわかります。

(3) 各選択肢の内容が書かれた段落を探し、情報を整理しましょう。まず、**ア**は、ツキノワグマが「木の実」を集めるとは本文に書かれていないので不適です。**イ**は、人間がツキノワグマにえさをやるという記述は本文中に見られないので不適です。**ウ**は、傍線部③の前の段落の「ゆっくりと　食事をする……ねむる　ことも　あります」という記述、また、傍線部③のある段落の「レストランで　あり、休けい所でも　ある」という記述に合致するので正解です。**エ**は、傍線部③を含む文に、「その　ときに　できた　枝のかたまりは、まるで　棚のように　みえるので、『クマ棚』と　よばれています」とあることに注目します。「その　とき」が示す内容をさかのぼって探すと「ツキノワグマは　それらの　木に　のぼり、枝を　バキバキと折って、ざぶとんのように　しきつめます」とあるので、「その　とき」は「ツキノワグマが木にのぼって、枝を折り、ざぶとんのようにしきつめたとき」になります。ここから、「クマ棚」は、ツキノワグマが枝を折ってしきつめた枝のかたまりだとわかるので、**エ**は正解です。

★★★ 最高レベル

問題 160～163ページ

1 (1) **ウ** (2) (例) 地球に大気があるから。
(3) **イ・ウ** (順不同)
(4) (例) 赤外線を出しているのです (12字)
(5) (例) 赤外線として地球全体から外に出ていっている
(6) a計算　b星　cあたたかい
(7) **イ・エ** (順不同) (8) **ウ**

解説

1 (1) 空欄Aの前後に注目しましょう。前には「宇宙の　なかに　ある　地球は、ふつうに　考えると、どんどん　冷えて　しまう　はずです」とあり、あとには「地球の　温度は　宇宙の　ように　低くは　なりません」とあります。内容に注目すると、空欄前で「地球は冷えてしまう」と述べていて、空欄後に「地球の温度は低くはならない」と述べているので、逆の内容になっています。以上より、逆接を示す接続語「けれども」が入るので、**ウ**が正解です。**ア**の「つまり」は、前までに示された内容をまとめる、要約の接続語です。**イ**の「したがって」は、前に示した内容が原因・理由となり、あとで結果を示す、順接の接続語です。**エ**の「では」は、前に示された内容とは異なる話題を示す、話題転換の接続語です。いずれも不適です。

(2) 傍線部①のあとに「地球を　あたためて　くれて　いる　ものが　あります。太陽の　光です」とあります。その内容を答えに含めてもよいですが、以降の段落で述べられている内容をまとめて、最後の段落に、「地球が　寒く　ならないで　いられるのは、地球に　大気が　あるからなのです」と理由が書かれていますので、そちらの内容を答えに必ず含めるようにしましょう。なお、問題文に「なぜですか」と示されているので、解答の際は文末を「〜から。」「〜ため。」にしましょう。

(3) 傍線部②のある段落と、その前後の段落の内容を、各選択肢と照らし合わせながら読み取っていきましょう。選択肢**ア**は、第九段落の「わたしたちの　体からも　すこし　出て　います」と合わないので不適です。**イ**は、第九段落に「赤外線は、わたしたちには　見えない　光ですが、温度が　あるものからは、温度に　応じて　必ず　出て　います」とあり、この内容に合っているので正解です。**ウ**は、第八段落の「赤外線が、宇宙に　熱を　放出して　います」と合っているので正解です。**エ**は、「……赤外線は、わたしたちに　見える」の部分が第九段落の内容と合わないので不適です。**オ**の「赤外線は、宇宙から　熱を　とりこむ」の部分が、第八段落の「熱を　放出して」いるという内容と合わないので不適です。

(4) 空欄Bのある第九段落に注目しましょう。ここでは赤外線について記述されています。二行目に「温度が　ある　ものからは、温度に　応じて　必ず　出て　います」とあります。空欄Bの前を確認すると、「地球の　温度は　わたしたちの　体温ほど　ありませんが、それでも　じゅうぶんに　温度を　もって　いる　ため、……」とあるので、「赤外線を出しています（放出しています）」といった内容が入ると推測できます。なお、字数制限があることに注意しましょう。

(5) 傍線部③「この　とき」が、指示語を含んでいることに注目しましょう。指示語は前に出てきた内容を示すことが多く、ここでは、第十段落「地球には　太陽からの　熱が　入ります」と、第十一段落「いっぽうで、地球の熱は　赤外線の　かたちで、つねに　地球全体から　外に　出て　いって　います」の内容を示しています。この内容を、解答欄に合う形で書きましょう。

(6) 傍線部④のある第十三段落に注目しましょう。傍線部④に指示語「この」が含まれているため、前の内容を確認します。すると、第十二段落で「くわしく　計算すると、地球の　温度が　-18度の　とき、……本来の　地球は、もっと　冷たい　星の　はず」だとあり、第十三段落では、それに反し「現在の　気候は　あたたかい」と述べられています。この矛盾がおかしいと筆者は述べているので、これらの内容をもとに、字数に合う言葉をぬき出しましょう。

(7) 筆者が大気を何にたとえているのかに注目して、傍線部⑤に続く二つの段落（第十五・十六段落）を読んでいきましょう。第十五段落に、「実は　大気は、地球から　出る　赤外線が、宇宙に　出ないよう、ふたのような　役割を　して　いるのです」とあり、大気を「ふた」にたとえていることがわかります。また、第十六段落に、「たとえるなら、大気は　地球の『お布団』と　いえるのです」とあり、大気を「お布団」にもたとえていることがわかります。これらをふまえて選択肢を見ていくと、**イ**と**エ**が正解であることがわかります。**ア・ウ・オ**の言葉も本文中には出てきますが、どれも大気をたとえたものではないので不適です。

(8) 各選択肢の内容が書かれた段落に注目しましょう。第四段落「地球を　あたためて　くれて　いる　ものが　あります。太陽の　光です」と第十六段落「地球が　寒く　ならないで　いられるのは、地球に　大気が　あるから」から、地球があたたかいのは太陽の熱や大気のおかげだとわかるので、**ウ**が適しています。**ア**は第十五段落の「地球から　出て　いく　赤外線は、全部が　大気を　通り抜けられません」をふまえて「すべて　大気を　通り抜ける」という点が合わないので不適です。**イ**は第二段落に宇宙の温度は「-270度です」とあるので、「-18度」という点が不適です。

21 大切な ところ(3)

★ 標準レベル

問題 164～165 ページ

I
(1) 三葉虫・なかま
(2) サソリ・クモ
(3) a 花 b みつ c こん虫
(4) **イ**

解説

I
(1) 傍線部①を含む文に注目しましょう。「クモの 遠い 先祖は、約 五億年前に、海で 生活して いた 三葉虫の なかまです」とあるので、「三葉虫の なかま」が適しています。字数が指定されていることに注意しましょう。

(2) 傍線部②を含む文に注目しましょう。「ウミサソリの なかまから、陸にあがって 進化した ものが、サソリや クモの なかまだと 考えられています」とあります。よって、「サソリ」と「クモ」をぬき出しましょう。三葉虫の仲間から、ウミサソリの仲間が進化し、そこから「サソリ」や「クモ」の仲間が登場した、という流れも押さえましょう。

(3) 問題文に「クモの 生活場所が ひろがったのは なぜですか」とあります。理由を探すため、「クモの 生活場所」という言葉がある第三段落の前の第二段落を見てみましょう。今から一億年前に「花」がさく植物があらわれ、花がさいた結果、その花の「みつ」をえさにしたり植物の上で生活する「こん虫」が現れたと書かれています。クモは、昆虫をつかまえて暮らします。つまり、花が咲く植物が現れたところに昆虫が現れた結果、クモの「生活場所」もひろがっていったことがわかります。以上をふまえ、指定字数に合うように「花」「みつ」「こん虫」をぬき出しましょう。

(4) 傍線部③のある段落に注目しましょう。まず、傍線部③のあとに注目すると「子グモの 空中旅行」は「何か」を防いでいるとわかります。「何か」を確認するため、前の部分を読むと「クモは、同じ 場所で なかまが ふえすぎて、えさ不足に なるのを、……」とあります。つまり、花が咲く植物の登場によって（第二段落）、クモの生活場所がひろがりクモの種類や数も増加しましたが（第三～第四段落）、同じ場所で仲間が増えて、えさ不足になる事態を防いでいるのです（第五段落）。また、クモは空中旅行で糸を用います。この糸は軽く、羽をもたないクモを新しい場所へ運んでくれる役めをしている、というのです。これらの内容をふまえると、**イ**が適しています。**ア**は糸で羽をつくる点、空をとぶという点の両方が不適です。クモの糸は、クモを新しい生活場所にはこびますが、羽をつくり、空をとぶという記述はありません。**ウ**は空中旅行の説明ではないので不適です。第四段落に「とびまわる こん虫を 空中で まちぶせる、円網を つくる クモも あらわれました」とあるので、円網の説明だとわかります。

★★ 上級レベル

問題 166～167 ページ

I
(1) a 食べたり b 食べられたり c バランス
(2) **ア**
(3) （例）ぎゃくにメダカが食べる。
(4) （例）人間が農薬をたくさんつかったり、水路をコンクリート化したりするようになったから。

解説

I
(1) 傍線部①の前に注目しましょう。「このような 関係を」とあります。「このような」の「この」は指示語です。指示語は前に出てきた内容を示すことが多いので、前の文を確認します。「そこでは、生きものたちが、食べたり　食べられたり　しながら、全体の　バランスを　たもって　います」とあります。ここから指定字数に合わせてぬき出しましょう。

(2) 傍線部②のある第三段落に注目しましょう。第三段落では、池や小川の食物連鎖について説明しています。まず、植物プランクトンが基礎で食物連鎖をささえています。その植物プランクトンを食べているのが、動物プランクトンです。この動物プランクトンはメダカに食べられ、メダカは水生昆虫や鳥に食べられます。このようにして、池や小川は全体のバランスを保っているのです。これらをふまえ、各選択肢を見ていきます。選択肢**ア**は、本文の内容に一致しています。**イ**は、鳥に食べられるのはメダカなので、不適です。**ウ**は、食物連鎖を基礎で支えているのは植物プランクトンなので、不適です。

(3) 傍線部③のある第四段落や、あとの第五段落に注目しましょう。まず、ここまでの段落で食物連鎖の説明がされてきて、生き物には「食べる・食べられる」の関係があるとわかりました。第四段落は、逆接の接続語「でも」から始まり、食べられる側（弱い生きもの）が一方的に食べられるわけでないとあります。「メダカなどは、天敵に　食べられて　へる　分を　みこして、たくさん　たまごを　うみます」とあり、そのあとで「メダカに　とって　寄生虫の　イカリムシや　水生昆虫は　おそろしい　天敵ですが、これらの　天敵が　たまごや　幼虫の　ときは、ぎゃくに　メダカたちに　食べられて　います」と述べられていることから、メダカ（食べられる側・弱い生きもの）も、「天敵が　たまごや　幼虫の　ときは、」食べる側（強い生きもの）であることが読み取れます。解答欄の書きだしに合うように答えましょう。

(4) 傍線部④のある第七段落に注目しましょう。まず、前半に、水田が自然の一部だった頃は、メダカがすみかを広げていったとあります。逆接の接続語「でも」が続き、「農業を　効率よく　おこなう　ために　農薬を　たくさん　つかったり、水路を　コンクリート化するように　なってから、メダカを　はじめ、多くの　生きものが　姿を　けして　います」とあります。ここから、生き物が姿を消した原因がわかります。「なぜですか」と問われているので、文末を「〜から。」や「〜ため。」の形にしましょう。

★★★ 最高レベル

問題168〜171ページ

1

(1) （例）足場をなぞるよう左右に頭を

(2) **ウ**

(3) （例）横向きの8の字をえがくように頭を動かす

(4) 1 頭の動き・歩いているところ　2 （例）アオムシが歩きながら、細くて白い糸を口の近くから出していること。

(5) （例）自分が進む前方に、自分が歩く細い糸の道をつくっているかのようなアオムシの行動。

(6) **エ**

解説

1

(1) 傍線部①のあとに注目しましょう。まず、筆者はアオムシの動きを観察していたところ、アオムシの動きにハッとしました。「アオムシは　歩くときに　しきりに　頭を　動かして　いるのです」とあるので、アオムシが歩くときに頭を動かしていることが意外な動きだったとわかります。続く第二段落で、筆者はアオムシの頭の動きに注目しています。「アオムシは　歩く　ときに　かならず　頭を　左右に　振って　います。足場を　なぞるように　左に　右に、頭を　振りながら　モゾモゾと　歩いて　いました」とあるので、足場をなぞるように左右に頭を振る、という動きをしていることがわかります。

(2) 傍線部②「老熟幼虫」の歩き方の記述がある段落を探しましょう。第四段落に注目すると、老熟幼虫が「セカセカと　急ぎ足で　歩く」「ほとんど頭を　振らない」といった特徴があるとわかります。これらをふまえ選択肢を見ていきましょう。選択肢**ア**は「はっきりと　頭を　振って」の部分が、**イ**は「セカセカせずに、ゆっくりと」の部分が本文の内容と合わないため不適です。**ウ**は本文の内容に合っています。

(3) 傍線部③のある第六段落に注目しましょう。「頭振りの　特徴」は傍線部③以降に書かれています。アオムシは単に頭を左右に振っているだけでなく、「まるで　足場の　匂いでも　かぐかのように」動かしているとわかります。（この部分は問題文に示されています。）さらに、「アオムシは　横向きの8の字（∞）を　えがくように」動かしていることが述べられています。

(4) Ⅰは、傍線部④のあとに注目しましょう。「こう　すると」の「こう」は指示語の一種です。指示語は前に出てきた内容を示すことが多く、ここでは傍線部④の内容を示しています。ここからガラス板の上に乗せると、アオムシの頭の動きが見やすくなる、ということがわかります。さらに、続く文に「それに　歩いて　いる　ところを　ガラス板の　下から　観察する　ことも　できます」とあります。「それに」とつけ加えて述べる接続語があるので、「頭の　動きが　見やすく　な」るだけでなく、「歩いて　いる　ところをガラス板の　下から　観察」できることも筆者が傍線部④のようにした理由であることがわかります。2は、第七段落から第十一段落までの内容を整理しましょう。まず第七段落では、アオムシをガラス板の上に乗せて観察することが書かれています。次に第八段落では、アオムシが頭を振りながら歩く様子が書かれ、第九・十段落ではアオムシの口元に白い糸を発見したことが書かれています。これらの観察の結果、アオムシが歩きながら糸をはきつづけていることがわかった、と第十一段落で述べています。よって第十一段落の内容に、第十段落までの内容を加えて書きましょう。なお、問題文に「どんなこと」とあるので、解答の際は文末を「〜こと。」にしましょう。

(5) 傍線部⑤の前に注目しましょう。これまでの観察から、アオムシが口のすぐ後ろにある突起から糸をはきだしていること、アオムシが進んだあとには8の字状の白い糸がはりついていることがわかりました。ここから、筆者は「アオムシは、自分が　進む　前方に、自分が　歩く　細い　糸の　道をつくって　いるのだろうか」とアオムシの行動におどろいたのです。「どんな　行動ですか」と問われているので、文末を「〜行動。」としましょう。

(6) 各段落の内容と、段落ごとのつながりを整理しましょう。**エ**の次の段落に、「この　観察の　結果……」とあります。ここから、**エ**までが観察について書かれた段落だったとわかります。筆者がアオムシをガラス板で観察しているのは、第七段落から第十五段落までです。**ア**・**イ**・**ウ**は、まだ観察の途中です。よって、**エ**が正解になります。

中学入試に役立つアドバイス

大切なところの読み取り

①**要点**…中心になる大事なこと。
↓各段落のうち、どこが重要な内容なのかを意識して読みます。

②**要旨**…その文章の中で筆者が最も伝えたいこと。
↓「つまり」「このように」「重要」「大切」などの言葉に注目しましょう。

③**要約**…要点をまとめること。
↓各段落の要点をまとめることで、文章全体を要約できます。

復習テスト⑦

問題172〜173ページ

1
(1) **イ・ウ**（順不同）
(2) （例）海水の温度・（例）サンゴの体から出ていき
(3) （例）オニヒトデがふえたりする（12字）
(4) **ア**

解説

1 (1) 傍線部①のあとに注目しましょう。「夜は、触手を　のばして　動物プランクトンを　食べ、昼間は、体の　中に　すむ　褐虫藻と　いう　藻の　なかまが　光合成を　して　つくる　栄養を　もらって　生きて　いる」とあります。また、「色も、じつは　褐虫藻の　色だ」とあります。続く第二段落も読むと、「サンゴと　褐虫藻は　共生関係」とあります。これらをふまえ、選択肢を見ていきましょう。この問題では合うものを二つ選ぶことに気をつけます。**イ**の「夜は　動物プランクトンを　食べる」、**ウ**の「色は　褐虫藻の　色だ」はそれぞれ本文の内容と一致するので正解です。**ア**は、「光合成を　して　いる」のは褐虫藻なので本文の内容と合いません。**エ**は、第二段落の内容にも、第四段落の「サンゴは……褐虫藻が　もどって　こないと、やがて　死ぬ」という内容にも合いません。

(2) 傍線部②のある第三段落に注目しましょう。第三段落では、サンゴの白化が生じる原因について、「サンゴの　体から、褐虫藻が　いなく　なって　起こる」と書かれています。第一段落に「サンゴの　色も、じつは　褐虫藻の　色だ」とあるので、サンゴ自身に色はなく、サンゴから褐虫藻が出ていくことで白くなってしまうとわかります。また、褐虫藻がいなくなってしまう原因は、同じ第三段落に、「おもな　原因は、地球温暖化だと　いわれて　いる。海水の　温度が　30度を　こえると、褐虫藻は　サンゴの　体から　でて　いく」と書かれています。さらに、第四段落に、「褐虫藻が　いなくなると、……骨の　部分が　透けて、白く　見えるように　なる」と書かれています。これらを押さえて、解答欄の形に合うように書きましょう。

(3) 空欄の前後に注目しましょう。前には、「白化が　広がったり」とあり、あとには「と、サンゴは　つぎつぎに　死んで、骨だけに　なる」とあります。ここから、空欄には「白化が　広がったり」と並ぶ、もう一つの「サンゴが死んでしまう」理由にあたることが入るのではないかと推測できます。サンゴの白化については第三・四段落に書かれていました。それに続く第五段落は「さらに」で始まっています。白化とは別のサンゴが死ぬ原因が書かれていると考えられます。第五段落には「オニヒトデと　いう　ヒトデが、サンゴを　どろどろに　とかして　食べる」「海水の　汚染が、オニヒトデが　ふえる　原因に　なって　いる」とあり、このことから「サンゴを食べるオニヒトデがふえる」ことが「サンゴは　つぎつぎに　死んで、骨だけに　なる」につながることがわかります。

(4) 各選択肢の内容が書かれた段落に注目しましょう。**ア**の「地球温暖化」については、第三段落に「サンゴの　白化は……褐虫藻が　いなく　なって　起こる。褐虫藻が　いなく　なる、おもな　原因は、地球温暖化だと　いわれて　いる」とあり、「海水の　汚染」については第五段落に「海水の　汚染が、オニヒトデが　ふえる　原因に　なって　いる」とあります。(3)で読み取ったように、この二つは第六段落の「サンゴは　つぎつぎに　死んで……」につながり、「さいごには、サンゴ礁が　なく　なって　しまう」につながるので、**ア**は本文の内容に合っています。**イ**の「共生関係」については第二段落に書かれていますが、「サンゴ」と共生関係にあるのは「褐虫藻」で、「オニヒトデ」ではないので、**イ**は不適です。**ウ**の「サンゴの　骨は　死んでも　くずれない」は、第六段落の「サンゴは　つぎつぎに　死んで、骨だけに　なる。やがて、その　骨も　くずれ、がれきと　なって」に合わないので、**ウ**は不適です。

思考力問題に チャレンジ④

問題 174～175ページ

1

(1) ウ

(2) 24時間

(3) (例) 毎朝太陽の光を感じることで、体内時計のズレを直しているから。(30字)

(4) (例) 夜間に活動することで生きながらえてきた (19字)・(例) 生きることにつながると考えられるため。(19字)

解説

1 (2) **思考ステップ1 問題文をよく読み、解答を推測する。**

問題文に、「時の　長さを　あらわす」言葉とあり、一字目は数字、二・三字目は漢字とあります。〈れい〉を参考に、どんな解答があり得るか推測します。二・三字目は「秒間」「時間」「日間」などいくつか考えられます。

思考ステップ2 各段落を読み取り、答えの手がかりを探す。

「時の　長さ」に結びつきそうな表現を探していきます。まず前書きに、「きまった　時間に　ねむく　なったり、目が　さめたり　する」とあります。次に、第一段落には、ほぼすべての生き物は体内時計をもっていて、蚊の一種はこれを使って夕方に集まる習性があると書かれています。第三段落には「規則正しく　生活できる」、第六段落には「昼と　夜を　規則正しく　生活する」という表現が見つかります。

思考ステップ3 見つけた手がかりをもとに、解答を導き出す。

ステップ2で見つけた表現から、求められている「時の　長さ」を考えると、求められている時の長さは「一日」であるとわかります。これを問題の指定に合うように数字と二文字の漢字で表すと、「24時間」となります。

(3) 傍線部②に続く二つの段落に注目しましょう。直後の段落に、「そう、太陽の　光です」とあり、続く段落に、「わたしたちは、毎朝　太陽の　光を……直して　いるのです」とあります。内容のつながりからも、「…いるのです」という文末表現からも、これが傍線部②の答えだとわかります。

(4) **思考ステップ1 何を答えるのかを確かめ、該当する段落を探す。**

まず、問題文と解答欄を確かめ、何をどのような形で解答することが求められているかを理解しましょう。解答欄の書き出しと、あとに続く「ことから」という言葉から、最初の空欄には人間が恐竜の時代にしていたことが入るとわかります。次の空欄は、「規則正しい　生活を　する　ことが、」に続く部分なので、規則正しい生活をするとどうなるのか、ということが入ると推測できます。また、解答欄の情報から、傍線部③に続く段落を読めばよいことがわかります。

思考ステップ2 段落の内容を整理して読み取る。

傍線部③に続く第七段落を読むと、「わたしたち　哺乳類の　祖先は、恐竜に　襲われないよう　夜間に　活動する　ことで　生きながらえて　きた」とあります。ステップ1で確認したとおり、最初の空欄には「人間の行動」が入るので、「夜間に……えてきた」の部分が答えになるとわかります。

思考ステップ3 内容の類似性に着目し、答えの手がかりを探す。

「規則正しい　生活を　する　こと」でどうなったのかという観点で第七段落を再度読むと、「夜に活動をする（規則正しい生活をする）」ことが生きながらえるという「利益」につながっていたと推測できます。規則正しい生活によって、「利益」を得るという類似した内容は第一段落にも書かれていました。以上をふまえ「利益」とは何かを考えると、「生き残っていくこと」、「生きていくこと」であることが導き出せます。これを、解答欄の形と字数に合うようにまとめましょう。

総仕上げテスト①

1 きょう・こんや

2 (1) 朝食　(2) 地図　(3) 外れる　(4) 行う

3 (1) 二　(2) 七

4 (1) (例) 国・園　(2) (例) 家・室

5 (1) 親　(2) 手

6 じゃくにくきょうしょく・**ア**

7 はじめておおどおりをあるいたが、ひとりだったのでこころぼそかった。

8 (1) 古した　(2) 計らう

9 主語　へやは　述語　あたたかかった

10 来る

11 (1) タッタッ　(2) (例) はりきった・(例) こわがる　(3) **イ**　(4) **ウ**

解説

4 (1)のくにがまえは囲むことに関する漢字に、(2)のうかんむりは家や建物に関する漢字に使われます。

11 (1) 場面が変化するパターンとして、場所の変化、時間の変化、登場人物の変化が挙げられますが、今回は「将太」が登場し、登場人物が変化することで場面が変化しています。

(2) 気持ちを表す言葉に注目して読むと、本文の最初に、「はりきって、ひりょうを　やりはじめた　ところ」とあります。また、二つ目の空欄は、傍線部①の「からだを　こわばらせ」るという表現や、そのあとの「将太が　にがて」から、こわがる、おびえる、緊張するなどの気持ちを答えましょう。

総仕上げテスト②

1 (1) (例) テーブルをバンバンたたく。　(2) (例) カートをガラガラ引く。

2 (1) **オ**　(2) **エ**　(3) **ア**

3 (1) いたむ　(2) あたる

4 (1) **エ**　(2) **イ**　(3) **ウ**　(4) **ア**

5 お父さんは、あわてて　家に　帰って　きた　お母さんに　だいじょうぶだと　つたえた。

6 わたしは　先生に、「『じゅぎょうさんかんに　来られなくなった。』と　お母さんが　言って　いました。」と　つたえました。すると、「楽しみに　して　いたのに、ざんねんだね。」と　先生は　言いました。

7 (1) カメムシ・におい　(2) **ウ**　(3) (例) つよいにおいをだす　(4) **ア**　(5) 好む・やさしく、そっと

解説

3 (1) 「心がいたむ」は悲しみや苦しみを感じるという意味、「魚がいたむ」は腐ったりして状態が悪くなるという意味、「きずがいたむ」は体に痛みを感じるという意味です。

6 「じゅぎょうさんかんに　来られなくなったと　お母さんが　言って　いました」までが、「わたし」が「先生」に言ったことですが、その中でさらにお母さんの言葉を二重かぎでくくります。

7 (5) 第一段落では、カメムシのにおいにはどのような意味があるのかが、第二段落では、カメムシのにおいの強さが、第三段落ではカメムシのにおいが好まれる場合もあることが、第四段落ではカメムシとつきあうコツが述べられています。それぞれの段落の要点を意識して読むようにしましょう。

最高クラス
問題集

国　語
小学2年

問題
編

旺文社

最高クラス
問題集

国　語
小学2年

問題
編

旺文社

1 章

言語編《げんごへん》

1 漢字《かんじ》（読《よ》み・書《か》き）

ねらい 文章中の漢字を正しく読んだり、書いたりできる力をつける。

学習日 月 日

★標準レベル

10分

/100

答え 7ページ

1 つぎの ――線《せん》の 漢字《かんじ》の 読《よ》み方《かた》として あてはまる ものを えらんで ○を つけなさい。〈5点×2〉

(1) 馬車に のる。

ア（ ）ば　イ（ ）うま

(2) プール教室《きょうしつ》に 通う。

ア（ ）とお　イ（ ）かよ

2 つぎの ――線の ひらがなを 漢字で 書《か》く とき、あてはまる ものを えらんで ○を つけなさい。〈6点×5〉

(1) でん話《わ》に 出る。

ア（ ）電　イ（ ）雲

(2) えきは 学校から とおい。

ア（ ）遠　イ（ ）近

(3) こう通《つう》じこに 気を つける。

ア（ ）公　イ（ ）交

(4) 大きな 土ち。

ア（ ）池　イ（ ）地

(5) しん年を いわう。

ア（ ）新　イ（ ）親

3 つぎの ——線の 漢字の 読み方として あてはまる ものを あとから 一つ えらんで 記号《きごう》を 書きなさい。〈6点×5〉

(1) 歌声《ごえ》が 聞《き》こえる。

(2) 校歌を おぼえる。

(3) 先頭を 歩《ある》く。

(4) 頭上を 見る。

(5) 手元の えんぴつ。

ア あたま　**イ** ず　**ウ** とう

エ うた　**オ** か　**カ** もと

キ げん　**ク** がん

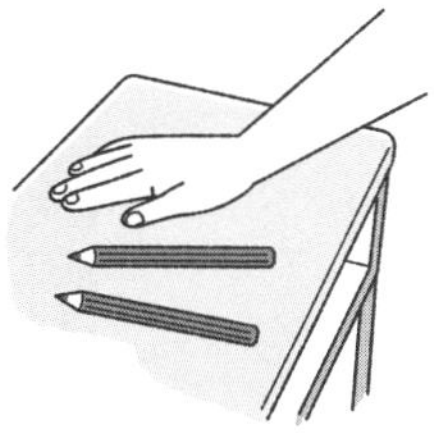

4 つぎの ——線の ひらがなを 漢字で 書く とき、あてはまる ものを あとから 一つ えらんで 書きなさい。〈10点×3〉

(1) 粘土《ねんど》を つかって こう作《さく》する。

(2) まつりの かい場《じょう》に 行《い》く。

(3) アメリカから 日本《にほん》に き国《こく》する。

回	会	海
工	高	光
気	記	帰

★★ 上級・最高レベル

20分

／100

答え7ページ

学習日　月　日

1 つぎの ——線《せん》の 漢字《かんじ》の 読《よ》み方《かた》を ひらがなで 書《か》きなさい。〈1点×8〉

(1) ① 校門　［　　］　② 夜《や》間　［　　］

(2) ① 歩《ほ》道　［　　］　② 先週　［　　］

(3) ① 教会《かい》　［　　］　② 数日　［　　］

(4) ① 地《ち》方　［　　］　② 百万　［　　］

2 つぎの ——線の ひらがなを 漢字 二字で 書きなさい。〈2点×7〉

(1) ぎゅうにくを 食《た》べる。

(2) きんぎょを そだてる。

(3) ねだんを けいさんする。

(4) はんぶんに わける。

(5) まいあさ あいさつを する。

(6) ゆみやで たたかう。

(7) きいろの えんぴつ。

3 つぎの ――線の 漢字の 読み方を ひらがなで 書きなさい。〈3点×5〉

(1) 川原を 歩《ある》く。

(2) 今朝は、よい 天気だった。

(3) 七夕の かざりつけを する。

(4) 大工の しごとに ついて しらべる。

(5) 羽毛の ふとん。

---

4 つぎの ――線の 言葉《ことば》を 漢字に 直《なお》しなさい。〈3点×6〉

(1) ① つよい　② よわい

(2) ① ちかい　② とおい

(3) しゅんかしゅうとう（四つの きせつを あらわす 言葉）

(4) とうざいなんぼく（四つの ほうがくを あらわす 言葉）

5 つぎの ——線《せん》の 漢字《かんじ》の 読《よ》み方《かた》を ひらがなで 書《か》きなさい。〈2点×5〉

(1)
① 今日《きょう》は、四月一日です。 [　　]
② 今日は、一日中 くもりだった。 [　　]

(2)
① 王さまと 家来《らい》。 [　　]
② 作《さっ》家に なりたい。 [　　]
③ 空き家が ある。 [　　]

---

6 つぎの ——線の 漢字の 読み方を ひらがなで 書きなさい。〈1点×7〉

(1)
① 細い [　　]
② 細かい [　　]

(2)
① 新しい [　　]
② 新た [　　]

(3)
① 明るい [　　]
② 明ける [　　]
③ 明らか [　　]

7 つぎの ――線の ひらがなを 漢字に 直《なお》しなさい。〈2点×7〉

(1)
① 日きを 書《か》く。
② き車が 走《はし》る。

(2)
① 火せいの しゃしん。
② 音せいを 聞《き》く。

(3)
① 行事《ぎょうじ》を 中しする。
② 本《ほん》の 表《ひょう》し。
③ し町村。

8 つぎの ――線の ひらがなを 漢字に 直しなさい。〈2点×7〉

(1) すこしずつ すすむ。
(2) したしい 人。
(3) ふとい 線《せん》。
(4) 虫が なく。
(5) はさみを もちいる。
(6) 友達《ともだち》と あう。
(7) 答《こた》えが あう。

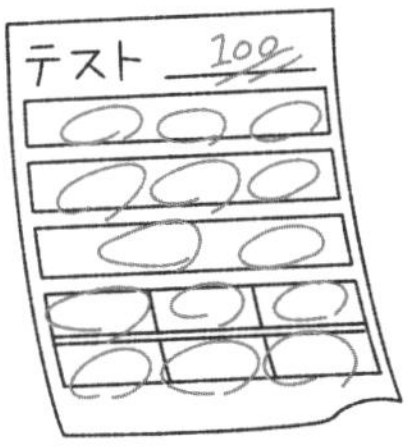

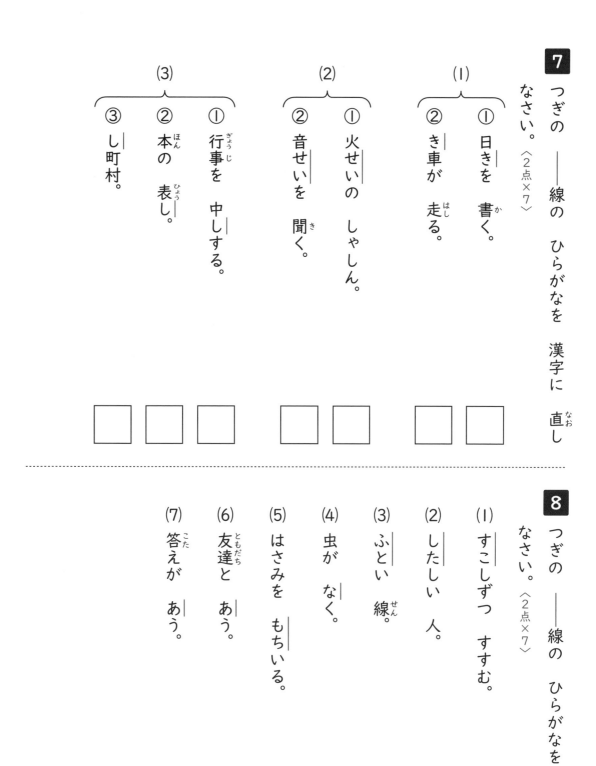

2 画数《かくすう》・ひつじゅん・部首《ぶしゅ》

ねらい
漢字の画数や筆順、部首を覚え、正しく書けるようになる。

学習日 月 日

★標準レベル

10分

/100

答え 8ページ

1 つぎの 漢字《かんじ》の 画数《かくすう》として あてはまる ものを 一つ えらんで ○を つけなさい。〈6点×4〉

(1) 百 **ア**（ ）五画 **イ**（ ）六画 **ウ**（ ）七画

(2) 女 **ア**（ ）三画 **イ**（ ）四画 **ウ**（ ）五画

(3) 水 **ア**（ ）三画 **イ**（ ）四画 **ウ**（ ）五画

(4) 園 **ア**（ ）十一画 **イ**（ ）十二画 **ウ**（ ）十三画

2 つぎの 漢字の ひつじゅんは、どの きまりに あてはまりますか。あてはまる ものを あとから 一つ えらんで 記号《きごう》を 書《か》きなさい。〈6点×2〉

(1) 中 □

(2) エ □

ア 上から 下へ 書く。

イ つらぬく 線《せん》は さいごに 書く。

ウ たての 線を さいしょに 書く。

3 つぎの 漢字の ←の ところは 何画目《なんかくめ》に 書きますか。あてはまる ものを えらんで ○を つけなさい。〈8点×3〉

(1) 土

ア（　）一画目　イ（　）二画目

(2) 心

ア（　）三画目　イ（　）四画目

(3) 耳

ア（　）五画目　イ（　）六画目

4 つぎの 形《かたち》が ついて いる 漢字を あとから 二つずつ えらんで 書きなさい。〈5点×8〉

(1) 木 □□

(2) イ □□

(3) 广 □□

(4) 糸 □□

林　絵　校　広　店　休　組　体

★★ 上級・最高レベル

20分

／100

学習日　月　日

答え9ページ

1 つぎの 漢字《かんじ》の 画数《かくすう》を 漢数字《かんすうじ》で 書《か》きなさい。〈2点×8〉

(1) 出 〔　　〕

(2) 子 〔　　〕

(3) 近 〔　　〕

(4) 風 〔　　〕

(5) 姉 〔　　〕

(6) 馬 〔　　〕

(7) 弓 〔　　〕

(8) 紙 〔　　〕

---

2 つぎの 漢字と 同《おな》じ 画数の 漢字を あとから 一つ えらんで 記号《きごう》を 書きなさい。〈2点×5〉

(1) 今 □

(2) 足 □

(3) 田 □

(4) 年 □

(5) 夜 □

ア 百　イ 村　ウ 東　エ 手　オ 広

3 つぎの　漢字の　←の　ところは　何画目《なんかくめ》に　書きますか。漢数字で　書きなさい。〈2点×6〉

(1) 丸［　　］

(2) 王［　　］

(3) 車［　　］

(4) 科［　　］

(5) 図［　　］

(6) 週［　　］

4 つぎの　漢字の　ひつじゅんは、どの　きまりに　あてはまりますか。あてはまる　ものを　あとから　一つ　えらんで　記号を　書きなさい。〈2点×3〉

(1) 内 □

(2) 七 □

(3) 友 □

ア よこと　たてが　まじわる　ときは、よこの　線《せん》を　先に　書く。

イ つらぬく　よこの　線は　さいごに　書く。

ウ よこの　線が　みじかくて、左はらいの　方《ほう》が　長《なが》い　字は、よこの　線を　先に　書く。

エ 外《そと》がわの　かこみを　先に　書く。

5 つぎの 形《かたち》の ついて いる 漢字《かんじ》を 三つずつ 書《か》きなさい。〈3点×12〉

(1) 氵

(2) 日

(3) 言

(4) 艹

6 つぎの 二つの 漢字に ある 同《おな》じ 形の 部分《ぶぶん》の 名前《なまえ》として あてはまる ものを えらんで ○を つけなさい。〈2点×4〉

(1) 何 体

ア（　）にんべん

イ（　）きへん

(2) 遠 道

ア（　）まだれ

イ（　）しんにょう（しんにゅう）

(3) 地 場

ア（　）さんずい

イ（　）くにがまえ

ウ（　）つちへん

(4) 家 室

ア（　）ごんべん

イ（　）うかんむり

ウ（　）たけかんむり

7 つぎの 文章《ぶんしょう》を 読《よ》んで、⑴〜⑶の もんだいに 答《こた》えなさい。〈3点×4〉

今日《きょう》、わたしは 公《こう》①園《えん》に 出かけました。とうちゃくすると いつもより ②多くの ③人が いました。よく 晴《は》れて いて、鳥《とり》も 大きく 羽《はね》を 広《ひろ》げて とんで いました。少《すこ》し あそんだ あと、図書館《としょかん》に 行《い》き、生きものに ついて しらべる ことに しました。

⑴ ①園 と 同じように 「かまえ」が つく 形の 漢字を 文章から 一つ ぬき出しなさい。

□

⑵ ②多 と 同じ 画数《かくすう》の 漢字を、文章から 二つ ぬき出しなさい。

□ □

⑶ つぎの 文は ③人 の ひつじゅんを 説明《せつめい》して います。□に あてはまる 言葉《ことば》を えらんで ○を つけなさい。

・□から書く。

ア（　）右はらい

イ（　）左はらい

3 ことわざ・慣用句《かんようく》・四字熟語《じゅくご》

ねらい
決まった言い方と、その意味を理解できるようになる。

学習日　月　日

★標準レベル

10分

/100

答え 10ページ

1 つぎの ことわざの いみを えらんで ○を つけなさい。〈6点×5〉

(1) どんぐりの せいくらべ

ア（　）大きな ちがいが ない こと。

イ（　）まったく にて いない こと。

(2) やぶから ぼう

ア（　）思《おも》いがけない 様子《ようす》。

イ（　）楽《たの》しい 様子。

(3) いそがば 回《まわ》れ

ア（　）時間《じかん》を むだに しない やり方《かた》を えらぶのが よい。

イ（　）きけんな 近道《ちかみち》より、遠《とお》くても あんぜんな 道を えらぶのが よい。

(4) ねこに 小判《こばん》

ア（　）ねうちが あると、いつでも やくに 立つ こと。

イ（　）ねうちが わからないと、やくに 立たない こと。

(5) 石橋《いしばし》を たたいて わたる

ア（　）用心《ようじん》して 行動《こうどう》する こと。

イ（　）人より 先に 行動する こと。

2 つぎの【　】の いみの 言葉《ことば》に なるように、□に 入る 言葉を あとから 一つ えらんで 書《か》きなさい。〈10点×3〉

(1)【みかたに なる。おうえんする】
□を もつ

(2)【しごとを なまける】
□を 売《う》る

(3)【くつろぐ】
□を のばす

あぶら　水　うで
木　かた　羽《はね》

---

3 つぎの 漢字《かんじ》 四字の 言葉の 読《よ》み方《かた》と いみを えらんで ○を つけなさい。〈10点×4〉

(1) 古今東西

読み方

ア（　）ここんとうせい

イ（　）ここんとうざい

いみ

ア（　）すべての 時代《じだい》と 場所《ばしょ》。

イ（　）有名《ゆうめい》な 時代や 場所。

(2) 十人十色

読み方

ア（　）じゅうにんじゅっしき

イ（　）じゅうにんといろ

いみ

ア（　）とても はなやかな こと。

イ（　）それぞれに ちがう こと。

★★ 上級・最高レベル

20分

／100

答え 10ページ

学習日　月　日

1 つぎの　いみの　ことわざを　あとから　一つ　えらんで　記号《きごう》を　書《か》きなさい。〈3点×2〉

(1) 人から　見えない　ところで、人の　ために　がんばる　こと。 □

(2) わるい　ことが　おきた　ときに、また　べつの　わるい　ことが　つづく　こと。 □

ア ころばぬ　先の　つえ
イ えんの　下の　力もち
ウ なきっつらに　はち
エ ちりも　つもれば　山と　なる

2 つぎの　□に　漢字《かんじ》　一字を　入れて　ことわざを　かんせいさせなさい。また、その　いみを　あとから　一つ　えらんで　記号を　書きなさい。〈3点×6〉

(1) □かいから　目薬《めぐすり》　いみ □

(2) □の　耳に　ねんぶつ　いみ □

(3) □ころび　八おき　いみ □

ア 何度《なんど》　しっぱいしても　あきらめない　こと。
イ 思《おも》うように　いかず、じれったい　こと。
ウ 人の　意見を　聞《き》き入れない　こと。人の　ちゅういの　ききめが　ない　こと。

3 つぎの　ことわざと　にた　いみの　ことわざ二つに　○を　つけなさい。〈完答3点×2〉

(1) ぬかに　くぎ

ア（　）のれんに　うでおし

イ（　）とうふに　かすがい

ウ（　）おにに　金棒《かなぼう》

(2) さるも　木から　おちる

ア（　）えびで　たいを　つる

イ（　）上手《じょうず》の　手から　水が　もれる

ウ（　）かっぱの　川ながれ

4 つぎの　ことわざと　はんたいの　いみの　ことわざ　一つに　○を　つけなさい。〈4点〉

・立つ鳥《とり》　あとを　にごさず

ア（　）あとの　まつり

イ（　）あとは　野《の》と　なれ　山と　なれ

ウ（　）先んずれば　人を　せいす

5 つぎの　言葉《ことば》の　いみを　えらんで　○を　つけなさい。〈3点×5〉

(1) すずめの　なみだ

ア（　）とても　せまい　こと。

イ（　）とても　少《すく》ない　こと。

(2) えりを　正す

ア（　）気もちを　引《ひ》きしめる。

イ（　）じまんする。

(3) うり　二つ

ア（　）なかが　いい　こと。

イ（　）そっくりで　ある　こと。

(4) さじを　なげる

ア（　）はじめる。

イ（　）あきらめる。

(5) 水を　さす

ア（　）じゃまを　する。

イ（　）わすれる。

6 つぎの【　】の いみの 言葉《ことば》に なるように、□に 体《からだ》の 一部《いちぶ》を あらわす 漢字《かんじ》一字を 書《か》きなさい。〈3点×4〉

(1)【めんどうを 見るのが 大変《たいへん》で、こまる。】

□が かかる

(2)【人の じゃまを する。】

□を 引《ひ》っぱる

(3)【おどろく。】

□を 丸《まる》くする

(4)【言《い》っては いけない ひみつを、けっして 人に 話《はな》さない。】

□が かたい

---

7 つぎの ――線《せん》と 同《おな》じ いみの 言葉を 一つ えらんで ○を つけなさい。〈5点〉

わたしの 絵《え》が ほめられたので、じまんに思《おも》う。

ア（　）むねが はずむ

イ（　）いきを のむ

ウ（　）はなが 高《たか》い

8 つぎの 言葉を つかって、文を 作《つく》りなさい。（「合《あ》って」のように 形《かたち》を かえても よいです。）〈5点×2〉

(1) 口に 合う

「　」

(2) 馬《うま》が 合う

「　」

9 つぎの 言葉が 漢字 四字に なるように、□に 入る 漢字を 一つ えらんで ○を つけなさい。また、漢字 四字の 言葉の いみを 一つ えらんで ○を つけなさい。

(1) 一《いっ》□二《に》鳥《ちょう》 〈3点×8〉

漢字 ア（　）石 イ（　）羽 ウ（　）山

いみ ア（　）一つの ことから 多《おお》くの ものを 手に 入れる こと。

イ（　）二つの ものを ほしがると、どちらも 手に 入らない こと。

(2) 一《いち》□千秋《せんしゅう》

漢字 ア（　）月 イ（　）日 ウ（　）夏

いみ ア（　）まちどおしいこと。

イ（　）あっと いう 間《ま》で ある こと。

(3) 電《でん》□石火《せっか》

漢字 ア（　）気 イ（　）空 ウ（　）光

いみ ア（　）とても おもしろい こと。

イ（　）とても 明《あか》るい こと。

ウ（　）とても すばやい こと。

(4) 一《いっ》心《しん》同《どう》□

漢字 ア（　）体 イ（　）顔 ウ（　）一

いみ ア（　）同じ 考《かんが》えの 人が 多く いる こと。

イ（　）人と 人の つながりが 強《つよ》い こと。

言《げん》語《ご》編《へん》

4 かなづかい・送《おく》りがな

ねらい
かなづかいと送りがなのきまりを理解し、正しく書けるようになる。

学習日　月　日

★ 標準レベル

10分　／100　答え 11ページ

1 つぎの ア・イの うち、かなづかいが 正しい ものを えらんで ○を つけなさい。〈5点×5〉

(1) ア（　）おねえさん
イ（　）おねいさん

(2) ア（　）そおじ
イ（　）そうじ

(3) ア（　）こうろぎ
イ（　）こおろぎ

(4) ア（　）手づくり
イ（　）手ずくり

(5) ア（　）うなずく
イ（　）うなづく

2 つぎの □に 【　】の 中の どれか 一つを えらんで 書《か》きなさい。〈5点×4〉

(1) おと□さんに タオル□ わたす。
【う お を】

(2) その 道《みち》□、こう□中です。
【は わ じ ぢ】

3 つぎの 言葉《ことば》の 正しい 書《か》き方《かた》を えらんで ○を つけなさい。〈5点×5〉

(1) かたな
ア（ ）刀
イ（ ）刀な

(2) ひかる
ア（ ）光る
イ（ ）光かる

(3) かぞえる
ア（ ）数える
イ（ ）数ぞえる

(4) ちかい
ア（ ）近い
イ（ ）近かい

(5) たのしい
ア（ ）楽い
イ（ ）楽しい

4 つぎの 送《おく》りがなが つく 漢字《かんじ》を あとから 一つ えらんで 書きなさい。〈5点×6〉

(1) □ ―う ―わせる

(2) □ ―く ―こえる

(3) □ ―す ―れる

(4) □ ―る ―ちに

(5) □ ―まる ―める

(6) □ ―がる ―る

直	下	聞
外	休	合

★★ 上級・最高レベル

20分

／100

答え12ページ

学習日　月　日

1 (1)～(4)の □には 「じ・ぢ」の どちらかを、(5)～(10)の □には 「ず・づ」の どちらかを えらんで 書《か》きなさい。〈1点×10〉

(1) ち□む

(2) □めん

(3) はな□

(4) あ□わう

(5) こ□つみ

(6) あ□かる

(7) つま□く

(8) つ□く

(9) かた□ける

(10) せかいち□

2 つぎの ア・イの うち、かなづかいが 正しい ものを えらんで ○を つけなさい。〈2点×5〉

(1) ア（　）間近《まじか》　イ（　）間近《まぢか》

(2) ア（　）名人《めいじん》　イ（　）名人《めえじん》

(3) ア（　）それでは　イ（　）それでわ

(4) ア（　）言《い》う　イ（　）言《ゆ》う

(5) ア（　）ほうづきの 花　イ（　）ほおずきの 花

3 つぎの 言葉《ことば》を 正しい かなづかいの ひらがなで、一つの 言葉に 直《なお》しなさい。〈2点×4〉

(1) 【うた＋こえ】「　　」

(2) 【くもり＋そら】「　　」

(3) 【こころ＋つよい】「　　」

(4) 【そこ＋ちから】「　　」

4 つぎの 文に ついて かなづかいが 正しい ものを 一つ えらんで ○を つけなさい。〈2点×4〉

(1)
ア（　）赤い ゆびはを さがそう。
イ（　）赤い ゆびわを さがそお。
ウ（　）赤い ゆびわを さがそう。

(2)
ア（　）遠《とお》くから ここえ 来《き》た。
イ（　）遠《とう》くから ここえ 来た。
ウ（　）遠《とお》くから ここへ 来た。
エ（　）遠《とう》くから ここへ 来た。

(3)
ア（　）「こんにちわ」と 声《こえ》を かける。
イ（　）「こんにちは」と 声お かける。
ウ（　）「こんにちわ」と 声お かける。
エ（　）「こんにちは」と 声を かける。

(4)
ア（　）まず 絵《え》を じっと 見た。
イ（　）まず 絵を ぢっと 見た。
ウ（　）まづ 絵を じっと 見た。
エ（　）まづ 絵を ぢっと 見た。

---

5 つぎの 文には かなづかいの まちがいが あります。文全体《ぶんぜんたい》を 正しく 書き直しなさい。〈完答3点×4〉

(1) 水に こうりを いっぱい 入れる。
［　　　　］

(2) 夕方《ゆうがた》にわ みんな いえへ かへる。
［　　　　］

(3) ボタンを をすと ふたは とぢる。
［　　　　］

(4) おじいさんえ 手紙《てがみ》と かんずめの おくりものを わたす。
［　　　　］

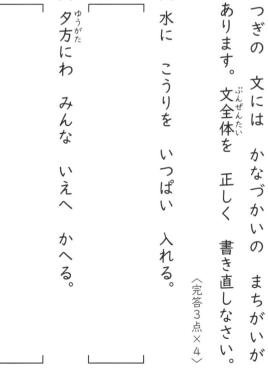

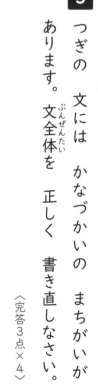

6 つぎの ――線《せん》を 漢字《かんじ》と 送《おく》りがなで 書《か》きなさい。〈2点×5〉

(1) 力が よわい。 [　　]

(2) とても こまかい。 [　　]

(3) みずから 語《かた》りはじめる。 [　　]

(4) 空が あかるむ。 [　　]

(5) あたらしい 家《いえ》が たつ。 [　　]

---

7 つぎの ――線を ひらがなで 書きなさい。〈2点×8〉

(1)
① 名前《なまえ》を 教える。 [　　]
② ピアノを 教わる。 [　　]

(2)
① 人生を 歩んで きた。 [　　]
② 公園《こうえん》まで 歩こう。 [　　]

(3)
① ひざを 交える。 [　　]
② 白組《しろぐみ》に 赤組が 交じる。 [　　]

(4)
① 後ろを 見る。 [　　]
② 気後れする。 [　　]

8 つぎの 言葉《ことば》を 漢字 二字と 送りがなで 書きなさい。〈2点×7〉

(1) はしりだす 〔　　　〕
(2) かいあげる 〔　　　〕
(3) おもいたつ 〔　　　〕
(4) いいかた 〔　　　〕
(5) ひきわける 〔　　　〕
(6) まわりみち 〔　　　〕
(7) みはらし 〔　　　〕

---

9 つぎの 文章《ぶんしょう》の 中で 送りがなが まちがって いる 言葉を 三つ ぬき出して 正しく 書き直《なお》しなさい。〈完答4点×3〉

来週《らいしゅう》、クラスの 目標《もくひょう》に ついて、話《は》なし合いを 行《おこな》います。わたしは どんな ものが よいか 考《かん》がえて、意見《いけん》を ノートに 書き記《し》るしました。いろいろと 思《おも》いうかんで 白かった ノートが 文字で いっぱいに なりました。

まちがって いる 言葉		正しい 言葉
・〔　　　〕	↓	〔　　　〕
・〔　　　〕	↓	〔　　　〕
・〔　　　〕	↓	〔　　　〕

復習《ふくしゅう》テスト①

10分

/100

答え 13ページ

学習日　月　日

1 つぎの ――線《せん》の 漢字《かんじ》の 読《よ》み方《かた》を 書《か》きなさい。ひらがなは 漢字に 直《なお》しなさい。〈6点×4〉

(1) 内気な せいかく。〔　　〕

(2) 細工を しかける。〔　　〕

(3) 紙《かみ》ふうせん。〔　　〕

(4) しんせつな 人。〔　　〕

2 つぎの 漢字の 画数《かくすう》を 漢数字で 書きなさい。〈5点×2〉

(1) 色〔　　〕　(2) 強〔　　〕

3 つぎの 漢字の ←の ところは 何画目《なんかくめ》に 書きますか。漢数字で 書きなさい。〈5点×2〉

(1) 右〔　　〕

(2) 光〔　　〕

4 つぎの 形《かたち》の ついて いる 漢字を 三つ 書きなさい。〈4点×3〉

辶

□　□　□

5 つぎの【　】の いみの 言葉《ことば》に なるように、□に 体《からだ》の 一部《いちぶ》を あらわす 漢字一字を 書きなさい。〈5点×2〉

(1)【ちゅういされて 聞《き》くのが つらい。】

□が いたい

(2)【知《し》り合《あ》いが 多《おお》い。】

□が 広《ひろ》い

6 つぎの ――線を 漢字と 送《おく》りがなで 書きなさい。〈6点×2〉

(1) 音を ならす

［　　　　］

(2) ペンを もちいる

［　　　　］

---

7 つぎの 言葉の いみを あとから えらんで ○を つけなさい。〈4点×3〉

(1) やけ石《いし》に 水

ア（　）少《すこ》しでは やくに 立たないこと。

イ（　）少しでも 力に なること。

(2) 月と すっぽん

ア（　）よく にて いる こと。

イ（　）ちがいが 大きい こと。

(3) 一朝一夕《いっちょういっせき》

ア（　）とても みじかい こと。

イ（　）一日が 長《なが》い こと。

8 つぎの 文には かなづかいの まちがいが あります。文全体《ぶんぜんたい》を 正しく 書き直しなさい。〈完答10点〉

・びょおぶを きれえに そうこへ かたずける。

［　　　　］

5 文節《ぶんせつ》と単語《たんご》

ねらい 文の組み立てを押さえて、正しく文章の内容をとらえられるようになる。

学習日　月　日

10分　／100　答え13ページ

★標準レベル

1 つぎの文から主語《しゅご》と述語《じゅつご》をさがし、それぞれ記号《きごう》を書《か》きなさい。〈5点×10〉

(1) **ア**ニひきの **イ**犬が **ウ**白い **エ**ボールで **オ**あそぶ。

主語 □　述語 □

(2) **ア**今朝《けさ》 **イ**食《た》べた **ウ**フルーツは **エ**とても **オ**おいしかった。

主語 □　述語 □

(3) **ア**プレゼントを **イ**もらった **ウ**弟《おとうと》は **エ**たぶん **オ**よろこぶだろう。

主語 □　述語 □

(4) **ア**その **イ**はたけで **ウ**そだてて **エ**いる **オ**野菜《やさい》は **カ**じゃがいもです。

主語 □　述語 □

(5) **ア**海辺《うみべ》の **イ**水族館《すいぞくかん》には **ウ**イルカの **エ**ほかに **オ**ペンギンも **カ**いるよ。

主語 □　述語 □

2 つぎの ＝線《せん》の 言葉《ことば》が くわしく して いる 言葉に ―線を 引《ひ》きなさい。〈5点×6〉

〈れい〉 赤い 花が さく。

(1) 先生の 声《こえ》は よく ひびく。

(2) 明日《あす》は 新《あたら》しい くつを はこう。

(3) 木の 根元《ねもと》に どうぶつが あつまる。

(4) 大切《たいせつ》な ことを 紙《かみ》に しっかり 書く。

(5) 三時《さんじ》まで 友達《ともだち》と 公園《こうえん》で すごした。

(6) 手を 高《たか》く あげて、場所《ばしょ》を 教《おし》えた。

---

3 つぎの □ に 入る 言葉として 正しい ものに ○を つけなさい。〈4点×5〉

(1) もみじは □ 子どもの 手のようだ。

ア（　）まるで　**イ**（　）けっして

(2) □ 雨が ふるとは 思《おも》わなかった。

ア（　）どうか　**イ**（　）まさか

(3) □ パーティに きて ください。

ア（　）ぜひ　**イ**（　）たぶん

(4) □ こまった ことが あったら、そうだんしてね。

ア（　）なぜ　**イ**（　）もしも

(5) □ 試合《しあい》に まけそうに なっても、最後《さいご》まで がんばろう。

ア（　）なぜなら

イ（　）まったく

ウ（　）たとえ

★★ 上級・最高レベル

20分

/100

答え14ページ

学習日　月　日

1 つぎの 文が 正しく つながるように、（　）に 番号《ばんごう》を 書《か》きなさい。〈完答3点×2〉

(1)
（　）友達《ともだち》は
（　）小さな ベンチで
（１）ぼくと
（　）しばらく 休んだ
（　）公園《こうえん》の

(2)
（　）聞《き》こえて くる
（１）音楽室《おんがくしつ》から
（　）とても
（　）ピアノの 音は
（　）きれいだ

---

2 つぎの 文は、あとの **ア**～**エ**の どの 形《かたち》の 文 ですか。記号《きごう》を 書きなさい。〈3点×5〉

(1) おばあさんが くれた おみやげは、有名《ゆうめい》な おかしでした。

(2) 今日《きょう》は だれも 体育館《たいいくかん》を つかいません。

(3) ふんすいの まわりに ねこが 二ひき いた。

(4) 弟《おとうと》は きっと この 手品《てじな》に おどろくだろう。

(5) この 昔話《むかしばなし》は すごく おもしろいよ。

ア 何《なに》が（何は）―どうする
イ 何が（何は）―どんなだ
ウ 何が（何は）―何《なん》だ
エ 何が（何は）―ある（ない）

3 つぎの 文の 説明《せつめい》として 正しい ものを、あとから 一つ えらんで 記号を 書きなさい。〈3点×5〉

(1) 目標《もくひょう》が たくさん ある。 □

(2) 大切《たいせつ》な やくそくを わすれない。 □

(3) あの 小さな どうぶつの 名前《なまえ》は？ □

(4) お姉《ねえ》さんに ありがとうと おれいを 言《い》った。 □

(5) 飛行機《ひこうき》は もう 雲《くも》の 上に。 □

ア 主語《しゅご》と 述語《じゅつご》の 両方《りょうほう》が ある。

イ 述語は あるが、主語が ない。

ウ 述語が ない。

---

4 つぎの 文の 〰線《せん》の 主語に たいする 述語に ——線を 引《ひ》きなさい。〈3点×5〉

(1) 馬《うま》は しばふの 上を ものすごい はやさで 力強《ちからづよ》く 走《はし》る。

(2) みんなが きっと よろこぶよ、あなたに 会《あ》えたら。

(3) この 絵《え》こそ 有名な 画家《がか》の 作品《さくひん》だ。

(4) 今《いま》 家《いえ》に とどいたよ、大きな にもつが。

(5) わたしも その ゲームは むずかしいと 思《おも》った。

5 つぎの 文の ～～線《せん》の 述語《じゅつご》に たいする 主語《しゅご》に ――線を 引《ひ》きなさい。〈3点×4〉

(1) 風《かぜ》が ふくと、さくらの 花びらが ひらひらと まいはじめた。

(2) えきの 近《ちか》くに ある 大きな たてものは 何《なん》ですか。

(3) お母《かあ》さんが 書《か》いた メモは、つくえの 上に あった。

(4) なんて さむいのだろう、日の 当《あ》たらない へやは。

6 つぎの 文章《ぶんしょう》を 読《よ》んで、もんだいに 答《こた》えなさい。

日曜日《にちようび》、わたしは 友人《ゆうじん》と 公園《こうえん》に ①行《い》きました。花の かんさつが わたしたちの ②目的《もくてき》でした。公園には ③多《おお》くの 人が いて、とても にぎやかな 様子《ようす》でした。

(1) ①行きました ②目的でしたを くわしくして いる 言葉《ことば》を すべて 書きなさい。〈完答4点×2〉

① 行きました［　　］

② 目的でした［　　］

(2) ③多くのが くわしくして いる 言葉を 書きなさい。〈4点〉

［　　］

7 つぎの 文の 組《く》み立《た》てを 考《かんが》えて、□に 入る、→の 言葉を くわしくして いる 言葉を 書きなさい。〈完答4点×2〉

(1) 夏《なつ》の 太陽《たいよう》が まぶしく かがやく。

① □ → 太陽が
② □ → かがやく
（太陽が ― かがやく）

(2) わたしは、赤い 色《いろ》えんぴつを たくさん つかう。

わたしは ― つかう
① □ → つかう
② □ → ①
③ □ → つかう

8 つぎの ‖線が くわしくして いる 言葉に ―線を 引きなさい。〈3点×3〉

(1) どうしても その 風景《ふうけい》を 見たい。

(2) たぶん 明日《あす》は 晴《は》れるだろうと お父《とう》さんが 言《い》った。

(3) けっして ドアを あけないように して ください。

9 つぎの 言葉を 正しく つかって、文を 書きなさい。〈4点×2〉

(1) 少《すこ》しも
［　　　　］

(2) なぜ
［　　　　］

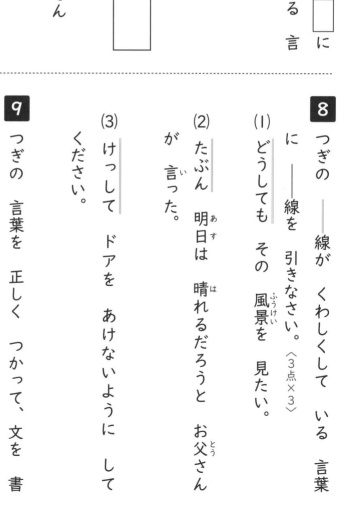

6 カタカナで 書《か》く 言葉《ことば》・擬態語《ぎたいご》・擬音語《ぎおんご》

学習日　月　日

ねらい
カタカナで書く言葉や、様子や音を表す言葉の使い方をとらえる力をつける。

★ 標準レベル

10分

／100

答え 15ページ

1 つぎの うち、カタカナで 書《か》く 言葉《ことば》には ○を、カタカナで 書く 言葉では ない ものには ×を 書きなさい。〈3点×5〉

(1)（　）たくましい
(2)（　）すけえと
(3)（　）でざいん
(4)（　）おくりもの
(5)（　）えねるぎい

2 つぎの 文のうち、カタカナの ままで よい もの ぜんぶに ○を つけなさい。〈完答10点×3〉

（　）（　）（　）（　）（　）
(1) テレビ ノ チャンネル ヲ カエタ。

（　）（　）（　）（　）（　）
(2) ガシャン ト ガラス ガ ワレル
（　）（　）（　）
オト ガ キコエテ アワテル。

（　）（　）（　）（　）（　）
(3) アメリカ カラ キタ ヤキュウ ノ
（　）（　）（　）（　）（　）
センシュ ガ、ボール ニ サイン
（　）（　）（　）
ヲ カイテ クレタ。

3

つぎの ――線《せん》の 言葉は あとの **ア**・**イ**の どちらですか。記号《きごう》を 書きなさい。（音を あらわす 言葉も ひらがなで 書いて います。）〈5点×5〉

(1) はちが 羽《はね》を **ぶんぶん** 鳴《な》らす。 □

(2) 雨が **ざあざあ** ふって いる。 □

(3) 白い 車は **のろのろ** すすんだ。 □

(4) こねこが **すくすく** そだつ。 □

(5) たいこを **どんどんと** たたく。 □

ア 様子《ようす》を あらわす 言葉

イ 音を あらわす 言葉

4

つぎの 文の □に 合《あ》う 言葉に ○を つけなさい。〈5点×6〉

(1) ねぼうを して、□ おこられる。

ア（ ）がみがみ　**イ**（ ）いじいじ

(2) 雨が ふって、へやが □して いる。

ア（ ）ざらざら　**イ**（ ）じめじめ

(3) はこに にもつが □ つまって、すきまが ない。

ア（ ）ぎっしり　**イ**（ ）ごっそり

(4) 時間《じかん》が なかったので、新聞《しんぶん》は □ 読《よ》んだ。

ア（ ）じっと　**イ**（ ）ざっと

(5) やねから しずくが □ おちる。

ア（ ）ガタガタ　**イ**（ ）ポタポタ

(6) やさしい 言葉を かけられて、□ きた。

ア（ ）ぐっと　**イ**（ ）むっと

★★ 上級・最高レベル

20分

/100

答え15ページ

学習日　月　日

1 上《うえ》の 絵《え》を あらわす 言葉《ことば》の まちがって いる 字に ×を つけて、よこに 正しい 字を 書《か》きなさい。まちがいは 一つでは ない 場合《ばあい》も あります。〈完答3点×3〉

(1)

シルク

(2)

ドーメシ

(3)

オレソヅデュース

2 つぎの ――線の 言葉を カタカナで 書く 理由《りゆう》を あとから 一つ えらんで 記号《きごう》を 書きなさい。〈2点×6〉

(1) ①ギターを ②ボロンと 鳴《な》らす。　① □　② □

(2) ①ベンチで 鳥《とり》が ②ピイピイ 歌《うた》う。　① □　② □

(3) ①ゴッホは ②オランダの 画家《がか》だ。　① □　② □

ア 外国《がいこく》の 国《くに》や 町の 名前《なまえ》だから。
イ 外国の 人の 名前だから。
ウ 外国から 入って きた 言葉だから。
エ 音を あらわして いるから。
オ 鳴《な》き声《ごえ》を あらわして いるから。

3 つぎの　字で　はじまる　カタカナの　言葉を、カタカナで　書きなさい。〈2点×3〉

(1) きゃ［　　　］

(2) しょ［　　　］

(3) にゅ［　　　］

4 つぎの　二つの　言葉を　カタカナに　直《なお》して、文を　書きなさい。〈4点×2〉

(1) すぷうん・かれえらいす

［　　　］

(2) どあ・ばたん

［　　　］

5 つぎの　音や　鳴き声を　あらわすのに　合《あ》う　言葉を、下から　えらんで　線で　むすびなさい。〈1点×6〉

(1) かみなり・　　・**ア** カキーン

(2) せみ・　　・**イ** チリンチリン

(3) すず・　　・**ウ** ミーンミーン

(4) バット・　　・**エ** カンカン

(5) すずめ・　　・**オ** ゴロゴロ

(6) ふみ切《き》り・　　・**カ** チュンチュン

6 つぎの 言葉《ことば》は どんな 様子《ようす》を あらわしますか。あとから 一つ えらんで 記号《きごう》を 書《か》きなさい。〈2点×6〉

(1) すんなり □

(2) うっかり □

(3) ゆったり □

(4) おろおろ □

(5) まじまじ □

(6) しんしん □

ア どう したら よいか 分《わ》からず あわてる 様子。

イ 目を はなさず、じっと 見る 様子。

ウ 止《と》まらず、うまく すすむ 様子。

エ しずまりかえって いる 様子。

オ のんびり おちついて いる 様子。

カ 気が ぬけて、しっぱいする 様子。

---

7 つぎの 文の □に 入る 言葉を あとから 一つ えらんで 記号を 書きなさい。〈3点×5〉

(1) ねこが こたつで □して いる。

(2) なぞが とけて □した。

(3) 友達《ともだち》と えきで □ 会《あ》って、おどろいた。

(4) 天気が □ かわるので、大変《たいへん》だ。

(5) コップに 水を □と そそいで、あふれて しまいそうだ。

(1) □ (2) □ (3) □ (4) □ (5) □

ア ころころ **イ** うとうと

ウ じろじろ **エ** なみなみ

オ すっきり **カ** ばったり

8 つぎの　様子を　あらわす　言葉を　つかって、文を　書きなさい。〈4点×5〉

(1) ぐっすり

［　　　　］

(2) ぴょんぴょん

［　　　　］

(3) そよそよ

［　　　　］

(4) すいすい

［　　　　］

(5) ずらりと

［　　　　］

9 つぎの　文は　カタカナで　書く　言葉が　二つずつ　ひらがなに　なって　います。その　言葉を　カタカナで　書き直《なお》しなさい。〈3点×4〉

(1) ばいおりんの　えんそうが　おわると、かいじょうに、ぱちぱちと　はくしゅが　なりひびいた。

［　　］［　　］

(2) かなだで　くらす　いとこから　えいごでかかれた　めえるが　いっぱい　とどいた。

［　　］［　　］

7 多義語《たぎご》・むずかしい　言葉《ことば》の　いみ

学習日　月　日

ねらい　言葉の意味をつかんで、正しく使えるようになる。

★標準レベル

10分

／100

答え16ページ

1 つぎの　文の　□には、同《おな》じ　言葉《ことば》が　入ります。その　言葉を　あとから　一つ　えらんで　記号《きごう》を　書《か》きなさい。〈7点×6〉

(1) びんの　ふたを　□。
夜《よる》が　□。
□

(2) りょかんに　□。
時計《とけい》の　はりが　□。
□

(3) かたづけを　早めに　□。
しずかに　耳を　□。
□

(4) コップを　□。
二年生を　四クラスに　□。
□

(5) 紙《かみ》を　びりびりに　□。
やくそくを　□。
□

(6) 大きな　はたを　□。
明日《あす》は　雪《ゆき》が　□。
□

ア やぶる　**イ** とまる　**ウ** さわる
エ わる　**オ** ねばる　**カ** ふる
キ すます　**ク** あける

2 つぎの ――線《せん》の 言葉の いみを あとから 一つ えらんで 記号を 書きなさい。〈7点×4〉

(1) ① おだやかな 目で 見る。
② 犬が 目を きょろきょろさせる。

ア ものを 見る ための 体《からだ》の 部分《ぶぶん》。
イ ものの すがたや 形《かたち》。
ウ ものを 見る 目つき。まなざし。

① □ ② □

(2) ① チョコレートが あまい。
② あなたの 考《かんが》えは あまい。

ア さとうのような あじが する。
イ とても ここちよい。
ウ きびしさが ない。

① □ ② □

---

3 つぎの ――線の 言葉の いみに ○を つけなさい。〈6点×5〉

(1) しばしば かぜを ひく。
ア（　）めずらしく。
イ（　）何回《なんかい》も。

(2) 思《おも》いの ほか よい けっかが 出た。
ア（　）思って いたのとは ちがって。
イ（　）思って いた とおり。

(3) 日時《にちじ》は あらかじめ れんらくします。
ア（　）先に。前《まえ》もって。
イ（　）ちょうど よい ときに。

(4) かろうじて 試合《しあい》に かった。
ア（　）じゅうぶん。よゆうで。
イ（　）やっと。何とか。

(5) まさに あなたの 言《い》う とおりだ。
ア（　）ほとんど。
イ（　）まちがい なく。

★★ 上級・最高レベル

20分

/100

答え17ページ

学習日　月　日

1 つぎの いみで ――線《せん》の 言葉《ことば》が つかわれて いる 文を あとから 一つ えらんで 記号《きごう》を 書《か》きなさい。〈4点×3〉

(1) やり方《かた》。方法《ほうほう》。

(2) 体《からだ》の 手首《てくび》から 指先《ゆびさき》の 部分《ぶぶん》。

(3) 手間《てま》。

ア この 絵《え》は 手が こんで いる。

イ 行《ゆ》く手《て》が たてもので 見えづらい。

ウ 友達《ともだち》と 手を つないで 歩《ある》く。

エ ひきような 手は つかわない。

2 つぎの ――線の 言葉の いみを あとから 一つ えらんで 記号を 書きなさい。また、――線が、同《おな》じ いみの 文を あとから 一つ えらんで 記号を 書きなさい。〈3点×4〉

(1) かばんを 手に とる。　いみ　文

(2) 休んで、体の いたみを とる。　いみ　文

いみ

ア のぞく。なくす。

イ ざいりょうから つくり出す。

ウ つかんで もつ。

文

カ コップの よごれを とる。

キ たなから 本を とる。

ク こんぶの だしを とる。

3 つぎの□には、同じ 言葉が 入ります。それぞれ 三字の 言葉を 一文字目に つづけて 書きなさい。〈2点×3〉

(1)
名前《なまえ》を よばれて 手を □。
電車《でんしゃ》で にもつを たなに □。
あ□□

(2)
みんなに 合図《あいず》を □。
おじいさんに プレゼントを □。
お□□

(3)
楽《たの》しくて 会話《かいわ》が □。
この ボールは よく □。
は□□

---

4 つぎの ——線を 漢字《かんじ》に 直《なお》す とき、【 】の 漢字で 書く ものを ぜんぶ えらんで ○を つけなさい。〈完答4点×3〉

(1)【立つ】
ア（ ）来年《らいねん》、新《あたら》しい ビルが たつ。
イ（ ）いろんな うわさが たつ。
ウ（ ）しっぱいして はらが たつ。

(2)【聞《き》く】
ア（ ）弟《おとうと》の たのみを きく。
イ（ ）この くすりは よく きく。
ウ（ ）あなたは とても 気が きく。
エ（ ）クラスメイトの 声《こえ》を きく。

(3)【早い】
ア（ ）川の ながれが はやい。
イ（ ）外《そと》に 行《い》くには まだ はやい。
ウ（ ）はやい うちに かたづけよう。
エ（ ）自転車《じてんしゃ》の スピードが はやい。

5 つぎの　言葉《ことば》を、それぞれ【　】の　いみで　つかって　いる　文を　書《か》きなさい。（形《かたち》を　かえても　かまいません。）〈5点×4〉

(1)「さます」

①【あつい　ものを　つめたく　する。】

［　　　　］

②【ねむりから、おきる。】

［　　　　］

(2) やぶれる

①【たいらな　ものが　さける】

［　　　　］

②【まける】

［　　　　］

---

6 つぎの ――線《せん》の　言葉の　いみを　あとから　一つ　えらんで　記号《きごう》を　書きなさい。〈2点×5〉

(1) 理由《りゆう》を　こじつける。

(2) あいまいな　へんじ。

(3) ひたむきな　せいかく。

(4) とつぜんの　ことに　うろたえる。

(5) いさましい　かっこう。

ア 強《つよ》く、勇気《ゆうき》が　ある。

イ はっきり　しない。

ウ どうして　よいか　わからず　あわてる。

エ むりやり　むすびつける。

オ 一つの　ことに　気もちを　むける。

(1)［　］(2)［　］(3)［　］(4)［　］(5)［　］

7 つぎの ——線が あらわして いる 気もちを、説明《せつめい》して いる 文の □に 入る 言葉を 書きなさい。〈5点×3〉

(1) ねがいが かなわず へそを まげる。

気もち 気に いらない ことが あって □。

［　　　　］

(2) 力が 出せず、心《こころ》のこりが ある。

気もち 思《おも》いどおりに ならず、□。

［　　　　］

(3) ほめられて うちょうてんに なる。

気もち よい ことが あって、□。

［　　　　］

---

8 つぎの □に 入る 言葉を あとから 一つ えらんで 記号を 書きなさい。〈3点×3〉

(1) 天気が とても よくて、□ 気もちだ。

(2) 時代《じだい》の うつりかわりが □ので、ついて いくのが 大変《たいへん》だ。

(3) まけても あきらめず、□ せいかくだ。

ア しぶとい　イ たどたどしい
ウ まぎらわしい　エ めまぐるしい
オ すがすがしい　カ もどかしい

(1) □　(2) □　(3) □

9 「ひたすら」を 正しく つかって、文を 書きなさい。〈4点〉

［　　　　］

学習日　月　日

8 ふごうの つかい方《かた》

ねらい
符号を正しく使って、文章を書けるようになる。

★標準レベル

10分

/100

答え 18ページ

1 つぎの 文章《ぶんしょう》に 。(まる)を 二つ つけなさい。〈完答10点〉

家族《かぞく》 みんなで、へやの そうじを しました へやが たくさん あるので 時間《じかん》が かかりましたが、とても きれいに なって、気もちが よかったです

2 つぎの 文に 、(てん)を 一つ つけなさい。〈10点×5〉

(1) うめの 花が さいて いい においが しました。

(2) わたしたちの 学校では 五年前《ごねんまえ》から リサイクルに とりくんで います。

(3) じゃがいも にんじんを なべに 入れて ください。

(4) マラソンの れんしゅうを たくさん したので 少《すこ》し つかれて しまいました。

(5) つくえの 上に ある 二冊《にさつ》の 本は ぼくが 図書館《としょかん》で かりた ものです。

3 つぎの　もんだいに　答《こた》えなさい。〈完答5点×2〉

(1) 走《はし》って　いる　人に　○を　つけなさい。

① わたしは　走りながら、歌《うた》って　いる　友《とも》達《だち》に　声《こえ》を　かけた。

ア（　）わたし　**イ**（　）友達

② わたしは、走りながら　歌って　いる　友達に　声を　かけた。

ア（　）わたし　**イ**（　）友達

(2) まどを　あけた　人に　○を　つけなさい。

① お母《かあ》さんは、まどを　あけて　外《そと》を　見て　いる　子どもたちの　しゃしんを　とった。

ア（　）お母さん　**イ**（　）子どもたち

② お母さんは　まどを　あけて、外を　見て　いる　子どもたちの　しゃしんを　とった。

ア（　）お母さん　**イ**（　）子どもたち

---

4 つぎの　文章で「　」（かぎ）を　つける　ところを　ぬき出しなさい。〈10点×2〉

(1) 弟《おとうと》は　お店《みせ》の　人に、ケーキを　二つ　ください。と　言《い》いました。

「　　　　」

(2) わたしは　となりの　せきの　森《もり》さんに　ノートを　見せて。と　たのんだ。

「　　　　」

5 つぎの　文章で（　）を　つける　ところを　ぬき出しなさい。〈10点〉

ぼくの　おじさんは　ワシントン　アメリカ　に　ある　ところ　で　くらして　います。

「　　　　」

★★ 上級・最高レベル

20分

/100

答え18ページ

学習日　月　日

1 つぎの　ふごうの　説明《せつめい》を　あとから　一つ　えらんで　記号《きごう》を　書《か》きなさい。〈2点×4〉

(1) 、(てん)　□

(2) 。(まる)　□

(3) 「」(かぎ)　□

(4) (　)　□

ア 文章《ぶんしょう》の　中に　人の　話《はな》す　言葉《ことば》を　入れる　ときに　つける。

イ 文や　人の　話す　言葉が　おわる　ときに　つける。

ウ 文中に　区切《くぎ》りを　つくり、いみを　わかりやすく　する　ときに　つける。

エ 文中に　ある　言葉に　ついて　説明を　くわえる　ときに　つける。

---

2 つぎの　文章で　ふごうの　つかい方《かた》が　正しい　ものには　○を、まちがって　いる　ものには　×を　つけなさい。〈3点×5〉

(1) (　) 先生は、「おはようございます」。と　あいさつを　した。

(2) (　) 学校の　帰《かえ》りに、「えきは　どこですか。」と、たずねられた。

(3) (　) 二〇〇二年「平成《へいせい》十四年」に　大きな　スポーツの　大会《たいかい》が　ありました。

(4) (　) わたしは、気に　なる　ことを　かなこさんに　たずねました、「明日《あす》は、どこへ　行《い》くの。」

(5) (　) 「先生が　『集合《しゅうごう》しなさい。』と　言《い》って　いたよ。」と、山田《やまだ》くんは　言いました。

3 つぎに ついて《 》の いみに なるように 文に 、(てん)を 一つ つけなさい。〈3点×4〉

(1)《ある 人が 今日《きょう》 お知《し》らせを 見た。》

今日 お知らせを 見た 人が たくさん お店《みせ》に やって くる。

(2)《中村《なかむら》さんが しせいを 正して いる。》

中村さんは しせいを 正して ならんで いる 人たちに あいさつを した。

(3)《お母《かあ》さんが うきうきして いる。》

妹《いもうと》は うきうきしながら えいがを 見て いる お母さんの となりに すわった。

(4)《教室《きょうしつ》で 見《み》せ合《あ》う》

教室で しあげた ポスターを じっくり 見せ合おう。

---

4 つぎに ついて《 》の いみに なって いる 文に ○を つけなさい。〈3点×3〉

(1)《夏子《なつこ》さんと わたしが いっしょに 考《かんが》えた。》

ア( )夏子さんと、わたしが 考えた 計画《けいかく》に ついて 教室で 話し合った。

イ( )夏子さんと わたしが 考えた 計画に ついて、教室で 話し合った。

(2)《わたしが 二人《ふたり》に つたえた。》

ア( )わたしは、友達《ともだち》と 妹に 本の おもしろさを つたえた。

イ( )わたしは 友達と、妹に 本の おもしろさを つたえた。

(3)《友達が しっかり 走《はし》って いる。》

ア( )弟《おとうと》は、しっかりと 走って いる 友達に ついて いった。

イ( )弟は しっかりと、走って いる 友達に ついて いった。

5 つぎの 文は、、(てん)を つける 場所《ばしょ》に よって いみが かわります。(1)、(2)の《 》の いみに なるように、それぞれ 文に 、(てん)を つけて 書《か》き直《なお》しなさい。〈5点×2〉

> 石田《いしだ》さんは あわてて ころびそうに なって いる 一年生を たすけた。

(1)《石田さんが あわてて いる》

(2)《一年生が あわてて いる》

---

6 つぎの 文章《ぶんしょう》を、作文《さくぶん》を 原稿用紙《げんこうようし》に 書く ときの きまりに したがって、マス目に 書きなさい。書く ときは、文章に 、(てん)を 一つ、。(まる)を 二つ、「」(かぎ)を 一組《ひとくみ》 書き入れなさい。〈完答16点〉

> 犬が、ソファーで ねて いました ぼくは、こっちに おいで。と 言《い》って 犬の せなかを なでました

7 つぎの　文章を　読《よ》んで、もんだいに　答《こた》えなさい。〈(1)完答10点・(2)(3)5点×2〉

木村《きむら》さんと　わたしは　近《ちか》くの　図書館《としょかん》に行《い》きました。星《ほし》の　王子さまと　いう　本をかりたかったので　うけつけの　人に　たずねました。

するど、その　本は　今《いま》　かし出し中です。

と　言われました。

(1) 四行目《よんぎょうめ》までの　文章に　、（てん）を　二つ書き入れなさい。

(2) 『』（二重《にじゅう》かぎ）を　つける　ところを　ぬき出しなさい。

[　　　　]

(3) 「」（かぎ）を　つける　ところを　ぬき出しなさい。

[　　　　]

---

8 つぎの　文章には　、（てん）と　。（まる）の　つかい方《かた》に　ついて、まちがいが　二つ　あります。正しく　書き直しなさい。〈完答5点〉

天気よほうに　よると。明日《あす》は　きっと　晴《は》れるでしょう、どこかへ　出かけませんか。

[　　　　]

9 つぎの　文が　≪　≫の　いみに　なるように、、（てん）を　つける　場所を　かえて、書き直しなさい。〈5点〉

おじいさんは、おばあさんと　わたしたちのために　おみやげを　たくさん　買《か》って　きてくれました。

≪おじいさんと　おばあさんが　二人《ふたり》で　買った。≫

[　　　　]

復《ふく》習《しゅう》テスト②

10分

/100

答え 19ページ

学習日　月　日

1 つぎの　文から　主語《しゅご》と　述語《じゅつご》を　さがし、それぞれ　記号《きごう》を　書《か》きなさい。〈5点×4〉

(1) **ア**あの　**イ**木の　**ウ**みきは　**エ**とても　**オ**太《ふと》い。

主語□　述語□

(2) **ア**ほら、**イ**かちましたよ、**ウ**わたしたちが　**エ**おうえんした　**オ**チームは。

主語□　述語□

2 つぎの　═線《せん》の　言葉《ことば》が　くわしくして　いる　言葉に　──線を　引《ひ》きなさい。〈4点×2〉

(1) わたしは　じっと　まどの　外《そと》の　景色《けしき》を　見つめた。

(2) 家《いえ》の　近《ちか》くに　ある　ゆうびんきょくで、切《きっ》手《て》を　買《か》った。

3 つぎの　文の　──線の　言葉を、カタカナで　書き直《なお》しなさい。〈6点×4〉

①ふらんすで　行《おこな》われて　いる　②てにすの　試《し》合《あい》の　ほうそうを　見ると、③ぼおるの　④びゅんと　いう　音が　よく　聞《き》こえた。

①［　　］

②［　　］

③［　　］

④［　　］

4 つぎの ――線の 言葉の いみを あとから 一つ えらんで 記号を 書きなさい。〈4点×4〉

(1) ① あいさつの 前《まえ》に 頭《あたま》を さげる。

② かばんを かたに さげる。

ア 体《からだ》で ささえて 下に たらす。

イ 上から 下に うごかす。

ウ 後《うし》ろに いどうさせる。

① □　② □

(2) ① トマトの 色《いろ》が 赤に かわる。

② 新《あたら》しい リーダーに かわる。

ア 時間《じかん》が すすむ。

イ やくわりを ほかの 人が する。

ウ これまでと ちがう 様子《ようす》に なる。

① □　② □

---

5 つぎの 文章《ぶんしょう》に 、(てん)を 三つ、。(まる)を 二つ、「」(かぎ)を 一組《ひとくみ》 書き入れなさい。〈3点×6〉

ぼくと 石田《いしだ》さんは 山 川 海《うみ》などの しゃしんを とった 先生は すばらしい しゃしんだね。と ほめて くれた

6 つぎの《 》の いみに なるように 文に 、(てん)を 一つ つけなさい。〈7点×2〉

(1)《わたしが ゆっくりと して いる。》

わたしは ゆっくりと 歩《ある》いて いる 妹《いもうと》に ついて 行《い》った。

(2)《先週《せんしゅう》 かんそうを 話《はな》した。》

先週 この 映画《えいが》を 見た 人たちが かんそうを 話した。

思《し》考《こう》力《りょく》問《もん》題《だい》に チャレンジ①

10分

/100

答え20ページ

学習日　月　日

1 つぎの □に 入る 漢字《かんじ》 一字を 書《か》きなさい。〈5点×2〉

(1)

	海 ↓	
野 →	□	→ 食
	↓ 出	

(2)

	前 ↓	
大 →	□	→ 分
	↓ 紙	

2 つぎの 文には、まちがって いる 漢字が 一字 あります。その 漢字に ――線《せん》を 引《ひ》いて、正しい 漢字に 書《か》き直《なお》しなさい。〈6点×4〉

(1) 先週の 金曜日の 園足の 日は、晴れて いて、風が 気もちよかったです。 □

(2) 音楽室で ピアノの えんそうに 会わせて、大きな 声で 歌いました。 □

(3) 今から たくさんの 人が 教室に 入って くるので せきを 明けました。 □

(4) あなたの 考えを 細かく 知って いる 人は 小数だと 思います。 □

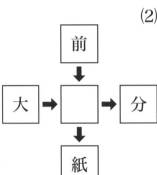

3 つぎの □に 読《よ》みが 同《おな》じ 漢字 一字を 書きなさい。〈5点×6〉

(1)
① 食品《しょくひん》の 会《かい》□で はたらく。
② 水□が 回《まわ》って いる。

(2)
① 内《ない》□では 大よろこびした。
② 今日《きょう》の □聞《ぶん》を 読《よ》む。

(3)
① にわで 日□を あびる。
② 東京《とうきょう》は 人□が 多《おお》い。

---

4 つぎの 文は、はるこさんが 書いた 作文《さくぶん》の 一部《いちぶ》です。この 文に ついて、友達《ともだち》から、いくつかの いみに 読めると 言《い》われました。この 文から 読みとれる 内容《ないよう》には ○を、読みとれない 内容には ×を つけなさい。〈6点×6〉

わたしは 気を つかいながら 絵《え》に 色《いろ》を ぬって いる 山本《やまもと》さんに 話《はな》しかけました。

ア（　）わたしは 気を つかって いる。
イ（　）わたしは 色を ぬって いる。
ウ（　）わたしは 山本さんに 話しかけた。
エ（　）山本さんは 気を つかって いる。
オ（　）山本さんは 色を ぬって いる。
カ（　）山本さんは わたしに 話しかけた。

9　つなぎ言葉《ことば》・文と　文の　かんけい

ねらい　つなぎ言葉の意味や役割を理解し、言葉や文を正しくつなげられるようになる。

学習日　　月　　日

★標準レベル

10分

／100

答え21ページ

1　つぎの［　　］に　あてはまる　言葉《ことば》を　あとから　一つ　えらんで　書《か》きなさい。〈7点×5〉

(1) 雨が　ふって　きた［　　］、かさを　さした。

(2) ころんで　いたかった［　　］、ぼくは　なかなかなかった。

(3) 子どもたちは　そうじが　おわる［　　］、いそいで　家《いえ》に　帰《かえ》った。

(4) のどが　かわいた［　　］、おなかも　すいた。

(5) ポストを　あけ［　　］、手紙《てがみ》が　とどいて　いた。

けれど	ので	と	ば
ても	たら	し	ながら

2 つぎの［　　］に　あてはまる　つなぎ言葉を　あとから　一つ　えらんで　書きなさい。〈7点×5〉

(1) かぜを　ひいた。［　　］学校を　休んだ。

(2) 本を　なくした。［　　］おこられなかった。

(3) 弟《おとうと》が　ないた。［　　］お父《とう》さんに　しかられたからだ。

(4) 赤い　食《た》べものを　かきましょう。［　　］、いちごや　りんごなどです。

(5) 海《うみ》が　すきですか。［　　］山が　すきですか。

ところが	それとも	たとえば
なぜなら	さて	だから

3 つぎの　説明《せつめい》に　合《あ》う　つなぎ言葉を　あとの　□から　一つ　えらんで　書きなさい。〈10点×3〉

(1) 前《まえ》に　書かれて　いる　ことの　当然《とうぜん》の　けっかが　後《うし》ろに　くる。［　　］

(2) 前に　書かれて　いる　ことと　はんたいの　ことが　後ろに　くる。［　　］

(3) 前に　書かれて　いる　ことの　理由《りゆう》が　後ろに　くる。［　　］

しかし	なぜなら	だから

10分

/100

答え 21ページ

学習日　月　日

1 つぎの ——線《せん》の つなぎ言葉《ことば》が 正しい ものを 一つ えらんで ○を つけなさい。〈10点×4〉

(1)

ア（　）おなかが すいた。でも パンを 食《た》べた。

イ（　）おなかが すいた。でも おかしを 食べなかった。

ウ（　）おなかが すいた。でも ごはんが 食べたい。

(2)

ア（　）外《そと》が くらい。つまり 夜《よる》に なったのだ。

イ（　）外が くらい。なぜなら 家《いえ》に 帰《かえ》らなくては いけない。

ウ（　）外が くらい。しかし へやに 明《あ》かりを つけた。

(3)

ア（　）ぼくは えきまで 走《はし》った。だから 電車《でんしゃ》に 間《ま》に合《あ》わなかった。

イ（　）ぼくは えきまで 走った。ところで 電車に 間に合った。

ウ（　）ぼくは えきまで 走った。しかし 電車に 間に合わなかった。

(4)

ア（　）お父《とう》さんは 帰りが おそく なると 言《い》った。ところが 夜 おそく なってから 帰って きた。

イ（　）お父さんは 早《はや》く 帰ると 言った。ところが しごとが おわると すぐに 帰って きた。

ウ（　）お父さんは 早く 帰ると 言った。ところが 夜 おそく なっても 帰って こなかった。

2 つぎの　文を　つなぎ言葉を　つかって　二つの　文に　しなさい。〈15点×2〉

れい お母《かあ》さんが　帰って　きたら、犬は　よろこんで、へやの　中を　走り回《まわ》った。
↓お母さんが　帰って　きた。すると、犬は　よろこんで、へやの　中を　走り回った。

(1) 色《いろ》が　むらさきに　なったのは、赤と　青を　まぜたからだ。

[　　　　]

(2) わたしは、その　本を　読《よ》んだ　ことが　なかったが、読んだと　うそを　ついた。

[　　　　]

---

3 つぎの　二つの　文を　れい に　ならって　一つの　文に　しなさい。〈10点×3〉

れい 雨が　ふった。そこで、かさを　さした。
↓雨が　ふったので、かさを　さした。

(1) へやを　きれいに　そうじした。すると、お母さんに　ほめられた。

[　　　　]

(2) 毎日《まいにち》　がんばって　れんしゅうした。しかし、大会《たいかい》では　かてなかった。

[　　　　]

(3) わたしは　一番《いちばん》に　なりたかった。だから、がんばって　走った。

[　　　　]

★★★ 最高レベル

20分

/100

答え22ページ

学習日 月 日

1 つぎの 文章《ぶんしょう》を 読《よ》んで、もんだいに 答《こた》えなさい。

わたしは 今年《ことし》の 夏《なつ》に 家族《かぞく》で おばあちゃんの 家《いえ》に とまりに 行《い》きました。①おばあちゃんの 家は 山の 上に あるので、クーラーが なくても、あつくは ありません。[　　]、お兄《にい》ちゃんは あつい あついと あせを かいて いました。②おばあちゃんが、つめたい かきごおりを 出して くれました。すると、お兄ちゃんは、やっと すずしく なったと 言《い》いました。

(1) [　　]に あてはまる 言葉《ことば》を 一つ えらんで ○を つけなさい。〈5点〉

ア（　）だから　イ（　）でも

ウ（　）そして　エ（　）ところで

(2) ①おばあちゃんの 家《いえ》は……あつくは ありません。の 文を、つなぎ言葉を つかって 二つの 文に しなさい。〈10点〉

(3) ②おばあちゃんが、つめたい かきごおりを……すずしく なったと 言いました。の 二つの 文を 一つの 文に しなさい。〈10点〉

2 つぎの 文章を 読んで、もんだいに 答えなさい。

みなさんは みやざわけんじと いう 人を 知《し》って いるでしょうか。みやざわけんじは、童話《どうわ》や しを 書《か》いた 作家《さっか》であり、学校の 先生でも ありました。みやざわけんじは びょう気で、わかい ときに なくなりました。しかし 作《さく》ひんは 今《いま》も 多《おお》くの 人に あいされて います。

[A]、みなさんは みやざわけんじの 作ひんを 読んだ ことが ありますか。

[B]『風《かぜ》の又三郎《またさぶろう》』や 『注文《ちゅうもん》の多い料理店《りょうりてん》』と いった 童話や、「雨《あめ》ニモマケズ」で はじまる しは とても 有名《ゆうめい》です。

みなさんも ぜひ 読んで みて ください。

(1) [A]に あてはまる 言葉を 一つ えらんで ○を つけなさい。〈5点〉

ア（　）つまり　イ（　）ところで

ウ（　）しかし　エ（　）だから

(2) みやざわけんじは びょう気で……多《おお》くの 人に あいされて います。の 二つの 文を 一つの 文に しなさい。〈10点〉

「　　　　　　　　　　」

(3) [B]に あてはまる つなぎ言葉の 説明《せつめい》を 一つ えらんで ○を つけなさい。〈10点〉

ア（　）話題《わだい》を かえる。

イ（　）れいを あげる。

ウ（　）前《まえ》の ことを 説明する。

3 つぎの 文章《ぶんしょう》を 読《よ》んで、もんだいに 答《こた》えなさい。

> ぼくは、きのう、お父《とう》さんと いっしょに カレーを 作《つく》りました。
> じゃがいもと にんじんと たまねぎを きれいに あらいました。［A］、ほうちょうで 小さく 切《き》りました。
> ぼくは、ほうちょうを つかうのが はじめてだったので、とても きんちょうしました。そのあと お肉《にく》も いっしょに なべに 入れて にこみました。
> できあがった カレーを 妹《いもうと》と いっしょに 食《た》べました。きちんと できて いるか しんぱいでした［B］、妹は とても おいしいと 言《い》って くれました。

(1) ［A］に あてはまる 言葉《ことば》を 一つ えらんで ○を つけなさい。〈5点〉

ア（　）そして　イ（　）でも

ウ（　）だから　エ（　）たとえば

(2) 「ぼくは、ほうちょうを……とても きんちょうしました。」の 文を つなぎ言葉を つかって 二つの 文に しなさい。〈10点〉

［　　　　］

(3) ［B］に あてはまる 一字の ひらがなを 書《か》きなさい。〈10点〉

［　］

4 つぎの 文章を 読んで、もんだいに 答えなさい。

ひまわりは お日さまの 方《ほう》を むいて 回《まわ》るから ひまわりと いう 名前《なまえ》が ついたと 言われます。[A] じっさいには、ひまわりの 花が 太《たい》ようを おいかけて 回ると いう ことは ありません。

太ようの 方を むいて いる 花は ひまわりだけでは ありません。[B]、コスモスの 花も、太ようの 方を むいて います。

ひまわりは せが 高《たか》く、ほかの 花より 目立ちます。だから、花が 太ようを おいかけて いるように 見えたのかも しれません。

(1) [A]に あてはまる つなぎ言葉の 説明《せつめい》を 一つ えらんで ○を つけなさい。〈5点〉

ア（　）前の 当然《とうぜん》の けっかが 後《うし》ろに くる。

イ（　）前とは はんたいの ことが 後ろに くる。

ウ（　）前の ことがらを 説明する。

(2) [B]に あてはまる つなぎ言葉を ひらがな 四字で 書きなさい。〈10点〉

(3) ひまわりは せが 高く、……見えたのかも しれません。の 二つの 文を 一つの 文に しなさい。〈10点〉

2
章

みじかい 文を 読《よ》む

10 こそあど言葉《ことば》

学習日　月　日

ねらい
物事を指し示す言葉を理解し、使い分けられるようになる。

★ 標準レベル

10分

／100

答え 23ページ

1 つぎの 絵《え》を 見て、□に あてはまる こそあど言葉《ことば》を 一つ えらんで ○を つけなさい。〈9点×4〉

(1) □は わたしの ノートです。

ア（　）これ
イ（　）それ
ウ（　）あれ

(2) □に いるのは、ぼくの おじいちゃんです。

ア（　）ここ
イ（　）あそこ
ウ（　）そこ

(3) □ くつは とても すてきですね。

ア（　）どの
イ（　）あの
ウ（　）その

(4) □が ぼくの 本か わかりません。

ア（　）こちら
イ（　）あちら
ウ（　）どちら

2 つぎの こそあど言葉が さす 言葉を 一つ えらんで ○を つけなさい。〈8点×3〉

(1) 門《もん》の ところに 人が 立って います。あれが わたしの お母《かあ》さんです。

ア（　）門　**イ**（　）人

ウ（　）お母さん

(2) わたしの おじいちゃんは 山おくの 村に すんで います。そこは 冬《ふゆ》に なると 雪《ゆき》が たくさん ふります。

ア（　）おじいちゃん　**イ**（　）村

ウ（　）冬

(3) 教室《きょうしつ》の 前《まえ》の つくえの 上に、小さな はこが あります。あの 中には 何《なに》が 入って いると 思《おも》いますか。

ア（　）教室　**イ**（　）つくえ

ウ（　）はこ

---

3 つぎの 説明《せつめい》に あてはまる こそあど言葉を あとから 一つ えらんで 書きなさい。〈10点×4〉

(1) 自分《じぶん》が もって いる ものなど、自分に 近《ちか》い ものを さす。［　　］

(2) 相手《あいて》が もって いる ものなど、相手に 近い ものを さす。［　　］

(3) 自分からも 相手からも 遠《とお》い ものを さす。［　　］

(4) はっきりと わからない ものの ことを いう ときに つかう。［　　］

あれ　これ　それ　どれ

★★ 上級レベル

10分

/100

答え 23ページ

学習日　月　日

1 つぎの □ に あてはまる 二字の こそあど言葉《ことば》を 書《か》きなさい。〈10点×3〉

(1) 本を もって いないのなら、ぼくが 今《いま》、読《よ》んで いる □ 本を 二人《ふたり》で いっしょに 読みましょう。

(2) 去年《きょねん》 わたしは おばあちゃんの 家《いえ》に 行《い》きました。□で わたしは いとこと あそびました。

(3) わたしは おかしを 三つ もって います。一つ あなたに あげたいのですが、□が いいですか。

2 つぎの ――線《せん》の こそあど言葉が さす 言葉を 一語《いちご》で ぬき出しなさい。〈10点×3〉

(1) きのう わたしは 友達《ともだち》の 家に 行きました。そこで わたしは かわいい 犬を 見せて もらいました。

(2) きみに ぼくの ノートを わたして おくけれど、これを きみに わたした ことは ないしょに して ほしいんだ。

(3) 先週《せんしゅう》、マラソン大会《たいかい》で ゆうしょうした 男の子は とても はやくて びっくりしました。あの 子は もしかしたら あなたの お兄《にい》さんでは ありませんか。

3 つぎの ――線の 言葉を こそあど言葉に しなさい。〈10点×2〉

(1) わたしは、きのう 友達と いっしょに 公《こう》園《えん》に 行きました。公園で わたしたちは、チューリップの 花を 見ました。

「　　　」

(2) わたしは 新《あたら》しい ふくを 買《か》いに 行きました。ふくが 少《すこ》し 大きかったので、
「わたしが きて いる ふくより 小さい ふくは ありませんか。」
と お店《みせ》の 人に 聞《き》きました。

「　　　」

---

4 つぎの 文章《ぶんしょう》を 読《よ》んで、□に あてはまる こそあど言葉を 書きなさい。〈10点×2〉

ぼくは 先週、友達の 家に 行く とちゅうで、道《みち》に まよいました。
ぼくが こまって いると、知《し》らない 男の子が すぐ そばまで やって きて、
「[A] で 何《なに》を して いるの。」
と 聞きました。ぼくが 道に まよって、友達の 家が わからなく なった ことを 言《い》うと、男の 子は、
「ああ、[B] 家は、ぼく 知らないなあ。だれか ほかの 人に 聞いて みて。」
と 言って、走《はし》って いって しまいました。

A「　　　」

B「　　　」

★★★ 最高レベル

20分

/100

答え 24ページ

学習日 月 日

1 つぎの 文章《ぶんしょう》を 読《よ》んで、もんだいに 答《こた》えなさい。

きのうの 昼休《ひるやす》みに ぼくは 学校の 教室《きょうしつ》に いました。そこで ぼくは 友達《ともだち》と けんかを しました。ぼくは 友達の もって いた ノートを ゆびさして、「[A]は ぼくの ノートだよ。」と 言《い》いました。友達は おこって、「ちがうよ。[B]は ぼくの ノートだよ。」と 言いました。その 時《とき》、となりに いた 女の子が「[C] ノートは 田中《たなか》さんの ノートだよ。」と 言ったので 二人《ふたり》で 田中さんに あやまりました。

(1) そこが さす 言葉《ことば》を 文章中から 一語《いちご》で ぬき出しなさい。〈8点〉

[　　　　]

(2) [A]・[B]・[C]に あてはまる こそあど言葉を つぎから 一つ えらんで 書《か》きなさい。ただし、同《おな》じ ものは 二回《にかい》 つかえません。〈6点×3〉

あれ	これ	それ	どれ
あの	この	その	どの

A [　　　　]

B [　　　　]

C [　　　　]

2 つぎの 文章を 読んで、もんだいに 答えなさい。

わたしは、日曜日《にちようび》に 家族《かぞく》で どうぶつ園《えん》に 行《い》きました。わたしが キリンを 見て いると、お母《かあ》さんが やって きて、

「タケシは [A] に 行ったの。」

と 言いました。

となりを 見ると、弟《おとうと》の タケシが いません。

お父《とう》さんが、

「タケシは、[B] で ライオンを 見て いるよ。」

と、遠《とお》くに 見える ライオンの おりを ゆびさして 言いました。

みんなで ライオンの おりに 行って みると、弟が うれしそうに ライオンを 見て いました。

(1) [A] に あてはまる 二字の こそあど言葉を 書きなさい。〈7点〉

[　　]

(2) [B] に あてはまる こそあど言葉の 説《せつ》明《めい》を 一つ えらんで ○を つけなさい。〈7点〉

ア（　）自分《じぶん》の いる ところや 自分に 近《ちか》い ところを さす。

イ（　）相手《あいて》の いる ところや 相手に 近い ところを さす。

ウ（　）自分からも 相手からも 遠い ところを さす。

エ（　）よく わからない ところの ことを いう ときに つかう。

(3) ライオンの おりを こそあど言葉に しなさい。〈7点〉

［　　　　］

3 つぎの 文章《ぶんしょう》を 読《よ》んで、もんだいに 答《こた》えなさい。

ぼくの いとこが すんで いる ところに、きのう 雪《ゆき》が ふりました。①ぼくの いとこが すんで いる ところは あたたかくて、雪は あまり ふりません。いとこは 雪を はじめて 見たので、とても よろこびました。小さな 雪だるまを 作《つく》って、□ しゃしんを ぼくに おくって くれました。しゃしんには 雪だるまと 見た ことの ない ねこが うつって いました。ぼくは いとこに 電話《でんわ》を して ねこの ことを 聞《き》いて みました。

「ああ、②あの ねこは、よく ぼくの 家《いえ》に あそびに くるんだよ。」

と、いとこは 言《い》いました。

---

(1) ①ぼくの いとこが すんで いる ところを こそあど言葉《ことば》に しなさい。〈7点〉

［　　　］

(2) □に あてはまる こそあど言葉を 書《か》きなさい。〈7点〉

［　　　］

(3) ②あの ねこと ありますが、どの ねこですか。文章中から 四字で ぬき出しなさい。〈7点〉

□□□□に うつって いた ねこ。

4 つぎの 文章を 読んで、もんだいに 答えなさい。

きのう わたしは お母《かあ》さんと 買《か》いものに 行《い》きました。お母さんが お店《みせ》の 前《まえ》で、

「[A]で まって いてね。」

と 言いました。わたしが、[B]で しばらく まって いると 店員《てんいん》の 女の 人が お店の 前に きて、

「おうちの 人は [C]に いるの。」

と わたしに 聞きました。わたしは お店の おくに いる お母さんを ゆびさして、

「お母さんが、①あそこに います。」

と、答えました。すると、女の 人が、

「②ここは さむいから お店の 中に 入りなさい。」

と 言って くれました。

---

(1) [A]・[B]・[C]に あてはまる こそあど言葉を あとから 一つ えらんで 書きなさい。ただし、同《おな》じ ものは 二回《にかい》 つかえません。〈6点×3〉

A［　　］ B［　　］ C［　　］

ここ	そこ	あそこ	どこ

(2) ①あそこが さす 言葉を 文章中から 五字で ぬき出しなさい。〈7点〉

□□□□□

(3) ②ここが さす 言葉を 文章中から 四字で ぬき出しなさい。〈7点〉

□□□□

復習《ふくしゅう》テスト③

⏱10分

／100

答え25ページ

学習日　月　日

1 つぎの ――線《せん》の つなぎ言葉《ことば》が 正しい ものには ○を、まちがって いる ものには ×を つけなさい。〈5点×3〉

(1)（　）強《つよ》い 風《かぜ》が ふきつけたので、木は たおれなかった。

(2)（　）わたしは いそいで えきに むかった。しかし、電車《でんしゃ》に 間《ま》に合《あ》わなかった。

(3)（　）ぼくは 虫が すきです。たとえば、カブトムシや クワガタなどです。

2 つぎの 二つの 文を 一つの 文に しなさい。〈15点〉

新《あたら》しい ふくを 買《か》いに 行《い》った。しかし、わたしの ほしい ふくが なかった。

［　　　　］

3 つぎの 文を つなぎ言葉を つかって 二つの 文に しなさい。〈10点×2〉

(1) のどが かわいたので、水を のんだ。

［　　　　］

(2) わたしは あやまったが、友達《ともだち》は ゆるして くれなかった。

［　　　　］

4 つぎの ――線の こそあど言葉が さす 言葉を 一語《いちご》で ぬき出しなさい。〈8点×3〉

(1) 木の えだに きれいな スカーフが 引《ひ》っかかって いた。それは 風に なびいて ひらひらと はためいて いた。

［　　　］

(2) 赤い やねの 家《いえ》が 遠《とお》くに 見えます。あそこまで 歩《ある》いて 行きましょう。

［　　　］

(3) 学校の 門《もん》の 前《まえ》に 白い リボンを つけた 女の子が いますが、あの 子が あなたの お友達ですか。

［　　　］

---

5 つぎの ――線の 言葉を こそあど言葉に しなさい。〈8点×2〉

前に いた 女の子が ハンカチを おとした。ぼくは、①ハンカチを ひろって、「②ハンカチを おとしたよ。」と、女の子に 声《こえ》を かけた。

①［　　　］

②［　　　］

6 □に あてはまる こそあど言葉を 三字で 書《か》きなさい。〈10点〉

「うそを ついては だめだよ。」ぼくは おこって 言《い》った。すると 弟《おとうと》は、「□ ことは わかって いるよ。」と、なきながら 言った。

［　　　］

思考力問題《しこうりょくもんだい》にチャレンジ②

10分

/100

答え25ページ

学習日　月　日

1 つぎの 文章《ぶんしょう》の □に あてはまる つなぎ言葉《ことば》を 下から えらんで 書《か》きなさい。〈5点×4〉

前《まえ》に 書いて ある ことの 当然《とうぜん》の けっかが 後《うし》ろに くる ときには、 A のような つなぎ言葉を つかいます。
前の こととは はんたいの ことが 後ろに 書かれて いる ときには、 B のような つなぎ言葉を つかいます。
ほかにも、前の ことがらに たいして、理由《りゆう》や 原因《げんいん》を つけくわえる ときに つかう C や、れいを あげる ときに つかう D の ような つなぎ言葉も あります。

しかし	つまり	なぜなら
たとえば	だから	それとも

A［　　］　B［　　］

C［　　］　D［　　］

2 つぎの □に ひらがなを 入れて、正しい つなぎ言葉に しなさい。〈10点×2〉

(1) 花が きれいに さいた。で□、つぎの 日に 雨が ふって、花は ちって しまった。

(2) おはよう、今日《きょう》も よい 天気ですね。と□□□ きみは、新《あたら》しく できた 図書館《としょかん》には もう 行《い》きましたか。

3 つぎの　文章を　読んで、もんだいに　答《こた》えなさい。

わたしは、夏休《なつやす》みに　学校の　友達《ともだち》と　いっしょに　小さな　村に　あそびに　行きました。

[A]の　村には、きれいな　川が　ながれて　いて、わたしたちは　[B]こで、魚《さかな》を　とったり、およいだり　して　あそびました。

わたしたちが　あそんで　いると、大きな　子たちが　すぐ　そばに　来《き》ました。そして、

「[C]こは　ぼくたちの　あそび場《ば》だぞ。帰《かえ》れ。」

と　言《い》いました。わたしたちは　おどろいて、だまって　いました。

[D]、近《ちか》くに　いた　おじいさんが　やってきて、男の子たちに、「[E]　ことを　小さい子に　言っては　いけないよ。」と　言って　くれました。

(1) [A]〜[C]に　あてはまる　一字を、「こ」「そ」「あ」「ど」の　うちから　えらんで　書きなさい。〈10点×3〉

A [　]　B [　]　C [　]

(2) [D]には　つなぎ言葉が　入ります。あとの　[　]の　中の　ひらがなを　つかって　三字で　書きなさい。〈15点〉

ともだすかでるら

[　　　]

(3) [E]には　こそあど言葉が　入ります。あとの　[　]の　中の　ひらがなを　つかって　三字で　書きなさい。〈15点〉

これんそあなど

[　　　]

物語《ものがたり》の 読《よ》みとり

11 場《ば》面《めん》

学習日　月　日

ねらい　いつ、どこで、どんな出来事が起こったのかを読み取れるようになる。

★標準レベル

15分

／100

答え 26ページ

1 つぎの 文章《ぶんしょう》を 読《よ》んで、もんだいに 答《こた》えなさい。

林の なかの いっけんやに、こぶたの ぶーぶが、ひとりで きちんと 暮《く》らして いました。

ある 暑《あつ》い 日曜日《にちようび》の 朝《あさ》でした。

①ぶーぶは、台所《だいどころ》の 椅子《いす》に すわって アイスティーを のみながら、ぼんやりして いました。

「②きょうは ぼく、なにを する つもりだったんだっけ。こんなに 朝から 暑い 日は、考《かんが》えがまとまらないよ。」

（中略《ちゅうりゃく》）

「きょうは、車の 手入れを する 予定《よてい》だったんだ」

(2) どこでの 出来事か 文章中から 一字と 五字で ぬき出しなさい。〈10点×2〉

ぶーぶが 暮《く》らして いる

□ の なかの □□□□□

(3) ①ぶーぶは、……アイスティーを のみながら、ぼんやりして いましたと ありますが、なぜぶーぶは ぼんやりして いたのですか。一つえらんで ○を つけなさい。〈10点〉

ア（　）ペンキぬりで つかれたから。

イ（　）暑《あつ》くて 考《かんが》えられなかったから。

ウ（　）おなかが すいて いたから。

（中略）

物置《ものおき》を　のぞくと、ペンキと　ハケが　みつかりました。ペンキは　赤色《あかいろ》だけです。

（中略）

「どうしよ、車用《くるまよう》の　同《おな》じ　色の　*塗料《とりょう》を、ほんのちょっとだけ　買《か》いに　いくのも　めんどうだし……。

③うーむ、む、そうだ！　ぼくの　車を、ぜんぶ赤色に　しちゃえば　いいんだよ」

ぶーぷは　ペンキと　ハケで　車を　ぬりはじめました。

車が　どんどん　赤く　なるに　つれて、ぶーぷの　気持《きも》ちも　わくわくと、はずんで　きました。

（西内《にしうち》ミナミ『こぶたのぶーぷ』）

（注《ちゅう》）○塗料＝車などに　ぬる　もの。ペンキなど。

(1) いつの　出来事《できごと》の　お話《はなし》か、文章中から　三字と　一字で　ぬき出しなさい。〈10点×2〉

□□□　の　□

---

(4) ②きょうは　ぼく、……つもりだったんだっけと　ありますが、ぶーぷは　何《なに》を　する　つもりだったのですか。文章中から　一字と　三字で　ぬき出しなさい。〈10点×2〉

□　の　□□□

(5) ③うーむ、む、そうだ！に　ついて、つぎの　もんだいに　答えなさい。

1　ぶーぷは　何を　思《おも》いついたのですか。文章中から　それぞれ　一字で　ぬき出しなさい。〈10点×2〉

□を　ぜんぶ　□い　ペンキで　ぬること。

2　ぶーぷは　思いついた　ことを　して　どんな　気もちに　なりましたか。ぶーぷの　気もちが　わかる　言葉《ことば》を　文章中から　四字で　ぬき出しなさい。〈10点〉

□□□□　する　気もち。

★★ 上級レベル

15分

/100

答え27ページ

学習日　月　日

1 つぎの　文章《ぶんしょう》を　読《よ》んで、もんだいに　答《こた》えなさい。

ここは、沖縄《おきなわ》。那覇《なは》の　空港《くうこう》です。

「①あ、もしかして、あれじゃねえの？」

お兄《にい》ちゃんが、指《ゆび》さしました。

とうちゃく口を　出た　ところに、おむかえの人たちが、たくさん　立って　います。

その　中に、背《せ》の　ひくい　おばあさんが　いて、なにか　書《か》いた　画用紙《がようし》を　持《も》って　います。

ダイキは、目を　こらしました。

〈ナオキくん、ダイキくん、ようこそ　沖縄へ〉

「そうだよ！　あれが　ぼくらの、ひいばあちゃんだよ！」

ふたりは、かけよりました。

（中略《ちゅうりゃく》）

(1) どこでの　出来事《できごと》が　書《か》かれて　いるかを　ひらがな　四字で　書きなさい。〈15点〉

沖縄《おきなわ》の　那覇《なは》に　ある　□□□□。

(2) この　文章に　出て　くる　三人を　文章中から　三字ずつと　七字で　ぬき出しなさい。〈10点×3〉

□□□

□□□

□□□□□□□

(3) ①あ、もしかして、あれじゃねえの？と　ありますが、「あれ」は　何《なに》を　さして　いますか。文章中から　五字で　ぬき出しなさい。〈15点〉

とうちゃく口を　出た　ところに、画用紙《がようし》を　持《も》って　立って　いる　□□□□□。

②ひいばあちゃんは、目も 口も、大きく あけて おどろきました。

うす茶色《ちゃいろ》い、しわしわの 顔《かお》。

あごの ところに、ほくろが あります。

「写真《しゃしん》では 見てたけど、ふたりとも、ほんとに 大きく なったねえ。東京《とうきょう》から、子どもだけで 飛《ひ》行機《こうき》に 乗《の》って くるって、たいした ものさあ。たいした ものさあ」

③顔を くしゃくしゃに して うんうんと、ひとりで うなずいて いるのでした。

「そんな……。もう ぼくは 六年生《ろくねんせい》だから、これくらい、どうって こと ないです」

お兄ちゃんが、照《て》れたように 言《い》いました。

④「子どもだけで 乗《の》ったから、係《かかり》の 人が いろいろ 世話《せわ》を して くれたし。だから、ぜんぜん、だいじょうぶでした」

（安田夏菜《やすだかな》『あの日とおなじ空』）

---

(4) ②ひいばあちゃんは、……おどろきましたと ありますが、どんな ことに おどろいたのですか。二つ 書きなさい。〈10点×2〉

「　　　」

「　　　」

(5) ③顔《かお》を……うなずいて いるのでしたと ありますが、この ときの ひいばあちゃんの 気もちを 一つ えらんで ○を つけなさい。〈10点〉

ア（　）うれしい　イ（　）心配《しんぱい》

ウ（　）かなしい

(6) ④「子どもだけで……だいじょうぶでした」と ありますが、この ときの お兄《にい》ちゃんの 様子《ようす》を 一つ えらんで ○を つけなさい。〈10点〉

ア（　）恥《は》ずかしそう　イ（　）気《き》むずかしそう

ウ（　）さみしそう

★★★最高レベル

30分

/100

答え28ページ

学習日　月　日

1 つぎの 文章《ぶんしょう》を 読《よ》んで、もんだいに 答《こた》えなさい。

汐里《しおり》ちゃんの 家《いえ》は 桜寿司《さくらずし》と いう お寿《す》司屋《しや》さんを して います。ぼく（保志《やすし》）の おじいちゃんは、入院前《にゅういんまえ》に よく その お寿司屋さんに 通《かよ》って いました。

翌日《よくじつ》、汐里ちゃんは、海苔《のり》と エプロンを 持《も》って 家に 来《き》た。

「おじいちゃんが、海苔だけは 持って 行《い》けって。」

「わざわざ ありがとうね。」

お母《かあ》さんも 太巻《ふとま》きを つくる気、まんまんだ。

なんと、家にも *巻きすが あったのだ。お母さんが それを 使《つか》ったのは、ほとんど 記憶《きおく》に ないけど。

かんぴょうや シイタケは、汐里ちゃんが メモして きた 分量《ぶんりょう》の だしと 砂糖《さとう》、しょうゆで 煮《に》つけた。お母さんが 中心《ちゅうしん》に なって 玉子焼《たまごや》きを つくり、材料《ざいりょう》を 皿《さら》の 上に のせると、①ぼくんちでも 太巻きが できるんだと、感心《かんしん》した。

「*握《にぎ》りと ちがって、太巻きは 家庭《かてい》の 味《あじ》よね。ヤスが 幼稚園《ようちえん》の ころ、運動会《うんどうかい》や ピクニックに 行く とき、よく つくったわ。」

「えっ、本当《ほんとう》？」

「ぼく、覚《おぼ》えて いるよ。お母さんの 太巻き おいしかった。」

「うそつけ。」

ぼくは 厚志《あつし》を にらんだ。

ぼくが 覚えて ないのに、厚志が 覚えて いる わけは ない。

「最近《さいきん》は なんで つくらないの？」

「そうねえ、しばらく 遠《とお》のいちゃったのよね。せっかく 汐里ちゃんに 教《おし》えて もらったから、また、つくるわ。」

お母さんは 言《い》った。

「ぼくが つくるよ。おじいちゃんに 食《た》べて もらいたいから。」

汐里ちゃんは 寿司酢《すしず》を すごく じょうずに つくる。

②「砂糖と 塩《しお》の 量は、最初《さいしょ》は はかって つくるけど、そのうち ＊目分量《めぶんりょう》で できるように なると 楽《らく》だよ。なんども 味見《あじみ》して、調整《ちょうせい》するけどね。」

プロだなあ。汐里ちゃんは 将来《しょうらい》、桜寿司を つぐのに ふさわしい。

ぼくは 巻きすで 太巻きを 巻いて みた。

昨日《きのう》、汐里ちゃんが やったのを 見て いて、どうしても やりたかった。

ちょっと、もったりした 巻き方《かた》に なって しまったけど、最後《さいご》の 仕上《しあ》げに、お母さんが、キュキュッと 巻きすの 上から 太巻きを しめて くれて、きれいな 形《かたち》に 仕上がった。

お母さんが スパッと 包丁《ほうちょう》で 切《き》った。

③同《おな》じように つくって いても、桜寿司の 太巻きとは 見た目も 大きく ちがう。

「はじめてだからね。そのうち きれいに できるよ。」

汐里ちゃんに 言われると □。

「うん、そうだね。おじいちゃんに とどけよう。」

みんなで 家を 出た。【★】

「今日《きょう》は、ありがとう。」

汐里ちゃんと わかれる とき、ぼくも お母さんも 厚志も お礼《れい》を 言った。

「楽《たの》しかったわ。おじいちゃんに よろしくね。」

汐里ちゃんの 言葉《ことば》を あとに、ぼくたち 三人は 病院《びょういん》に むかった。④太巻きを 見た おじいちゃんが なんて 言って くれるか、期待《きたい》しながら。

（新井《あらい》けいこ『やすしのすしや』）

（注《ちゅう》）○巻《ま》きす＝ほそい 竹を ならべて つないで つくった 道具《どうぐ》。
○握《にぎ》り＝酢飯《すめし》の 上に 魚《さかな》などを のせた 握《にぎ》り寿司《ずし》の こと。
○目分量《めぶんりょう》＝目で 見て だいたいの 分量を はかる こと。

(1) 【★】までの 文章《ぶんしょう》は、どこでの 出来事《できごと》ですか。一つ えらんで ○を つけなさい。〈10点〉

ア（　）保志《やすし》の 家《いえ》
イ（　）お寿司屋《すしや》さん
ウ（　）汐里《しおり》ちゃんの 家

(2) この 文章に 出て こない 人は だれですか。一つ えらんで ○を つけなさい。〈10点〉

ア（　）お母《かあ》さん
イ（　）お父《とう》さん
ウ（　）厚志《あつし》
エ（　）汐里ちゃん

(3) ①ぼくんちでも 太巻《ふとま》きが できるんだと、感心《かんしん》したと ありますが、なぜ 保志は 感心したのですか。〈20点〉

太巻きを［　　　　　　　　］と 思《おも》って いたから。

(4) ②「砂糖《さとう》と 塩《しお》の……調整《ちょうせい》するけどね。」と ありますが、この ときの 汐里ちゃんは どんな 様子《ようす》でしたか。一つ えらんで ○を つけなさい。〈10点〉

ア（　）くるしそうな 様子。
イ（　）自信《じしん》が ある 様子。
ウ（　）いばって いる 様子。

(5) ③同《おな》じように　つくって　いても、桜寿司《さくらずし》の　太巻きとは　見た目も　大きく　ちがうと　ありますが、この　ときの　保志は　どんな　気もちでしたか。一つ　えらんで　○を　つけなさい。〈15点〉

ア（　）桜寿司の　太巻きよりも　きれいに　できて　うれしい。
イ（　）桜寿司の　太巻きのように　きれいに　できなくて　ざんねんだ。
ウ（　）桜寿司の　太巻きと　同じように　できなくて　はらだたしい。

(6) □に　入る　言葉《ことば》を　一つ　えらんで　○を　つけなさい。〈15点〉

ア（　）心強《こころづよ》い
イ（　）くやしい
ウ（　）きんちょうする

(7) ④太巻きを　見た　おじいちゃんが　なんて　言《い》って　くれるか、期待《きたい》しながらと　ありますが、保志は、太巻きを　見た　おじいちゃんに　どう　言って　ほしいのだと　考《かんが》えられますか。〈20点〉

3
章

物語《ものがたり》の　読《よ》みとり

12　場《ば》面《めん》の　へんか

ねらい　物語の場面や変化を理解できるようになる。

学習日　　月　　日

★標準レベル

15分

／100

答え　29ページ

1　つぎの　文章《ぶんしょう》を　読《よ》んで、もんだいに　答《こた》えなさい。

　その　とき、①北極《ほっきょく》グマの　かあさんは、じぶんが　見られて　いるのに、気が　つきました。
　すこし　はなれた　うみの　中から、かあさんアザラシの　おそろしい　目が、火のように　もえて、こちらを　にらんで　いました。
　②ばちゃん、と、高《たか》い　水の　音が　しました。
　ちいさい　むすこの　オーラから、北極グマの　目を　そらせようと　して、アザラシの　かあさんが、身《み》を　おどらせたのです。
「だいじょうぶ、わたしは、なにも　しません。＊ミー

(1)　①北極《ほっきょく》グマの　かあさんは……気が　つきましたと　ありますが、だれに　見られて　いたのかを　文章中から　八字で　ぬき出しなさい。〈20点〉

(2)　②ばちゃん、と、高い　水の　音が　しましたと　ありますが、何《なに》が　おこったのですか。一つ　えらんで　○を　つけなさい。〈20点〉

ア（　）北極グマの　かあさんが　水に　とびこんだ。

イ（　）アザラシの　かあさんが　水に　とびこんだ。

ウ（　）アザラシの　オーラが　水の　中に　おちた。

シカの　お友《とも》だちを、どう　する　ものですか！」
③北極グマの　かあさんは、アザラシの　たてた
水音の　ほうから、すばやく　反対《はんたい》の　ほうへ、およぎだしました。そして、にげまどう、ニシンや
マスたちを、おなか　いっぱい、たべました。

（中略《ちゅうりゃく》）

「では、ミーシカを　つれて　いきましょう」

しばらく　して、北極グマの　かあさんは、そういうと、ミーシカの　くびすじを　くわえました。

「わたしは、オーラを　つれて　いきます」

アザラシも、うみべへ、およいで　きて、ひくいこえで、かあさんグマに　いいました。

火のように　もえて　いた　アザラシの　目の光《ひかり》は、やすらかな　光に　かわって　いました。


（いぬいとみこ『北極のムーシカミーシカ』）

（注《ちゅう》）○ミーシカ＝北極グマの　かあさんの　子ども。

---

(3) ③北極グマの……反対《はんたい》の　ほうへ、およぎだしましたと　ありますが、なぜですか。一つ　えらんで　○を　つけなさい。〈20点〉

ア（　）アザラシの　かあさんに　にらまれて　こわく　なったから。

イ（　）なんとか　して　オーラを　つかまえたいと　思《おも》ったから。

ウ（　）オーラを　おそう　気もちが　ない　ことを　見せたかったから。

(4) この　場面《ばめん》の　さいしょと　さいごで、アザラシの　かあさんの　目は　どう　かわりましたか。文章中から　五字ずつ　ぬき出しなさい。〈20点×2〉

もえて　いた　目の　光《ひかり》

［　　　　　］→［　　　　　］

光

に　かわって　いた。

★★ 上級レベル

15分

/100

答え30ページ

学習日　月　日

1 つぎの　文章《ぶんしょう》を　読《よ》んで、もんだいに　答《こた》えなさい。

①昨日《きのう》は、クラス替《が》えが　気《き》に　なって　あまりねむれなかった。

ア朝《あさ》、学校へ　行《い》くと　四年の　教室《きょうしつ》の　入り口にはって　ある　クラス名簿《めいぼ》を、みんなが　見て　いた。友《とも》だち同士《どうし》が　同《おな》じ　クラスに　なって　喜《よろこ》んで　いる　子、仲《なか》よしの　子と　別《わか》れて　落《お》ちこんで　いる　子。私《わたし》は　一組《いちくみ》に　自分《じぶん》の　名前《なまえ》を　見つけた。

一学年　三クラスだから、三分の　一は　同じ　メンバー。

それでも、②私が　三年の　とき、やっと　できた　友だちは　ちがう　クラスに　なって　いた。

私は、みんなの　間《あいだ》を　すりぬけるように　教室へ　入った。

---

(1) ①昨日《きのう》は……あまりねむれなかったと　ありますが、この　ときの　「私《わたし》」の　様子《ようす》を　一つ　えらんで　○を　つけなさい。〈20点〉

ア（　）新《あたら》しい　友《とも》だちを　つくろうと　はりきって　いる。

イ（　）友だちと　同《おな》じ　クラスに　なれて　いるか　ふあんに　思《おも》って　いる。

ウ（　）クラス替《が》えが　いやで、学校に　行《い》きたくないと　思って　いる。

(2) ②私が……友だちは　ちがう　クラスに　なって　いたと　ありますが、この　ときの　「私」は　どんな　気もちでしたか。一つ　えらんで　○を　つけなさい。〈20点〉

ア（　）がっかりして　いる。

イ（　）よろこんで　いる。

ウ（　）おどろいて　いる。

㋑グループの　子は　近《ちか》くに　集《あつ》まって　席《せき》を　とって　いる。

「*はるちゃん、また　同じ　クラスね」

何人《なんにん》かの　子に　声《こえ》を　かけられた。③でも、それだけ。

私から　声を　かける　ことは　なかった。

(中略《ちゅうりゃく》)

㋒休み時間《じかん》。トイレに　行こうと　一人《ひとり》で　廊下《ろうか》に　出たら、④教室から　出て　いく　二人組《ふたりぐみ》。

ちょっと、うらやましかった。

あの　二人　もう　友だちに　なったんだ。

私は　まだ　友だち　いないけど、この　クラスで　新《あたら》しい　友だち　つくろう。

自分から　声を　かけて　みるの。そう　おもったら、少《すこ》しだけ　気持《きも》ちが　スーッと　した。

(かさいまり『どっちでもいい子』)

(注《ちゅう》)○はるちゃん＝「はる」は「私」の　なまえ。

---

(3) ③でも、それだけと　ありますが、どう　いう　ことですか。〈20点〉

何人かの　子に　声《こえ》を　かけられたが、

「　　　　」

(4) ④教室《きょうしつ》から　出て　いく　二人組《ふたりぐみ》を　見た　「私」の　気もちを　「友だち」と　いう　言葉《ことば》を　つかって　書きなさい。〈20点〉

「　　　　」

(5) 「私」の　気もちに　注目《ちゅうもく》すると、物語《ものがたり》の　場面《ばめん》は、どこで　かわりますか。一つ　えらんで　○を　つけなさい。〈20点〉

㋐（　）

㋑（　）

㋒（　）

30分

/100

学習日　月　日

答え31ページ

1 つぎの 文章《ぶんしょう》を 読《よ》んで、もんだいに 答《こた》えなさい。

「ぼく」は、公園《こうえん》で、花だんの 世話係《せわがかり》をして いる おじいちゃんと 知《し》り合《あ》いに なりました。「ぼく」は ひとりぐらしの おじいちゃんに、ハンバーグを もって いこうと 思《おも》いますが、ママに、病気《びょうき》で 食《た》べられない ものが あったら どう するのかと、はんたいされて しまいます。

つぎの 日の 夕方《ゆうがた》、また、花だんに 行《い》ったが、おじいちゃんは、来《き》て いなかった。

だんご虫を とりかけたが、おじいちゃんが 心配《しんぱい》に なって、いつのまにか、*G《ジー》とうの マンション めざして 走《はし》って いた。

マンションの 郵便受《ゆうびんう》けで、原田《はらだ》と いう 名前《なまえ》を さがして、一〇三号室《ごうしつ》の ピンポンを 鳴《な》らした。しばらく して、おじいちゃんが、はらを おさえながら、しんどそうに 出て きた。

「ああ、きのうの ぼくか。よう わかったな、わしの 家《いえ》」

「うん。それより、どないしたん」

「はらが いとうて、めまいが して」

「えっ……。ちょっと、待《ま》っててな」

急《いそ》いで ママを よびに 帰《かえ》った。

「と、とにかく 来て」

やっぱり、ママに たよるしか ない。

ママは、ぼくに 引《ひ》っぱられて、めちゃくちゃ 足を 動《うご》かして、つっかけを はいた。

①走りながら、ママに おじいちゃんの ことを 説明《せつめい》した。

☆ママは、おじいちゃんに 会《あ》うなり、パワーアップして、まるで、かんごしさんのように　質問しだした。

「いたみは？　熱《ねつ》は？」

「心配を　かけて、すんまへん。薬《くすり》を　飲《の》んだから、だいぶ　ましに　なったんやけど……。すいぞうが弱《よわ》いのに、きのう　肉《にく》を　ぎょうさん　食べて、げりして　しもて。朝《あさ》から　なにも　食べとりませんから、ふらついて」

おじいちゃんは、照《て》れくさそうに　笑《わら》った。

（やっぱり、食べたら　あかん　もの　あるんや）

「わたしが、おかゆさんでも　つくりますわ」

ママは、さっさと　あがって、キッチンへ　行った。

おじいちゃんは、ママの　つくった　おかゆをあっと　いう　まに　平《たい》らげた。

（②よし、いまだ）

ぼくは、そっと　おじいちゃんの　耳もとに　顔《かお》を　近《ちか》づけた。

「ぼく、だんご虫を　とる　ために、花だんの　花

を　ふんづけて　しもた。ごめんなさい」

「あんた、そんな　こと　したの！」

しまった。ママに　聞《き》こえて　しまった。

「かまへん、かまへん。それより、だんご虫　とり！それは　助《たす》かる。あの　虫はな、花や　葉《は》っぱをかじって　たいへんなんや」

おじいちゃんの　おかげで、ママに　しかられないで　すんだ。

「まかしとけ。明日《あした》、いっぱい　とったるわ」

ぼくは、むねを　バシッと　たたいた。

「また、なにか　あったら、わたしたちを　家族《かぞく》と思って、たよって　ください」

ママは、おじいちゃんに　うちの　電話番号《でんわばんごう》を教《おし》えて　いる。

「うれしいなあ。ほんまに　おおきに」
③おじいちゃんは、目を　おさえた。
帰り道《みち》、ママは、トットコ　歩《ある》いて　いる。

パパが、会社《かいしゃ》から　もどって　くる　時間《じかん》だから。

「ごめんな、ママ。やっぱり、ハンバーグ、持《も》って
いかんで　よかった」
ぼくは、かたを　すぼめた。
「ハハハ。それに　しても、原田《はらだ》の　おじいちゃん、
いなかの　じいちゃんに　よう　にてるね」
ママは、星《ほし》が　いっぱいの　夜空《よぞら》を　見あげた。
「うん」
ママは、ぼくの　気持《きも》ちが　全部《ぜんぶ》　わかって　いると　思《おも》った。
（④やっぱり、ぼくの　ママや）
心《こころ》の　中で　いばったが、声《こえ》に　出さなかった。

（中谷詩子《なかたにうたこ》『ママとぼくの親切合戦《しんせつがっせん》』）

（注《ちゅう》）○G《ジー》とうの　マンション＝マンションは、A《エー》とうから　Gとうまで　七とう　あり、原田の　おじいちゃんは　Gとう、「ぼく」は　Aとうに　すんで　いる。

(1) いつの　出来事《できごと》が　書《か》かれて　いますか。**二つ**えらんで　○を　つけなさい。〈完答10点〉

ア（　）朝《あさ》
イ（　）昼《ひる》
ウ（　）夕方《ゆうがた》
エ（　）夜《よる》

(2) ☆から　文章《ぶんしょう》の　おわりまでを　二つの　場面《ばめん》に　分《わ》けたとき、二つめの　場面は　どこからに　なりますか。はじめの　五字を　ぬき出しなさい。「、」や「。」も　一字と　して　数《かぞ》えます。〈15点〉

(3) ①走《はし》りながら、ママに　おじいちゃんの　ことを説明《せつめい》したと　ありますが、「ぼく」は　どんなことを　説明したのですか。〈20点〉

(4) ②よし、いまだと　ありますが、「ぼく」は、何《なに》を　しようと　思《おも》ったのですか。〈20点〉

(5) ③おじいちゃんは、目を　おさえたと　ありますが、この　ときの　おじいちゃんの　気もちを一つ　えらんで　○を　つけなさい。〈15点〉

ア（　）病気《びょうき》に　なっても　ひとりで、たよれる　人も　いなくて　かなしい。

イ（　）自分《じぶん》の　ことを　家族《かぞく》のように　思ってくれて　とても　うれしい。

ウ（　）自分の　子どものような　わかい　人にばかに　されて　くやしい。

(6) ④やっぱり、ぼくの　ママやと　ありますが、この　言葉《ことば》には　ぼくの　どんな　気もちが　あらわれて　いますか。「ママ」「ぼくの　気もち」という　言葉を　つかって　書きなさい。〈20点〉

復《ふく》習《しゅう》テスト④

15分
/100
答え 32ページ

学習日 月 日

1 つぎの 文章《ぶんしょう》を 読《よ》んで、もんだいに 答《こた》えなさい。

みずきは、父親《ちちおや》を とつぜん なくし、夏休《なつやす》みが おわるまで、おばの 摩《ま》耶《や》さんの 家《いえ》で くらす ことに なりました。摩耶さんは 動《どう》物《ぶつ》を ほごする しせつで、しごとを していて、みずきも 手伝《てつだ》いを はじめました。

これが 六時間《ろくじかん》め、最後《さいご》の 授業《じゅぎょう》。

①＊ジャックは、曲《ま》がった 角《つの》の 先を わたしの 肩《かた》に ツンツン あてて「遊《あそ》ぼうよ、遊ぼうよ」と さそって くる。しかたの ない 校長《こうちょう》先生だ。こまった 校長先生だ。よしよし、わかった。

（中略《ちゅうりゃく》）

新《あたら》しい わらを しきおえると、ジャックに 敬《けい》

(1) この 文章は 二つの 場面《ばめん》で できて います。二つめの 場面の はじめの 五字を ぬき出しなさい。「、」や「。」も 一字と して 数《かぞ》えます。〈10点〉

(2) ①ジャックと ありますが、「わたし」は ジャックの ことを べつの よび名で あらわして います。文章中から 四字で ぬき出しなさい。〈15点〉

(3) ②今夜《こんや》の 寝床《ねどこ》と ありますが、ジャックに とっての 寝床は 何《なん》ですか。文章中から 二字で ぬき出しなさい。〈15点〉

□□を しいた 床《ゆか》

礼《れい》を　する。

「はい、先生、これで　②今夜《こんや》の　寝床《ねどこ》の　できあがり！　ベッドメイキング、終了《しゅうりょう》です」

［A］、ジャックは　笑《わら》う。「なかなか　よろしい、けっこうな　しあがりです」って　言《い》ってるみたいに。

（中略）

③帰《かえ》り道《みち》は、わたしも　摩耶さんも　くたくたに　つかれて　いる。

［B］と　思《おも》って　いる。

けれども、わたしの　気持《きも》ちは、すがすがしい。台風《たいふう》の　去《さ》った　あとの　青空みたいに　さっぱりして　いる。

体《からだ》から　汗《あせ》を　流《なが》せば、心《こころ》からも　汗が　流れでて　いくのだろうか。

（小手鞠《こでまり》るい『いつも心の中に』金の星社《ほししゃ》）

（注《ちゅう》）○ジャック＝しせつで　ほごされて　いる　やぎ。

---

(4)　［A］に　あてはまる　言葉《ことば》を　一つ　えらんで　○を　つけなさい。〈20点〉

ア（　）かなしそうに

イ（　）つらそうに

ウ（　）うれしそうに

(5)　③帰り道は、……つかれて　いると　ありますが、「わたし」は　どんな　気もちで　いるのですか。〈20点〉

「　　　　　」

(6)　［B］に　あてはまる　言葉を　一つ　えらんで　○を　つけなさい。〈20点〉

ア（　）早く　おうちに　もどって、シャワーを　あびて、さっぱりしたい

イ（　）もう、動物《どうぶつ》の　世話《せわ》を　するのは、いやだ

ウ（　）顔《かお》を　あらって、シャワーも　あびたから、すっきりした

13 気もちを 読みとる (1)

ねらい 心情を表す言葉に注目できるようになる。

学習日 月 日

★標準レベル 15分 /100 答え33ページ

1 つぎの 文章《ぶんしょう》を 読《よ》んで、もんだいに 答《こた》えなさい。

列車《れっしゃ》が 東京駅《とうきょうえき》に すべりこむと、えみ子《こ》おばさんが、すぐ かけよって きて くれました。

マキオは おばさんと ならんで、ホームを 歩《ある》きながら、ようやく [A] しました。

(中略《ちゅうりゃく》)

「ちあきがね、待《ま》ってるわ、名古屋《なごや》の おにいちゃんが くるのよって いったら、もう けさは、わいわい いって とびあがってるの。」

「ちあきちゃん、だれと おるす番《ばん》してるの?」

「ああら、だれとってさ、おばさん、マキオちゃん

(生源寺《しょうげんじ》美子《はるこ》『マキオのひとり旅《たび》』)

(1) [A] に あてはまる 言葉《ことば》を 一つ えらんで ○を つけなさい。〈20点〉

ア( )かっと　イ( )はっと
ウ( )ほっと　エ( )ぞっと

(2) ①ええっ!と 思《おも》った 理由《りゆう》を 文章中から 二字と 四字で ぬき出しなさい。〈10点×2〉

まだ [　　] の ちあきが、ヒサオと 二人で [　　　　] して いると 聞《き》いたから。

おむかえに　きてるんだもの、うちには　ちあきと　ヒサオだけよ。」

①ええっ！

マキオは　おどろきました。

（ちあきちゃんは　五つだって　いうのにな……）

②おそるおそる、マキオは、また　ききました。

「じゃ、ヒサオちゃんを、だれが　おもりしてるの？」

えみ子おばさんは　わらいだしました。

「だれがってさ、ちあきよ。ちあきしか　いないんですもの。でも、ヒサオは　まだ　おひるねを　して　いるはずよ。もし　目が　さめたら、ちあきが　ミルクを　やるわ。ちゃんと　わかるように　してきたから。」

マキオは、ますます　[B]。

（五つなのに……まだ　幼稚園《ようちえん》なのに……③へーえ！）

---

(3) ②おそるおそると　にた　いみの　言葉を　一つ　えらんで　○を　つけなさい。〈20点〉

ア（　）こわごわ　　イ（　）いらいら

ウ（　）いきいき　　エ（　）うきうき

(4) [B]に　あてはまる　言葉を　文章中から　七字で　ぬき出しなさい。〈20点〉

(5) ③へーえ！を　音読《おんどく》すると　したら　どのように　読みますか。一つ　えらんで　○を　つけなさい。〈20点〉

ア（　）よろこぶように　読む。

イ（　）おこるように　読む。

ウ（　）心配《しんぱい》するように　読む。

エ（　）感心《かんしん》するように　読む。

1 つぎの 文章《ぶんしょう》を 読《よ》んで、もんだいに 答《こた》えなさい。

えりは 四年生、弟《おとうと》の 雄也《ゆうや》は 二年生、いとこの 隆一《りゅういち》は 五年生、その 妹《いもうと》の あゆみは 三年生です。四人は、おばあちゃんの 家《いえ》の 庭《にわ》の 草むしりを して います。

あゆみは、だまって 作業《さぎょう》を つづけて います。

えりが ①音を あげる わけには いきません。

「それでは ここで 一休み」

おばあちゃんから 休み時間《じかん》の 合図《あいず》です。

庭の 縁台《えんだい》に 腰《こし》を おろすと、そこに 用意《ようい》して あった 梅《うめ》ジュースを 一気に のんで、ほっと 一息《ひといき》 つきました。

草いっぱいの 庭の 半分《はんぶん》ほどが きれいに な

うでは、小さい 雄也や あゆみたちへの しめしが つきません。③えりの 腰に 腕《うで》に 力が 入りました。

（宮川《みやかわ》ひろ『あまのじゃくに かんぱい！』）

(1) ①音を あげるの いみを 一つ えらんで ○を つけなさい。〈20点〉

ア（　）大きな 声《こえ》を 出す。

イ（　）きびしく ちゅういする。

ウ（　）弱気《よわき》な ことを 言《い》う。

エ（　）強《つよ》く はげます。

りました。
「ばあちゃんは　朝《あさ》ごはんの　したくだから、あと
ひとがんばり　たのんだよ」
　そう　いって　おばあちゃんは、家の　中へ
入って　いきました。思《おも》わず　ふーっと　②四人
いっしょの　ため息です。
「残《のこ》りが　まだ　こんなに　広《ひろ》いから、たいへん
だって　思うんだよね。四つに　区切《くぎ》ろうよ。そう
すれば、一人分《ひとりぶん》ずつは　せまく　なる。それだけが
自分《じぶん》の　受《う》け持《も》ち。その　ほうが　気持ちが　らく
に　ならないか」
　隆一が　いいました。そして　境界線《きょうかいせん》の　草を
ぬいて　四つに　わけて　くれました。
　ほんとうです。おなじ　ことの　はずなのに、こ
れだけ　やれば　いいと　思うと、えりも　□
に　なったから　ふしぎです。
「早く　おわったら　手伝《てつだ》って　やるからな」
　また　隆一が　いいました。手伝って　もらうよ

---

(2) ②四人　いっしょの　ため息《いき》を　ついた　理由《りゆう》を　書《か》きなさい。〈30点〉

草むしりが「　　　　」

と　かんじたから。

(3) □に　あてはまる　言葉《ことば》を　文章中から　三字と　二字で　ぬき出しなさい。〈10点×2〉

□□□が□□

(4) ③えりの　腰《こし》に　腕《うで》に　力が　入りましたと　ありますが　なぜですか。「お手本」と　いう　言葉を　つかって　書きなさい。〈30点〉

雄也《ゆうや》や　あゆみの「　　　　」から。

★★★ 最高レベル

30分

/100

学習日　月　日

答え34ページ

1 つぎの 文章《ぶんしょう》を 読《よ》んで、もんだいに 答《こた》えなさい。

わたしは 一番《いちばん》に おふろに はいって、ベッドに ついた。でも、ねむれない。

きっと、昼《ひる》ねを しちゃったからだ。目を つむると、ほのかちゃんと アミちゃんが、なかよく 買《か》い物《もの》を して いる すがたが うかんで くる。何《なに》を 買って いたのかな？

なんで、さそって くれなかったんだろう？

きのう、ふたりで 目くばせして いた。ってことは、わざと さそって くれなかったって こと？

①わたし、きらわれたんだ。

いいよ。それなら、いい。マイは 一ぴきおおかみで いく。なかまが いなくても、へいき。でも……。

ひとりは、さびしい……。

やだ、やだ！ こんな ことで ②なやむなんて、③わたしらしく ない。自分《じぶん》に 腹《はら》が 立つ。

わたしは、いつも 元気《げんき》で 明《あか》るい マイちゃんなのだ。*ささいな ことで、ぐちぐちしない 子なのだ。あしたも、元気な 顔《かお》で いくぞぉ！

でもぉ……、気に なるぅ……。

④ねがえりばかり うって いたら、

「ねむれないの？」

おねえちゃんの 声《こえ》が した。

「うん」

わたしが へんじを すると、二段《にだん》ベッドの 上から、おねえちゃんが ぬうーっと 顔を だした。長《なが》い かみの毛《け》が バサリと たれ下がり、おばけみたい。

「ねむれない ときは、むりに ねる こと ないよ。どうせ　夏休《なつやす》みだし」

　おねえちゃんは　そう　いうと、⑤二段ベッドから　おりて　きた。

「マイは　顔に　にあわず、いい子ちゃんだから、⑥いろいろ　がまんしちゃうでしょ」

「顔に　にあわず？」

　月明《つきあ》かりに　照《て》らされた　おねえちゃんの　顔を、わたしは　横目《よこめ》で　見た。

「わたし、小麦《こむぎ》と　卵《たまご》の　＊アレルギーだし、小さい　ころから　体《からだ》が　よわかったから、おかあさんも　おとうさんも、わたしばかり　心配《しんぱい》してたでしょ。だから、マイが　さびしい　思《おも》いを　しているの　知《し》って　いたよ」

　そんな　ことを　いう　おねえちゃんに、わたしは　びっくりした。

「もっと、わがままを　いっても　いいのに、マイったら　いい子だから、わたしの　ことを　A　してくれるでしょ。いつも　いい子で、にこにこ明るく、自分は　みんなに　A　させないようにってね」

　おねえちゃんは、わたしの　心《こころ》を　見すかしたように　いう。

「なやみごとや、いいたい　ことが　あったら、もっと　いって　いいんだよ。ひとりで　かかえこまなくても　いいんだよ。がんばらなくても　いいんだよ」

（中略《ちゅうりゃく》）

「たよりないかも　しれないけど、いちおう　マイの　姉《あね》だからね。相談《そうだん》してね」

　おねえちゃんの　⑦やさしい　声を　きいて　いたら、B　いくように　心が　かるく　なってきた。


（麻生《あそう》かづこ『天までひびけ！　ドンドコ太鼓《だいこ》』）

（注《ちゅう》）○ささいな＝ちょっと　した。
○アレルギー＝体が　ある　ものに　びんかんに　はんのうして　しまう　こと。

(1) ①わたし、きらわれたんだと ありますが、マイが きらわれたと 思《おも》ったのは なぜですか。〈10点〉

［　　　　　　　　］から。

(2) ②なやむと ありますが、なぜ マイは なやんで いるのですか。〈10点×2〉

［　　　　　　　　］だと 考《かんが》えようと して いるが、

［　　　　　　　　］と いう 気《き》もちも あるから。

(3) ③わたしらしく ないと ありますが、マイが いつもの 自分《じぶん》を どのような 人物《じんぶつ》だと 考えて いるかが わかる 二文を 文章中《ぶんしょうちゅう》から さがし、はじめと おわりの 五字を ぬき出しなさい。「、」や「。」も 一字と して 数《かぞ》えます。〈完答10点〉

□□□□□ ～ □□□□□

(4) ④ねがえりばかり うって いた 理由《りゆう》を **二つ** えらんで ○を つけなさい。〈完答10点〉

ア（　）昼《ひる》ねを して ねむりすぎて しまったから。

イ（　）おねえちゃんが 声《こえ》を かけて きたから。

ウ（　）ほのかちゃんと アミちゃんの ことが 気に なるから。

エ（　）友《とも》だちと けんかを して しまったから。

(5) ⑤二段《にだん》ベッドから　おりて　きたと　ありますが、おねえちゃんは　マイに　どのような　ことを　伝《つた》えようと　して　いますか。文章中から　五字と　四字で　ぬき出しなさい。〈5点×2〉

マイは　もっと　わがままを　いったり、［　　　　　］や、［　　　　］ことを　ひとりで　かかえこまずに　いったり　して　いいと　いう　こと。

(6) ⑥いろいろ　がまんしちゃうと　ありますが、おねえちゃんは、マイが　どんな　思いを　して　きたと　考えて　いますか。文章中から　ぬき出しなさい。〈10点〉

おねえちゃんに　気を　つかって、［　　　　］思いを　して　きた。

(7) 二つ　ある　［A］に　あてはまる　言葉《ことば》を　文章中から　二字で　ぬき出しなさい。〈10点〉

［　　］

(8) ⑦やさしい　声と　ありますが、なぜ　マイには　おねえちゃんの　声が　やさしく　聞《き》こえたので　すか。考えて　書きなさい。〈10点〉

おねえちゃんが「　　　　」と　かんじたから。

(9) ［B］に　あてはまる　言葉を　一つ　えらんで　○を　つけなさい。〈10点〉

ア（　）川が　ながれて

イ（　）氷《こおり》が　とけて

ウ（　）月が　かがやいて

エ（　）花が　さいて

物語《ものがたり》の 読《よ》みとり

14 気もちを 読みとる (2)

ねらい 登場人物の心情と行動を関連付けながら、文章を読めるようになる。

学習日　月　日

★標準レベル

15分

／100

答え36ページ

1 つぎの 文章《ぶんしょう》を 読《よ》んで、もんだいに 答《こた》えなさい。

（たくとは、学校の 帰《かえ》り道《みち》に 林で 見た 犬に ついて、お母《かあ》さんに 話《はな》しました。）

「かいぬしの いない 犬は、人を かんだら こまるから、つかまえられるのよ」

「じゃあ、あの 犬も、いつか、つかまえられるの？」

（中略《ちゅうりゃく》）

「そう なる 前《まえ》に、うちで、かって あげようか」

たくとは、「えっ」と、①小さく さけび、それから たくとは、てへへ、と 頭《あたま》を かきました。

（あんずゆき『きみのなまえ』）

(1) ①小さく さけびと ありますが、この ときの たくとの 様子《ようす》を 一つ えらんで ○を つけなさい。〈25点〉

ア（　）おどろいて いる。

イ（　）よろこんで いる。

ウ（　）こわがって いる。

エ（　）なやんで いる。

ら　口を　つぐみました。
目の　前の　カップを　両手《りょうて》で　つつんで、ふう
ふう　ふくと、ココアの　あまい　においが　しま
す。
すするように　のみながら、たくとは　考《かんが》えまし
た。
犬は　すきだけど、あの　犬、大きいから、ちょっ
と　こわいな――。
けれど、あの　犬が　つかまったら、どう　なる
んだろう、とも　思《おも》いました。
すると　きゅうに、むねが　［A］して、たくと
は　思《おも》い切《き》って　言《い》いました。
「ぼく、かったら、なかよくするよ。②……たぶん」
お母さんが、たくとの　おでこを、つん、と、ゆ
びで　つつきました。
「ほんとは、［B］　むりしちゃって……」
そう　言ってから、「たくとは、やさしいね」と、
つけたしました。

---

(2) ［A］に　あてはまる　言葉《ことば》を　一つ　えらん
で　○を　つけなさい。〈25点〉
ア（　）わくわく　イ（　）ざわざわ
ウ（　）うきうき　エ（　）ほかほか

(3) たくとが　②……たぶんと　答えた　理由《りゆう》が　わ
かる　一文を　文章中から　さがし、はじめの
二字を　ぬき出しなさい。〈25点〉

(4) ［B］に　あてはまる　言葉を　一つ　えらん
で　○を　つけなさい。〈25点〉
ア（　）楽《たの》しみなんでしょう？
イ（　）はずかしいんでしょう？
ウ（　）うれしいんでしょう？
エ（　）こわいんでしょう？

15分 ／100

学習日　月　日

答え 36ページ

1 つぎの 文章《ぶんしょう》を 読《よ》んで、もんだいに 答《こた》えなさい。

「ぼく」は、はがきを ポストに 入れてから、弟《おとうと》の 力《りき》の 手に 切手《きって》が はりついて いることに 気づきました。二人は 郵便屋《ゆうびんや》さんが 手紙《てがみ》を あつめに くるのを まって、はがきに 切手を はらせて もらおうと して います。

お兄《にい》さんは 酒屋《さかや》の なかに はいって いって、スティックのりを もって くると、力に 手わたした。

「あと、二十五分《ふん》ぐらいかな。がんばれよ」

お兄さんが、バイクに のって いって しまうと、ぼくは さっと 力から スティックのりを とりあげた。

ぼくは スティックのりを かえして やった。

（工藤葉子《くどうようこ》『ポスト』）

(1) 「ぼく」が ①バカッ！と 言《い》った ときの 気もちを 説明《せつめい》しなさい。〈20点〉

しっぱいを はんせいする 様子《ようす》の ない 力に［　　　　］気もち。

(2) 〜〜線《せん》の ときの 「ぼく」の 気もちは、どの ような ものですか。「こ」から はじまる ひらがな 四字で 書《か》きなさい。〈20点〉

こ

「ぼく、ぼく、もってる」

力は　手を　のばして　くる。

「①バカッ！　おまえが　ぼく、ぼくって　いうから　こんな　ことに　なったんだぞ！」

（中略《ちゅうりゃく》）

どうして　力に　切手を　はらせたんだろう？　どうして　力に　もたせたんだろう？　どうして　力に　ポストへ　いれさせたんだろう？　力なんかに……力なんかに……。

「まだかなあ」

のびあがって　道《みち》の　むこうを　みながら　力が　心細《こころぼそ》そうに　いった。ぼくは　だまって　酒屋の　なかの　時計《とけい》を　のぞいた。いやに　なるほど、②針《はり》が　のろい。

力は　とうとう、③ぐすぐすと　ベソを　かきはじめた。見て　いる　こっちまで　［　　］　なって　くる。

「もう　いいよ。もってろよ」

---

(3) ②針《はり》が　のろいと　ありますが、どういう　こと　ですか。〈30点〉
郵便屋《ゆうびんや》さんが　来《く》るまでの　時間《じかん》が
［　　　　　　　　］
と　いう　こと。

(4) 力《りき》が　③ぐすぐすと　ベソを　かきはじめたのは　なぜですか。三字で　書きなさい。〈20点〉
［　　　］気もちで　いっぱいに　なった　から。

(5) ［　　］に　あてはまる　言葉《ことば》を　一つ　えらんで　○を　つけなさい。〈10点〉
ア（　）さけびたく
イ（　）待《ま》ち遠《どお》しく
ウ（　）なぐさめたく
エ（　）泣《な》きたく

★★★ 最高レベル

1 つぎの 文章《ぶんしょう》を 読《よ》んで、もんだいに 答《こた》えなさい。

クジラの 子どもは、かあさんと はぐれて 迷子《まいご》に なって しまいました。

ちょっとした ことで 叱《しか》られて、すねて かあさんの もとを 離《はな》れたのが いけなかったのです。

気づいたら かあさんが いない どころか、まるで 知《し》らない 海《うみ》に 来《き》て いました。

日は 沈《しず》みはじめ、海の 底《そこ》から 黒《くろ》い 夜《よる》が わきあがって きます。

心細《こころぼそ》くなった クジラの 子どもは、近《ちか》くに いた ネンブツダイに たずねました。

「ぼくの かあさんを 知《し》りませんか?」

ネンブツダイは、

「わしは 知らんが、子らに きいて みるかい」

と 言《い》って、いきなり 大きな 口を ぱかんと あけました。

口の 中には たくさんの *稚魚《ちぎょ》たちが 入って いました。

「わしの ①かわいい 子どもたちよ、おまえたちは クジラの かあさんを 知らないかい?」

稚魚たちが 黒い 目を いっせいに クジラの 子どもに 向《む》けます。そして、

「知らないよ。見てないよ」

と 首《くび》を ふりました。

ネンブツダイは 言います。

「わしは 卵《たまご》を 口の 中で 孵《かえ》すのだ。わしに とっては、目に 入れても 口に 入れても 痛《いた》くない 子どもたちだ」

それを きくと、クジラの 子どもは 　　 なりました。

「ぼくも　かあさんの　口の　中で　大きく　なれたら　よかったのに。そう　したら　ぼくは　②迷子に　ならずに　すんだのに」

「おまえさんを　育《そだ》てるには、どれだけ　でっかい口が　いることか」

ネンブツダイは　わらい、その　拍子《ひょうし》に　何匹《なんびき》かの　稚魚が　わらわらと　こぼれ出ました。

「こらこら　子どもたち、中に　もどらなきゃ　あぶないぞ」

クジラの　子どもも　呼《よ》びかけました。

「そうだよ、ぼくみたいに　迷子に　なっちゃうよ」

ネンブツダイが　うなずきます。

「こうして　口の　中に　いたって、時々《ときどき》は　迷子に　なる　子も　いるんだ。だが、なんせ　口の中だ。行《い》き先は　わかっちゃ　いるがな」

「どこですか」

ネンブツダイは　③少《すこ》し　だまりこんだ　あとで、

「わしの　胃袋《いぶくろ》だ」

と　答《こた》えました。

「口の　中で　迷《まよ》いこむのは、そこしか　ないんだ」

クジラの　子どもは　おどろいて　何《なに》も　言えません。

「わしは、かわいい　わが子を　知らずに　食《く》っちまうんだよ」

「④ごめんなさい」

つらい　ことを　言わせた　気が　して、クジラの　子どもは　すまなく　思《おも》いました。

「いいんだ。しかたが　ないんだ。これからだって、わしは　子らを　孵し、子らを　食うだろう。だから　⑤＊念仏《ねんぶつ》を　となえるんだよ」

「念仏を？」

「そうだ。食っちまった　子らの　ためには、もうそれしか　できんのだよ」

ネンブツダイは　なにか　ぶつぶつと　となえは

じめました。
⑥なんて　悲《かな》しい　声《こえ》でしょう。
クジラの　子は　じゃまを　しないように、静《しず》か
に　その場《ば》を　離《はな》れました。

（安東《あんどう》みきえ『迷《まよ》いクジラの子守歌《こもりうた》』）

（注《ちゅう》）○稚魚《ちぎょ》＝子どもの　魚《さかな》。
○念仏《ねんぶつ》＝死《し》んだ　あとに　天国《てんごく》に　行《い》けるように、「なむあみだぶつ」と　となえる　こと。

⑴　①かわいい　子どもたちを　言《い》いかえた　二十一字の　言葉《ことば》を　文章中《ぶんしょうちゅう》から　さがし、はじめと　おわりの　二字を　ぬき出しなさい。〈10点〉

□□～□□

⑵　□に　あてはまる　言葉を　一つ　えらんで　○を　つけなさい。〈10点〉

ア（　）たのしく　イ（　）うらやましく
ウ（　）おかしく　エ（　）うれしく

⑶　②迷子《まいご》に　ならずに　すんだのにと　ありますが、クジラの　子どもが　迷子に　なったのは　なぜですか。**あてはまらない　もの**を　一つ　えらんで　○を　つけなさい。〈10点〉

ア（　）まったく　知《し》らない　海《うみ》に、来《き》てしまったから。
イ（　）叱《しか》られた　ことに　すねて、かあさんから　離《はな》れたから。
ウ（　）およぐのが　はやい　かあさんに、おいて　いかれたから。
エ（　）気づいたら、かあさんと　はぐれてしまったから。

(4) ③少《すこ》し　だまりこんだと　ありますが、なぜですか。**あてはまらない　もの**を　一つ　えらんで　○を　つけなさい。〈10点〉

迷子に　なった　子どもたちの　行《い》き先が　自《じ》分《ぶん》の　胃袋《いぶくろ》だと　いう　ことを　口に　するのに　[　　]を　感《かん》じたから。

ア（　）おそろしさ　**イ**（　）くるしさ

ウ（　）おどろき　**エ**（　）まよい

(5) ④ごめんなさいと　ありますが、クジラの　子どもは　なぜ　あやまったのですか。〈15点×2〉

ネンブツダイに　「　　　」と　いう　つらい　ことを　言わせた　気が　して、

「　　　」と　思《おも》ったから。

(6) ⑤念仏《ねんぶつ》を　となえると　ありますが、なぜですか。ネンブツダイが　念仏を　となえるのは　なぜですか。〈20点〉

「　　　」の　ために　できる　たった　ひとつの　ことだから。

(7) ⑥なんて　悲《かな》しい　声《こえ》でしょうと　ありますが、クジラの　子どもに　悲しく　きこえた　理由《りゆう》を　一つ　えらんで　○を　つけなさい。〈10点〉

ア（　）はぐれて　しまった　かあさんに　会《あ》いたく　なったから。

イ（　）ネンブツダイの　つらさが　つたわって　きたから。

ウ（　）ネンブツダイの　じゃまを　しては　いけないと　思ったから。

エ（　）ネンブツダイが　なきながら　念仏を　となえて　いたから。

3 章

物語《ものがたり》の 読《よ》みとり

学習日　月　日

15 気もちの へんか

ねらい 心情の移り変わりに注目しながら、文章を読めるようになる。

★ 標準レベル

15分　/100　答え 39ページ

1 つぎの 文章《ぶんしょう》を 読《よ》んで、もんだいに 答《こた》えなさい。

ねね子さんの 家《いえ》で、さやたちは、宇宙人《うちゅうじん》に 会《あ》いました。

「ポコポコ星《せい》から 来《き》た テンテンです。よろしく。」

ぴょこんと、おじぎを して、ポコポコ星人は いいました。

「わ、ことばが 話《はな》せるんだ。宇宙から 来たの？ ほんとに？」

草太《そうた》が ききました。

さやは、ちょっと こわく なって、ポコポコ星

した。

（蜂飼耳《はちかいみみ》『お月見テンテン』）

(1) [A] に あてはまる 言葉《ことば》を 一つ えらんで ○を つけなさい。〈15点〉

ア（　）そらさない　イ（　）とじない

ウ（　）合《あ》わせない　エ（　）こすらない

(2) それが さす 内容《ないよう》に **あてはまらない もの**を 一つ えらんで ○を つけなさい。〈20点〉

ア（　）ねね子さんの 庭《にわ》に 着《つ》いた こと。

イ（　）こわれた 宇宙船《うちゅうせん》が なおった こと。

ウ（　）だいたいの 方角《ほうがく》が わかる こと。

エ（　）友《とも》だちと れんらくが とれる こと。

人と　目を　［A］　ように　しました。
「宇宙から　来たと　いうか、落《お》ちて　しまったんです。と　いうか、地球《ちきゅう》の　引力《いんりょく》に、ひっぱられて　しまって。着《つ》いた　ところが、たまたま、ねね子さんの　庭《にわ》だったんです。」
「まいごって　いう　こと？」
まりなが　ききました。
「いや、だいじょうぶです。こしょうした　宇宙船《うちゅうせん》を　なおす　ことが　できたので、もう　だいじょうぶです。だいたい、方角《ほうがく》も　わかって　いるし。友《とも》だちと　れんらくも　とれるし。」
それを　聞《き》いて、さやは、ほっと　むねを　なでおろしました。宇宙の　中で　まいごに　なるなんて、気のどくです。
「よろしく、おねがいします。」
テンテンは　くりかえしました。
いい　人そうだな、と　さやは　思《おも》いました。なかよく　なれるかも　しれない。［B］して　きま

(3)　［B］に　あてはまる　言葉を　一つ　えらんで　○を　つけなさい。〈20点〉

ア（　）わくわく　**イ**（　）そわそわ

ウ（　）はらはら　**エ**（　）いらいら

(4)　さやの　気もちは　どのように　へんかしましたか。文章中から　それぞれ　三字で　ぬき出しなさい。〈15点×3〉

テンテンを　はじめて　見た　とき、［　　　］なって　しまったが、もう　だいじょうぶと　聞《き》いて　［　　　］した。そして、テンテンを　［　　　］そうだと　かんじた　ことで、なかよく　なれるかも　しれないと　思《おも》うように　なった。

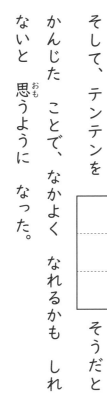

15分

/100

学習日　月　日

答え39ページ

1 つぎの 文章《ぶんしょう》を 読《よ》んで、もんだいに 答《こた》えなさい。

①スイミングスクールでは、鈴音《すずね》ちゃんと あたしは クラスが ちがうから、泳《およ》ぐ コースも、コーチも ちがう。おしゃべりなんて、できない。あたしは 気持《きも》ちを 切《き》りかえて、プールに 入った。

なにしろ、まだ『ラッコ』クラスで、腰《こし》の ヘルパーを はずして、背泳《せおよ》ぎ 十五メートルが やっとなんだ。

鈴音ちゃんなんか、もう『イルカ』クラスだから、背泳ぎ 二十五メートルは もちろん、クロール 二十五メートルも 泳げる。

いっしょに スイミングスクールに 入ったのに、鈴音ちゃんの 方《ほう》が 上の クラスに なって し

と、にこっと 笑《わら》って くれた。

（藤《ふじ》田《た》千《ち》津《づ》『ナナフシさん』）

(1) ①スイミングスクールと ありますが、「あたし」の 泳《およ》ぎの 実力《じつりょく》について、あてはまる ものを 二つ えらんで ○を つけなさい。〈完答20点〉

ア（　）『イルカ』クラスで ある。

イ（　）『ラッコ』クラスで ある。

ウ（　）背泳《せおよ》ぎを 二十五メートル 泳げる。

エ（　）背泳ぎを 十五メートル 泳げる。

まった。どうしてかなあ、と　なやむ　ところ。

背泳ぎって、プールの　かべに　頭《あたま》や　手が　ぶつかりそうで、おそるおそる　泳いで　しまう。

先週《せんしゅう》の　帰《かえ》りの　バスで、鈴音ちゃんは、
②「天井《てんじょう》の　目印《めじるし》を、自分《じぶん》で　決《き》めると　いいのよ。」
と、教《おし》えて　くれた。
③「基本《きほん》を　何度《なんど》か　やって　いる　うちに、きっと、うまく　泳げる　きっかけが　つかめるから。」
とも　言《い》われた。
そうだよね、あきらめちゃ　だめだ。よーし、がんばるぞ。
あたしなりに　全力《ぜんりょく》で　泳いだ。
(中略《ちゅうりゃく》)
コーチの　声《こえ》が　はっきり　聞《き》こえて　きた。
「そうそう、その　調子《ちょうし》だ。」
あたしは　意識《いしき》して　④天井を　にらんだ。
泳ぎ切って　水中に　立つと、コーチが、
「もう　ちょっとで　合格《ごうかく》だよ。」

(2) ②「天井《てんじょう》の……いいのよ。」③「基本《きほん》を……つかめるから。」と　ありますが、それを　聞《き》いて、「あたし」の　気もちは　どう　へんかしましたか。〈20点×2〉

背泳ぎでの　合格《ごうかく》を［　　　］に　なって　いたが、［　　　］気もちに　へんかして　いる。

(3) ④天井を　にらんだ　ときの　「あたし」の　気もちを　書《か》きなさい。〈40点〉

鈴音《すずね》ちゃんが［　　　　　　　　］

30分　／100　答え40ページ　学習日　月　日

1 つぎの 文章《ぶんしょう》を 読《よ》んで、もんだいに 答《こた》えなさい。

> わたしと 幸子《さちこ》は、ノートを 哲也《てつや》に いたずら書《が》きされたため、じゅぎょう中に けしゴムで けして いた ところ、「今《いま》は さわいで いい 時間《じかん》では ありません」と 上田《うえだ》先生に おこられ、三人で ろうかに 立つように 言《い》われた。

わたしは、ろうかの すみで、足を カタカタと 鳴《な》らしつづけた。

①新学期早々《しんがっきそうそう》、気分《きぶん》が 悪《わる》いったら……。どうして、上田先生なんかに あたって しまったんだろう。三年生の ときは、あんなに 楽《たの》しかったのに。細《ほそ》野《の》先生が 赤ちゃんを 生む ことに なって……。

それで なければ、今ごろは、細野先生と いっしょに 笑《わら》いざわめいて いるはずだ。なんだか 今は、ちょっぴり 赤ちゃんが ［　　］……。

「ねえ、サチ。」左どなりに 立って いる 幸子の ほうに、わたしは 少《すこ》し 体《からだ》を よせた。「最《さい》悪《あく》ね、こんどの 担任《たんにん》」

「そうなの。ゆううつ、一年間も」

幸子も、ゆらゆら 近《ちか》よりながら、②くちびるを つきだして みせた。こんどは、わたしは 右どなりに 移動《いどう》した。

「こら、黒田《くろだ》哲也。哲也の せいよ。ばかな ことばっかり するから」

低《ひく》い 声《こえ》で 怒《おこ》りながら、哲也を にらみあげた。

「うん」

③意外《いがい》に 哲也は すなおだった。うなずきながら、ごりごりと 頭《あたま》を かいた。

④とたんに、わたしは ふきだしかけ、あわてて

口を　おさえた。
　まったく、哲也と　きたら、幼稚園《ようちえん》の　ころから、ちっとも　かわって　いない。いたずらを　しておいては、こんな、むじゃきそうな　顔《かお》で　頭をかいて　みせるんだから。どれほど　迷惑《めいわく》を　*こうむった　ことか。背中《せなか》に　かまきりを　いれられ、砂《すな》を　かけられ、*おさげを　柱《はしら》に　むすびつけられ、新《あたら》しい　リボンを　ねこの　首輪《くびわ》に　使《つか》われ……。
　いくぶん　やさしい　気持《きもち》に　なりかけて　いたわたしは、あわてて　⑤声を　ひきしめた。
「いい？　わたしは　本気で　怒ってるのよ。わかってるわね。まったく、あんた　相手《あいて》に　してると、きわめつきの　バカに　なりそう。⑥それで、いい？　放課後《ほうかご》、きっと　また　しかられるんだから、そのときには　ちゃんと　言うのよ、ぼくが　悪《わる》かったって」

（高田桂子《たかだけいこ》『ふりむいた友《とも》だち』）

（注《ちゅう》）○こうむった＝うけた。
○おさげ＝かみのけを　下の　ほうで　みつあみに　した　かみがた。

(1) ①新学期早々《しんがっきそうそう》、気分《きぶん》が　悪《わる》いと　ありますが、なぜですか。文章中から　四字と　三字で　ぬき出しなさい。〈5点×2〉

担任《たんにん》が［　　　　］に　なって　しまった　うえ、哲也《てつや》が［　　　］ことばかり　する　せいで　いっしょに　しかられたから。

(2) ［　］に　あてはまる　言葉《ことば》を　一つ　えらんで　○を　つけなさい。〈5点〉

ア（　）かわいらしい
イ（　）めずらしい
ウ（　）にくらしい
エ（　）わざとらしい

(3) ②くちびるを つきだして みせたと ありますが、この ときの 幸子《さちこ》の 気もちを 十字以内《いない》で 書《か》きなさい。〈10点〉

(4) ③意外《いがい》にと ありますが、なぜ 意外に 思《おも》われたのですか。一つ えらんで ○を つけなさい。〈10点〉

ア（　）自分《じぶん》の せいだと 言《い》われたら 哲也《てつや》は 言いかえすだろうと 思ったから。

イ（　）哲也も 少《すこ》しは はんせいして いるだろうと 思ったから。

ウ（　）するどく 哲也を にらみつけたので おどろくだろうと 思ったから。

エ（　）哲也は わたしたちに あやまろうと して いるだろうと 思ったから。

(5) ④とたんに、わたしは ふきだしかけと ありますが その 理由《りゆう》を つぎのように あらわした とき、[a] に あてはまる 言葉《ことば》を ア～エから、[b] に あてはまる 言葉を カ～ケから 一つずつ えらんで 書きなさい。〈10点×2〉

・哲也が [a] ことが [b] から。

a □　b □

ア「わたし」の 話《はなし》を 聞《き》いて いない

イ 迷惑《めいわく》な いたずらを やめられない

ウ はんせいして いるように 見えた

エ 小さい ころから かわらない

カ ふしぎだった

キ おかしかった

ク 意外だった

ケ はらだたしかった

(6) ⑤声《こえ》を ひきしめたと ありますが、どのような声ですか。文章中《ぶんしょうちゅう》から 二字で ぬき出しなさい。〈5点〉

［　　］声

(7) ⑥それで、いい?と ありますが、「わたし」は哲也に どのような ことを つたえようと して いますか。〈10点〉

放課後《ほうかご》に 先生に しかられた ときに、哲也が、［　　　　］

(8) 「わたし」の 気もちの へんかを つぎのように まとめた とき、［a］～［c］に あてはまる 言葉を あとの **ア**～**ク**から 一つずつ えらんで 書きなさい。〈10点×3〉

・「わたし」は、担任《たんにん》の 先生や 哲也に ［a］を かんじて いたが、話を して いる うちに、哲也の 様子《ようす》に ［b］を おぼえ、心《こころ》に ［c］が こみあげて きた。しかし、このまま 話を おわらせては いけないと 思い、ふたたび ［a］を こめた 声で、「わたし」の 気もちや 考《かんが》えを 哲也に つたえて いる。

a ［　　］

b ［　　］

c ［　　］

ア かなしみ　**イ** あたたかさ
ウ よろこび　**エ** なつかしさ
オ ふあん　**カ** さみしさ
キ いかり　**ク** ねがい

16 せいかく・人物像《じんぶつぞう》

ねらい 行動や言葉から、登場人物の性格を捉えられるようになる。

学習日　月　日

★標準レベル

15分

／100

答え 42ページ

1 つぎの 文章《ぶんしょう》を 読《よ》んで、もんだいに 答《こた》えなさい。

（「ぼく」（かめきち）は、とうちゃん、かあちゃんと どうぶつ園《えん》に 来《き》て います。）


「かめきちも、あげて おいで」

かあちゃんが、エサ箱《ばこ》を 持《も》って きた。

ぼくは、ロバと ラマに あげる ことに した。

どちらも よく にて いる。

箱《はこ》の なかには、好物《こうぶつ》の ニンジンや キャベツ、イモの つるが はいって いる。

「なあ、とうちゃん。ロバと ラマと、なにが どう ちがうのや？」

とうちゃん、ひとことも いいかえせない。②夕《ゆう》方《がた》の あさがおみたいに、しぼんで しもた。


（村上《むらかみ》しいこ『かめきちのたてこもり大作戦《だいさくせん》』）

(1) □に あてはまる 言葉《ことば》を 一つ えらんで ○を つけなさい。〈25点〉

ア（　）いじわるな　イ（　）正しい
ウ（　）むずかしい　エ（　）へんな

(2) とうちゃんの せいかくに あてはまる ものを 一つ えらんで ○を つけなさい。〈25点〉

ア（　）おだやかで やさしい。

イ（　）まけずぎらいで おちこみやすい。

ウ（　）なきむしで よわよわしい。

エ（　）まじめで おとなしい。

ぼくは　きいて　みた。

「ちゃんと　こたえてや」

とうちゃんは、いつも　□　ことを　いう。

「けっ！　そんな　もん、一たす　一より　かんたんや。ええか、一れつに　ならばせて、前《まえ》に　くるのが　ラマ。うしろが　ロバや」

「なんや　それ？」

「そやから、ラ・リ・ル・レ・ロや！」

「しょうもな」

ぼくが　いうと、かあちゃんも　となりで、

「あんたの　頭《あたま》が、ラリルレロや」

と、わらう。

とうちゃん「くそっ」と　つぶやいて、

「ほな、おまえ　わかるのか」

と、①あごを　しゃくった。

すかさず　かあちゃん、

「ラマは、ラクダの　なかま。ロバは、馬《うま》の　なかまや」

---

(3)　①あごを　しゃくったとは　どういう　様子《ようす》かを　一つ　えらんで　○を　つけなさい。〈25点〉

ア（　）ふしぎに　思《おも》った　様子。

イ（　）きっぱり　あきらめた　様子。

ウ（　）ひどく　あわてた　様子。

エ（　）相手《あいて》を　下に　見た　様子。

(4)　②夕方《ゆうがた》の　あさがおみたいと　ありますが　とうちゃんの　どんな　様子を　あらわして　いますか。つぎの　文の　□　に　あてはまる　言葉を　一つ　えらんで　○を　つけなさい。〈25点〉

・正しい　ことを　言《い》う　相手の　前《まえ》では
□　様子。

ア（　）おとなしく　なる
イ（　）いかりを　かくせない
ウ（　）自信《じしん》を　見せる

15分

/100

答え 43ページ

学習日 月 日

1 つぎの 文章《ぶんしょう》を 読《よ》んで、もんだいに 答《こた》えなさい。

（なくなった おばあちゃんが 飼《か》って いた ハニーと いう 犬を、ふたばが おねがい して 引《ひ》きとる ことに しました。）

さっそく ＊ケージを 買《か》いに いこうと いう パパに、ママが 声《こえ》を かけました。

「ケージを 買う お金、ふたばにも ださせてね」

おどろいて、パパが たずねます。

「すくない ふたばの おこづかいから、いくら もらえって いうんだい？」

「それは、ふたばに まかせるわ」

「①いじわるだなあ、ママは」

パパは、あきれた 顔《かお》を しました。

でも、ふたばは、ママを いじわるだとは 思《おも》い

（よしっ）

ふたばは、赤い カンに ふたを して、②カンごと もって いく ことに しました。

（楠章子《くすのきあきこ》『ハニーのためにできること』）

（注《ちゅう》）○ケージ＝どうぶつを 入れて おく ための おり。

(1) ①いじわると ありますが、なぜ パパは ママの ことを そのように 言《い》ったのですか。〈25点〉

ふたばに 自分《じぶん》の おこづかいから ハニーの ケージを 買《か》う お金を だすように 言い、その うえ、

ません。

ふたばが、どうしても　ハニーを　飼いたいと　おねがいしたのですから。ねがいが　かなえば、あとは　しーらないでは、いけません。

ハニーを　飼う　ために　する　ことに、ちゃんと　ふたばだって、ひとつ　ひとつ　かかわって　いく　つもりです。

「わかった。まってて」

ふたばは、自分《じぶん》の　へやに　もどり、つくえの　上の　カンを　手に　とりました。

チョコレートの　はいって　いた　赤くて　かわいい　カンを、貯金箱《ちょきんばこ》に　して　いるのです。

ふたを　あけると、千円札《さつ》が　三まい、あとは　百円や　十円など、小銭《こぜに》が　つまって　います。

毎月《まいつき》　もらう　おこづかいの　あまりや　お年玉を、たいせつに　ためて　きました。

ケージって、いくらぐらいなんでしょう。まったく　そうぞうが　つきません。

---

(2)　〰〰の　部分《ぶぶん》から　読みとれる　ふたばの　せいかくを　書《か》きなさい。□には　ひらがな　四字の　言葉《ことば》を　考《かんが》えて　書きなさい。〈25点×2〉

自分が　言い出した　ことだから、

［　　　　　　　　］

と　考える、□□□□感《かん》の　ある　せいかく。

［　　　　　　　　］

(3)　②カンごと　もって　いく　ことに　しましたと　ありますが、この　ときの　ふたばの　気もちを　書きなさい。〈25点〉

ハニーの　ためなら、

［　　　　　　　　］

★★★ 最高レベル

30分

/100

答え 43ページ

学習日 月 日

1 つぎの 文章《ぶんしょう》を 読《よ》んで、もんだいに 答《こた》えなさい。

皿《さら》から こぼれそうなほど 大もりの カレーを、先生の 目を ぬすんで チューチュー すいながら、席《せき》に もどって いた ときだった。

「キャーッ」

ものすごい ひめいに、皿の 中に 顔《かお》ごと つっこんで しまった。うわ、鼻《はな》の あなにまで カレーが 入っちまった。これじゃ、バレバレじゃん。見ると、エプロンすがたの ユメちゃんが べそを かいて つっ立って いた。足元《あしもと》には ビンが ころがって、ドレッシングの 水たまりが できて いる。あー、やっちゃった。

「だいじょうぶ？ けがしなかった？ ビンが われなくて よかったね」

先生は 女子には やさしい。ぼくたち 男子には すぐに かみなりを 落《お》とすのに。

「……ハイ。ごめんなさい」

いつもは なまいきな ユメちゃんが、すっかり へこんで いた。くちびるを かみしめ、いそいで 取《と》って きた ぞうきんで ゆかを ふいて いた。手伝《てつだ》って あげたかったけど、みんなに からかわれそうで できなかった。

給食《きゅうしょく》を 食《た》べ始《はじ》めた 男子の 間《あいだ》から、「おいしくない」「ぜんぜん 味《あじ》が ない」「こんなの 食べられない」。つぎつぎと 不満《ふまん》の 声《こえ》が あがった。ユメちゃんは スプーンを にぎりしめて うなだれて いる。たれ下がった ポニーテールが こきざみに ゆれて いる。

「がまんして 食べなさい」

先生が いっても きき目 なし。「まずー」「はきそう」「のこして いい?」。［　　］の 声は どんどん 高《たか》く なって、おさまりが つかなくなった。ぼくは 何《なに》も いわず だまって いた。大きらいな 生野菜《なまやさい》を のこす チャンスかも、と思《おも》ったんだ。その ときだった。ガタンと いすの音を たてて、てんせいくんが 立ち上がった。

「そんな こと いっちゃ、バチが 当《あ》たるよ」

いつも にこにこ顔の てんせいくんが、めずらしく 気色《けしき》ばんで いる。お地蔵《じぞう》さんみたいな 顔が 真《ま》っ赤《か》に なって いた。ぼくは バチと いう ことばに ビクッと した。お寺《てら》の 地獄絵《じごくえ》が目の 前《まえ》に 広《ひろ》がったんだ。

「ゴカンの カツだよ」

てんせいくんは 教室《きょうしつ》を 見回《みまわ》すと、わけの わからない ことを いった。なに、なに? なんのカツだって? みんなの 口が ポカンと 開《ひら》いた。

「あー、トンカツ 食《く》いてえ」

かんちゃんが すっとんきょうな 声を あげた。

「この 上に カツを のせたら カツカレーになるのに」

いかにも ざんねんそうに、スプーンで すくった カレーを パクッと 口に 入れた。

「野菜だって 生きてるんだよ。かんしゃして いただかなきゃ、バチが 当《あ》たるよ」

てんせいくんは バチと いう 言葉《ことば》を もう一度《いちど》 くり返《かえ》した。

「そうよお」

とたんに 先生が いきおいづいた。給食中だというのに 立ち上がると、黒板《こくばん》の 前に 立った。

「てんせいくん、ゴカンの カツに ついて、もうちょっと くわしく 教《おし》えて くれる?」

「えっと、お肉《にく》も 野菜も 生きてる いのちだから かんしゃして いただこうって いう、仏《ほとけ》さまの 教えです」

〝いのちを いただく〟

先生は 黒板に 大きく 書《か》きだした。

「それから　えっと、食事《しょくじ》が　食卓《しょくたく》に　とどくまでに　働《はたら》いて　くれた　すべての　人の　苦労《くろう》に　かんしゃしよう」
“作《つく》って　くれた　人への　かんしゃ”
「その　次《つぎ》は、……わすれました」
いつもの　ゆるい　笑顔《えがお》に　もどった　てんせいくんの　言葉《ことば》に、「ドテッ」と　大げさに　かんちゃんが　ひっくり返《かえ》った。

（八束澄子《やつかすみこ》『てんせいくん』）

(1) つぎは、「ぼく」の　せいかくに　ついて　話《はな》して　いる　二人《ふたり》の　言葉《ことば》です。［　　］に　あてはまる　言葉を　書《か》きなさい。［　　］は　文章中《ぶんしょうちゅう》から　カタカナ　四字で　ぬき出しなさい。〈10点×4〉

Aさん「先生に［　　］カレーを　すったり、ユメちゃんの　しっぱいに　野菜《やさい》を　のこす　［　　　　］だと　思《おも》ったり　する　様子《ようす》から、『ぼく』は、ずるい　せいかくだと　思います。」

Bさん「でも、ユメちゃんを［　　］とも　思って　います。だから、［　　］ところも　あるのでは　ないでしょうか。」

(2) ユメちゃんは　どのような　人物《じんぶつ》ですか。それを　説明《せつめい》した　つぎの　文の「　。」に　あてはまるように　書きなさい。〈10点〉

ふだんは　なまいきな　ところも　あるが、すなおに

「　　　。」

また、メソメソと　気に　して　しまうような弱《よわ》い　ところも　ある　人物。

(3) □に　あてはまる　言葉を　文章中から二字で　ぬき出しなさい。〈10点〉

(4) 気色《けしき》ばんでと　ありますが　てんせいくんはどのような　気もちですか。ひらがな　四字で書きなさい。〈10点〉

□□□□いる

(5) かんちゃんは　どんな　人物ですか。一つ　えらんで　○を　つけなさい。〈10点〉

ア（　）おちょうしもの　イ（　）あわてもの

ウ（　）ひねくれもの　エ（　）なまけもの

(6) てんせいくんに　ついて　説明《せつめい》した　つぎの文の□に　あてはまる　言葉を　文章中から　三字で　ぬき出し、□に　あてはまる言葉を　あとから　一つ　えらんで　○を　つけなさい。〈10点×2〉

いつもは、お地蔵様《じぞうさま》のようにえみを　うかべて　いるが、わるい　ことに　たいしては、□　たいどを　とる　人物。

ア（　）くるしい　イ（　）さびしい

ウ（　）おとなしい　エ（　）きびしい

復習《ふくしゅう》テスト⑤

15分

/100

答え44ページ

学習日　月　日

1 つぎの 文章《ぶんしょう》を 読《よ》んで、もんだいに 答《こた》えなさい。

（てつろうは、先生が 漢字《かんじ》の テストで まちがった 字を 正解《せいかい》に して いる ことに 気づきました。）

どうしよう。先生に いわなくちゃ。でも、先生に いったら、百点《ひゃくてん》で なくなって しまう。百点の テストを もって 帰《かえ》れば サッカーシューズが 手に はいるのに……。

なやんで いると、二時間目《にじかんめ》の おわりの チャイムが なった。

ひろしが やって 来《き》た。

「てつろう、なに ぼさっと して いるんだよ。サッカー やりに 行《い》こうぜ」

だって いってたし……。ずるを してまで サッカーシューズを 手に いれたくは ない。

そうだ。いおう。②先生に 正直《しょうじき》に いおう。そう 決《き》めると、からだが きゅうに かるく なって きて、てつろうの まわりの 闇が 消《き》えて いくような 気が した。

（森本和子《もりもとかずこ》『百点を十回《じっかい》とれば』）

(1) ①自分《じぶん》の まわりは……かこまれて しまったようだと ありますが、これは てつろうの どのような 気もちを あらわして いますか。〈40点〉

百点《ひゃくてん》では ない ことを だまって おいて、

「ぼく、いま　ちょっと　行けないんだ」
「じゃ、あとで　来《こ》いよ」
ひろしは　ボールを　もって　校庭《こうてい》に　とびだして　いった。
みんな　校庭に　あそびに　行き、教室《きょうしつ》には　てつろう　ひとりだけに　なった。
てつろうは、つくえに　はりついたように　なって　うごかなかった。①自分《じぶん》の　まわりは　まっくらな　闇《やみ》に　かこまれて　しまったようだ。
どう　したら　いいんだろう。
この　まま　だまって　いれば、だれにも　わかりゃ　しないよ。てつろうの　なかの　もう　ひとりの　声《こえ》が　ささやいた。先生に　いうと、あんなに　ほしかった　サッカーシューズを　買《か》って　もらえなく　なるよ。
でも、この　まま　だまって　いれば、うそを　つく　ことに　なる。先生に　いおうか、やめようか。お母《かあ》さんは　うそつきは　どろぼうの　はじまり

---

(2) ②先生に　正直《しょうじき》に　いおうと　ありますが、てつろうは　なぜ　こう　決《き》めたのですか。決め手に　なった　理由《りゆう》を　文章中から　一文で　さがし、はじめの　三字を　ぬき出しなさい。〈30点〉

(3) てつろうに　ついて　説明《せつめい》した　ものを　一つ　えらんで　○を　つけなさい。〈30点〉

ア（　）わるい　ことは　ぜったいに　ゆるせない　正義感《せいぎかん》に　あふれる　人物《じんぶつ》。

イ（　）うそが　ばれないように　できないかと　なやむ　ずるがしこい　人物。

ウ（　）なやみながらも　正しいと　思《おも》う　ほうを　えらべる　正直な　人物。

エ（　）ものごとに　どうじないで　おちついて　考《かんが》えられる　かしこい　人物。

思《し》考《こう》力《りょく》問《もん》題《だい》に　チャレンジ③

15分

／100

答え45ページ

学習日　月　日

1　つぎの　文章《ぶんしょう》を　読《よ》んで、もんだいに　答《こた》えなさい。

日曜日《にちようび》。

迷路《めいろ》みたいな　複雑《ふくざつ》な　道《みち》を、*タケちゃんは自転車《じてんしゃ》で　ジグザグに　進《すす》む。

「なあ、もとヤン。」

「なに?」

「もとヤンの　こわい　もの、オレ、けっきょく聞《き》いて　なかったよな。」

「あー。」

「ずるいぞ。オレだけに　言《い》わせるなんて。もとヤンも　いいかげんに　白状《はくじょう》しろよ。」

ぼくは　プッと　ふき出した。ペダルを　ふむ

ぼくは、これからも　転校を　くり返すから、新しい　友だちは　また　すぐに、古い　友だちになって　しまう。

だから、ぼくは　こわいんだ。こわくて、こわくて、しかたが　ない　もの。それは、友だち。ぼくはきっと　大人《おとな》に　なるまで、本当《ほんとう》の　友だちなんて、できないだろう。

ぼくが　説明《せつめい》すると、タケちゃんが　「バーカ!」と　ぼくの　前《まえ》に　出て　くる。

「②そんな　わけ　ないだろ。バカじゃねえの。」

タケちゃんだったら、きっと　そう　言って　くれるような　気が　して　いた。

（白矢三恵《しらやみえ》『うそつきタケちゃん』）

(注《ちゅう》)　〇タケちゃん＝転校先で　できた　新しい　友だち。

足に　力を　入れる。ぴったり　タケちゃんの　横《よこ》に　ならんだ。

①タケちゃんにならら、話《はな》して　いいかなって　気持《きも》ちに　なった。

（中略《ちゅうりゃく》）

ぼくは　気が　ついて　しまったんだ。新《あたら》しい　友《とも》だちと　古《ふる》い　友だち。転校《てんこう》を　して、いっしょに　遊《あそ》んだり、話《はなし》を　しない　日が　続《つづ》いたら、もう　友だちなんかじゃなく　なるって　こと。その　証拠《しょうこ》に、青森《あおもり》や　大分《おおいた》に　住《す》んで　いた　ころの　友だちから、いちどだって　連絡《れんらく》が　きた　ことは　ない。

いいんだ、それで。ぼくは　わかった。

何度《なんど》も　転校を　くり返《かえ》して、ぼくが　学《まな》んだこと、その　七。

会《あ》わなく　なったら、友だちじゃ　なく　なる。

(1)　①タケちゃんになら、話して　いいかなと　ぼくが　思《おも》った　理由《りゆう》として　**あてはまらない　もの**を　一つ　えらび、記号《きごう》で　答えなさい。〈50点〉

ア　タケちゃんの　こわい　ものを　聞《き》いたのに、自分《じぶん》が　教《おし》えないのは　ずるいと　思ったから。

イ　タケちゃんは　今《いま》までの　友《とも》だちと　ちがって、ずっと　友だちで　いて　くれると　かんじたから。

ウ　「いいかげんに　白状《はくじょう》しろよ」と　いう　タケちゃんの　強《つよ》い　言《い》い方《かた》が　こわかったから。

〔　　〕

(2)　②そんな　わけ　ないだろ。バカじゃねえのと　ありますが、タケちゃんが　そう　言ったのは　なぜかを、考《かんが》えて　書《か》きなさい。〈50点〉

〔　　　　　　　　〕

説《せつ》明《めい》文《ぶん》の 読《よ》みとり

17 話《わ》題《だい》(1)

学習日　　月　　日

ねらい　文章を読んで、話題をつかめるようになる。

★ 標準レベル　15分　／100　答え 46ページ

1 つぎの 文章《ぶんしょう》を 読んで、もんだいに 答《こた》えなさい。

ミツバチの 巣《す》には、1ぴきの 女王バチと、数《すう》万《まん》びきの はたらきバチが います。そして、この ほかに 数百から 数千びきの オスバチが います。

ミツバチの 巣の 中を のぞいて みると、ほとんど ハチは、同《おな》じ 大きさです。□、その なかに 1ぴきだけ、体《からだ》が 大きな ハチが います。女王バチです。女王バチの 腹《はら》には たくさんの 卵《たまご》が 入って いるので、①とくに 腹の 部《ぶ》分《ぶん》が 大きく なって います。女王バチの 仕《し》

(1) この 文章は 何《なに》に ついて 書《か》かれて いますか。文章中から 四字と 六字で ぬき出しなさい。〈15点×2〉

□□□□ と □□□□□□ の やくわり

(2) □に あてはまる 言《こと》葉《ば》を 一つ えらんで ○を つけなさい。〈20点〉

ア（　）たとえば
イ（　）つまり
ウ（　）でも

事《ごと》は　卵を　産《う》む　ことで、毎日《まいにち》、たくさんの　卵を　産みます。

（中略《ちゅうりゃく》）

野原《のはら》で　花の　みつを　あつめた　はたらきバチが、巣に　もどって　きました。はたらきバチは、したで　花の　みつを　なめて　のみこみ、それを体の　中に　ある　②蜜胃《みつい》と　いう　ふくろに　ためます。30分《ぷん》ほど　みつを　あつめ、蜜胃が　いっぱいに　なると　巣に　もどります。

巣に　もどると、まって　いた　わかい　はたらきバチに、口うつしで　みつを　わたして　います。みつを　受《う》けとった　はたらきバチは、蜜胃からみつを　口に　もどし、したに　のせて　かわかし、みつの　水分が　すくなく　なると、ふたたび　みつを　のみこみ、蜜胃で　まぜます。

（大木邦彦《おおきくにひこ》『ミツバチ　花にあつまる昆虫《こんちゅう》』）

---

(3) ①とくに　腹《はら》の　部分《ぶぶん》が　大きく　なって　いますと ありますが、なぜですか。一つ　えらんで　○を　つけなさい。〈20点〉

ア（　）たくさんの　卵《たまご》が　入って　いるから。

イ（　）花の　みつを　ためて　いるから。

ウ（　）はたらきバチから　みつを　もらったから。

(4) ②蜜胃《みつい》は　どこに　ありますか。また、どんなところですか。合《あ》う　ものを、一つずつ　えらんで　○を　つけなさい。〈15点×2〉

〈どこ〉

ア（　）女王バチの　腹の　中。

イ（　）はたらきバチの　体《からだ》の　中。

ウ（　）オスバチの　体の　中。

〈どんな　ところ〉

ア（　）花の　みつを　ためる　ところ。

イ（　）卵を　あたためる　ところ。

ウ（　）養分《ようぶん》を　作《つく》り出《だ》す　ところ。

1 つぎの 文章《ぶんしょう》を 読《よ》んで、もんだいに 答《こた》えなさい。

> 書《か》いた 文字《もじ》が 消《け》しゴムで 消せると 発《はっ》見《けん》したのは イギリスの ジョセフ・プリーストリーです。消しゴムは、べんりな 筆記具《ひっきぐ》として 広《ひろ》まりました。

さて、えんぴつで 書かれた 文字が、なぜ 消しゴムで 消せるのでしょう？

えんぴつで 書かれた 文字は、紙《かみ》の 上に こくえんの つぶが、くっついた ものでした。その 文字を ゴムで こすると、①紙の 上の こくえんの つぶは ゴムに うつり、文字が 消え、ゴムは 黒《くろ》く なります。これは、紙よりも ゴムの ほうが、こくえんの つぶが くっつきやすいからです。

プリーストリーの 時代《じだい》の 消しゴムは、生ゴム

---

(1) この 文章は 何《なに》に ついて 説明《せつめい》された ものですか。文章中から 四字で ぬき出しなさい。〈20点〉

□□□□

(2) ①紙《かみ》の 上の……黒《くろ》く なりますと ありますが、ゴムが 黒く なるのは なぜですか。文章中から ぬき出しなさい。〈20点〉

紙に くらべて ゴムは

「　　　　」

(3) □に あてはまる 内容《ないよう》を「カス」と いう 言葉《ことば》を 使《つか》って 書《か》きなさい。〈20点〉

「　　　　」

の　かたまりでした。生ゴムは、紙に　こすりつけても　カスが　でません。ですから、使《つか》って　いるうちに　黒く　なり、こくえんが　ふたたび　紙につく　ことが　ありました。（生ゴムが　黒く　なった　時《とき》は、その　部分《ぶぶん》を　切《き》りとりました。）

現在《げんざい》の　消しゴムは、イオウや　油《あぶら》などが　まぜて　あり、紙に　こすりつけると、［　　］。ですから、こくえんの　つぶを　すいつけて　黒く　なった　ゴムは、カスに　なり、すてられるので、紙がよごれる　ことは、ほとんど　ありません。

また、消しゴムで、紙を　こすると、こくえんのつぶを　すいつけるだけで　なく、紙の　表面《ひょうめん》のせんいも　少《すこ》し　はぎとります。ですから、よけいきれいに　消せるのです。消しゴムに、ガラスのつぶなどを　まぜて、紙の　せんいを　はぎとる力を、とくに　強《つよ》く　したのが　②すな消しゴムです。

（松田憲二《まつだけんじ》『えんぴつのはなし』）

(4)　②すな消《け》しゴムと　ありますが、これは　どんな消しゴムですか。〈20点〉

「　　　　」

(5)　この　文章の　内容に　合《あ》う　ものを、一つえらんで　○を　つけなさい。〈20点〉

ア（　）現在《げんざい》の　消しゴムは、生ゴムの　かたまりなので、消しゴムの　カスが　でる。

イ（　）生ゴムは、使って　いる　うちに、黒く　なる。

ウ（　）消しゴムで　紙を　こすると、紙の　表面《ひょうめん》の　油《あぶら》も　少《すこ》し　はぎとる。

★★★ 最高レベル

30分

/100

答え 47ページ

学習日　月　日

1 つぎの 文章《ぶんしょう》を 読《よ》んで、もんだいに 答《こた》えなさい。

学校生活《せいかつ》の 中心《ちゅうしん》は、もちろん 授業《じゅぎょう》です。でも、みんなが「授業が 好《す》きだから、学校が 楽《たの》しい!」と いう わけでは ないかも しれませんね。

①学校で「楽しい」と 思《おも》えるのは、やっぱり、休み時間《じかん》に 仲《なか》の いい 友《とも》だちと 話《はな》を したり、遊《あそ》んだり する ときですよね。

だから、友だちとの 関係《かんけい》が うまく いって いると、学校に 行くのが 楽しく なるし、逆《ぎゃく》に、友だちとの 関係が うまく いって いないと、学校が [A]。きっと それは、みんなが 感《かん》じて いる ことだと 思います。

いま みんなは、楽しく 話が できる 友だちが いますか?

「友だち、いるよ!」って 言《い》う 人も いれば、「友だち、いないなぁ」って 言う 人も いるでしょう。

じゃあ、どちらの 人にも 役《やく》に 立つ、②友だちを つくる ための、大事《だいじ》な ポイントを 教《おし》えましょう。

それは、「友だちは、たった ひとりで いい!」って いう ことです。無理《むり》に みんなと 仲よく する 必要《ひつよう》は、ぜんぜん ないんですよ。

友だちは、たった ひとり いれば いい。それだけで、学校は ずっと 楽しく なります。「親友《しんゆう》」と いう ほど、めちゃくちゃ 仲が よくなくても いいんです。休み時間に、なにか ちょっと 話が できる 友だちですね。

③そんな 友だちが ひとり いると、学校での

毎日《まいにち》が 楽しく なるし、すごく 元気《げんき》に なれるんです。

「友だちづくり」の もう ひとつの ポイントは、「友だちは コロコロ 変《か》わっても いい」と いう ことです。

(中略《ちゅうりゃく》)

学年が 上がって クラスが 変わる たびに、いっしょに 帰《かえ》る 友だちは 変わりました。ぼくは、④それで いいと 思うんです。その とき その ときで 話が 合《あ》って、いっしょに 過《す》ごして 楽しければ、それは りっぱな 友だちなんです。

太宰治《だざいおさむ》が 書《か》いた 『走《はし》れメロス』と いう 小説《しょうせつ》では、主人公《しゅじんこう》の メロスと いう 青年が 親友の 命《いのち》を 守《まも》る ために、必死《ひっし》に なって 走りました。メロスと その 親友のように、命がけで 信頼《しんらい》し合える 　B　 は すばらしいですね。

でも、友情《ゆうじょう》と いうのは、何年《なんねん》も かけて 築《きず》いて いく ものです。

だから、小学生の みんなに、命がけの 親友が いないのは あたりまえです。

もちろん、小学校の ときに すごく 仲の いい 友だちが できたら、その 親友を 大事にして くださいね。

ぼくが、小学生の みんなに つくって ほしいのは、楽しく 話の できる 友だちです。なにか ひとつの 話題《わだい》で 楽しく もり上がる ことの できる 相手《あいて》、それが 友だちです。

たとえば、きのう テレビで 見た サッカーの 試合《しあい》の 話や、お笑《わら》い番組《ばんぐみ》の 話を して もり上がったら、その 相手は 友だちです。

そう 考《かんが》えると、友だちづくりの ＊ハードルは、「そんなに 高《たか》くは ないな」と 思いませんか？「それなら できる！」って 思った 人も 多《おお》いんじゃ ないかな？

⑤友《とも》だちづくりって、そんなに　難《むずか》しい　ことじゃありません。

「その　人の　性格《せいかく》が　全部《ぜんぶ》　好《す》きで、その　人の　ことを　全部　理解《りかい》して　いないと　友だちじゃないよ」なんて、おおげさに　考《かんが》える　必要《ひつよう》は　ないんですよ。

なにか　ひとつでも　共通《きょうつう》の　話《はなし》が　できれば　いいんです。

「これ、おもしろいと　思《おも》わない？」「うん、おもしろいよね！」って、ちょっとした　好きな　ものの　話が　できれば、その　人は　友だちなんです。

だから、「これ、おもしろいよね！」と　言《い》える、自分《じぶん》の　好きな　ものが　増《ふ》えれば、いろいろな　人と　楽《たの》しく　話が　できるように　なります。そして、自然《しぜん》に　友だちも　増えるんですね。

（齋藤孝《さいとうたかし》『学校のひみつ』）

（注《ちゅう》）○ハードル＝のりこえなければ　いけない、難しい　ものごと。

---

(1) ①学校で「楽《たの》しい」と　思《おも》えると　ありますが、それは　どんな　ときですか。文章中《ぶんしょうちゅう》から　ぬき出しなさい。〈10点〉

休み時間《じかん》に　親《した》しい　友《とも》だちと

「　　　　」とき。

(2) [A]に　あてはまる　内容《ないよう》を　考《かんが》えて　書《か》きなさい。〈10点〉

「　　　　」

(3) ②友だちを　つくる　ための、大事《だいじ》な　ポイントと　ありますが、それは　どんな　ことですか。二つ　書きなさい。〈10点×2〉

「　　　　」

「　　　　」

(4) ③そんな友だちと　ありますが、どんな　友だちですか。「親友《しんゆう》」と　いう　言葉《ことば》を　つかって　書きなさい。〈15点〉

[　　　　　　　　　　]

(5) ④それと　ありますが、それとは　どんな　ことですか。〈10点〉

[　　　　　　　　　　]

(6) [B]に　あてはまる　言葉を　一つ　えらんで　○を　つけなさい。〈10点〉

ア（　）友情《ゆうじょう》　イ（　）性格《せいかく》
ウ（　）時間　エ（　）毎日《まいにち》

(7) ⑤友だちづくりって、そんなに　難《むずか》しい　ことじゃ　ありませんと　ありますが、なぜですか。一つ　えらんで　○を　つけなさい。〈10点〉

ア（　）学校に　通《かよ》う　だけで、自然《しぜん》に　友だちが　できるから。

イ（　）なにか　ひとつでも　共通《きょうつう》の　話《はなし》が　できれば　友だちと　いえるから。

ウ（　）仲《なか》が　よく　なくても、学校で　会《あ》う　人は、みんな　友だちと　よべるから。

(8) この　文章の　話題《わだい》は　何《なん》ですか。一つ　えらんで　○を　つけなさい。〈15点〉

ア（　）「ぼく」が、小学生の　みんなに　つくって　ほしい　友だちに　ついて。

イ（　）友だちとの　関係《かんけい》を　つづける　やり方《かた》に　ついて。

ウ（　）『走《はし》れメロス』と　いう　小説《しょうせつ》での　友情の　えがかれ方に　ついて。

説明文《せつめいぶん》の 読《よ》みとり

18 話題《わだい》(2)

学習日 月 日

ねらい 話題をつかみ、話題についてどのような内容が書かれているのか理解できるようになる。

★標準レベル

15分

/100

答え 49ページ

1 つぎの 文章《ぶんしょう》を 読《よ》んで、もんだいに 答《こた》えなさい。

①庭《にわ》には さまざまな 生きものが います。チョウ、テントウムシ、ハチなどの 昆虫《こんちゅう》、カエルや トカゲや ヒヨドリ。わたしは 庭に くる生きものにも ②話《はな》しかけます。咲《さ》いて いる 花にも 「おかげで 庭が あかるいわ」と ③声《こえ》をかけます。なぜなら みんな わたしの 仲間《なかま》だからです。どうして 仲間なの、と ふしぎに 思《おも》って いる 人も いるかも しれません。その わけを お話ししますね。

あなたは どこから 来《き》たのでしょう。

人間《にんげん》は みな 仲間……と いうより 家族《かぞく》だと いって よいのでは ないでしょうか。

(中村桂子《なかむらけいこ》『いのちのひろがり』)

(1) この 文章は、何《なに》に ついて 説明《せつめい》して いますか。一つ えらんで ○を つけなさい。〈20点〉

ア( )「わたし」の 庭《にわ》は どう すばらしいか。

イ( )わたしたちの 祖先《そせん》を たどると どこに たどりつくか。

ウ( )地球《ちきゅう》には どんな 国《くに》が あるか。

(2) ①庭には さまざまな 生きものが いますと ありますが、どんな 生きものが いますか。文章中から 七つ ぬき出しなさい。〈5点×7〉

お母《かあ》さんから　生まれたのですね。あなたの　はじまりは　受精卵《じゅせいらん》。それは　お母さんの　卵《らん》と　お父《とう》さんの　精子《せいし》が　いっしょに　なって　生まれた、世界《せかい》で　たった　一個《いっこ》の　細胞《さいぼう》です。細胞とは　体《からだ》を　つくる　一番《いちばん》小さな　単位《たんい》です。（中略《ちゅうりゃく》）

ところで　お父さんと　お母さんは　どこから　来たのでしょう。それぞれの　両親《りょうしん》、つまり　あなたの　おじいさん、おばあさんが　いらしたので　生まれて　きました。

おじいさんと　おばあさんは　どこから　来たのでしょう……

こう　やって　たどって　いくと、20万年《まんねん》ほど　前《まえ》に　アフリカで　生まれた　少数《しょうすう》の　人たちに　たどりつきます。

今《いま》　地球《ちきゅう》に　くらして　いる　73億人《おくにん》もの　人たち、その　一人　一人を　たどって　いくと、みんな　アフリカに　生まれた　この　同《おな》じ　祖先《そせん》に　たどりつくのです。

---

(3) ②話《はな》しかけます、③声《こえ》を　かけますと　ありますが、なぜですか。一つ　えらんで　○を　つけなさい。〈15点〉

ア（　）みんな　わたしの　仲間《なかま》だから。

イ（　）昆虫《こんちゅう》や　花が、声を　かけて　くるから。

ウ（　）庭が　あかるく　なるから。

(4) 文章の　内容《ないよう》を　まとめた　つぎの　文の　a～cに　あてはまる　言葉《ことば》を　あとから　えらんで、記号《きごう》を　書《か》きなさい。〈10点×3〉

・あなたは、（a□）と（b□）が　いたから　生まれたが、人間《にんげん》は　みんな　同《おな》じ　祖先に　たどりつくので　人間は　みな（c□）だ。

ア　お父《とう》さん　イ　子ども　ウ　仲間

エ　兄弟《きょうだい》　オ　家族《かぞく》　カ　お母《かあ》さん

★★ 上級レベル

15分

/100

学習日　月　日

答え49ページ

1 つぎの 文章《ぶんしょう》を 読《よ》んで、もんだいに 答《こた》えなさい。

秋《あき》に なりました。さくらの 葉《は》や 枝《えだ》の すがたは、夏《なつ》と かわりません。でも よく 見ると、新《あたら》しい 芽《め》が のびだして います。①「二度《にど》のび」「二度ぶき」と いいます。たとえば、夏が 暑すぎて 葉が しおれて 落《お》ちて しまうと、二度の びが よく おこります。冬《ふゆ》ごしの えいようを つくるには 葉っぱが たりないので、その 分《ぶん》を ふやすのです。

秋の 葉には、秋に しなくては ならない、たいせつな ことが あります。つぎの 年の 春《はる》に さく 花の じゅんびを する こと、その ための えいようを たくわえる こと、②花の 芽が 冬の ねむりに つく じゅんびを する ことで

(1) この 文章の 話題《わだい》は 何《なん》ですか。一つ えらんで ○を つけなさい。〈15点〉

ア（　）春《はる》の さくらの うつくしさ。

イ（　）秋《あき》の さくらの 芽《め》や 葉《は》の する こと。

ウ（　）夏《なつ》の さくらの ねむり。

(2) ①「二度《にど》のび」に ついて つぎの もんだいに 答えなさい。

1 どんな ときに よく おこるのですか。〈20点〉

[　　　　]

2 どうして「二度のび」が おこるのですか。〈20点〉

[　　　　]

す。葉っぱの　芽は　夏に、花の　芽は　秋に　つくられます。芽は　秋の　あいだは　育《そだ》ちますが、冬は　ねむりに　入ります。秋の　葉は、芽が　ねむれるように「ねむり薬《ぐすり》」を　つくります。「ねむり薬」には　芽の　成長《せいちょう》を　とめる　はたらきが　あり、冬の　あいだ　薬《くすり》が　ききつづけます。

*ソメイヨシノの　花が　③「くるいざき」と　いって、秋に　さく　ことが　あります。どうして　秋に　さいて　しまうのでしょうか？

9月に　強《つよ》い　台風《たいふう》が　きて、ソメイヨシノの　葉を　ぜんぶ　ふきとばして　しまう　ことが　あります。そう　なると、葉っぱの　つくる「冬の　ねむり薬」が　もらえません。そのうえ、10月に　あたたかい　日が　つづくと、さくらは　春と　かんちがいして、花を　さかせて　しまうのです。

（近田文弘《こんたふみひろ》『さくら研究《けんきゅう》ノート』）

（注《ちゅう》）○ソメイヨシノ＝さくらの　しゅるいの　一つ。

---

(3) ②花の　芽が　冬《ふゆ》の　ねむりに　つく　じゅんびと　ありますが、秋の　葉は　芽が　ねむれるように　何《なに》を　するのですか。〈15点〉

「　　　　」

(4) ③「くるいざき」と　ありますが、どうして　秋に　さいて　しまうのですか。理由《りゆう》を　二つ　書きなさい。〈15点×2〉

・葉が　ぜんぶ　ふきとばされて　しまうと、

「　　　　」

・そのうえ、

「　　　　」

★★★ 最高レベル

30分

/100

答え 50ページ

学習日　月　日

1 つぎの 文章《ぶんしょう》を 読《よ》んで、もんだいに 答《こた》えなさい。

（盲導犬《もうどうけん》に なる 犬たちは、繁殖奉仕《はんしょくほうし》と よばれる ボランティアの 家《いえ》で 生まれ、飼育《しいく》奉仕と よばれる ボランティアの 家で 育《そだ》てられる。）

ボランティアの 人たちは、それから 約《やく》 1年、子犬を 家に あげ、毎日《まいにち》 散歩《さんぽ》を させ、いっしょに 旅行《りょこう》に いくなど して、かわいがって 育てる。だから、1年後《ねんご》に むかえに いった とき、犬たちは、人間《にんげん》と 心《こころ》を 通《かよ》わせられる 頼《たの》もしい 若犬《わかいぬ》に 育って いる。

わたしたちが ①訓練《くんれん》を 本格的《ほんかくてき》に はじめるのは、この ときからだ。

いよいよ *協会《きょうかい》の 訓練所《くんれんじょ》で、盲導犬に する ための 指導《しどう》が はじまる。目の 不自由《ふじゆう》な 人の 目と なり、その 安全《あんぜん》を 守《まも》る ために、犬たちは 4ケ月間《かげつかん》で、たくさんの ことを おぼえなければ ならない。

訓練は、まず ②ハーネスを つける ところから はじまる。ハーネスとは、盲導犬が 主人《しゅじん》を みちびく 道具《どうぐ》。目の 不自由な 人は、ハーネスの 角度《かくど》や 動《うご》きから 道《みち》の ようすを 頭《あたま》に 描《えが》くから、盲導犬に とっては、ハーネスを つける ことが 仕事開始《しごとかいし》の 合図《あいず》だ。

つぎに おぼえるのは、いつも 人間の 左側《ひだりがわ》を 歩《ある》く こと。そして、段差《だんさ》が ある ところや 階《かい》段《だん》の はじまりと おわりで、かならず 立《た》ち止《ど》まる こと。

こうして、目の 不自由な 主人に、信号《しんごう》や わかれ道、階段などの ありかを 教《おし》える ように

なって いく。
盲導犬は、自分《じぶん》で 道を おぼえて 人を みちびく *ナビゲーターでは ない。目の 不自由な 主人の 命令《めいれい》が あって、初《はじ》めて 動《うご》くのだ。「ゴー(進《すす》め)」「カム(来《こ》い)」「ダウン(伏《ふ》せ)」「ステイ(待《ま》て)」「スィット(座《すわ》れ)」など、30もの 命令語《めいれいご》が あるが、これらは みな 英語《えいご》だ。日本語には 男女の 言葉《ことば》の 差《さ》や 方言《ほうげん》が あって、犬が 混《こん》乱《らん》して しまうからだ。

(中略《ちゅうりゃく》)


ここで、目の 不自由な 人の 身《み》に なって 街《まち》を 歩く ことを 想像《そうぞう》して みよう。③信号の 青と 赤は、どう やって 区別《くべつ》するのだろう。すべての 信号が、音を 鳴《な》らして 青だと 知《し》らせて くれる わけでは ない。犬が 信号を 見て いるのかな? 犬には 信号の 判断《はんだん》は できない。

正解《せいかい》は、人や 車の 流《なが》れる 音。目の 不自由な 人は、自分の 進む 方向《ほうこう》と *平行《へいこう》に 車が 動けば 青、横切《よこぎ》るように 音が 流れれば 赤と 判断して 歩いて いる。

でも、もし 判断を まちがえて、「ゴー」と 指示《しじ》して しまったら? 走《はし》る 車と、もろに ぶつかって しまう ことに なる。そんな ときは、主人の 命令に 逆《さか》らってでも 止《と》めるのが、盲導犬の 役目《やくめ》だ。これを ④「利口《りこう》な 不《ふ》*服従《ふくじゅう》」と いう。

こんなに きびしい 訓練ばかりなのに、犬たちは なぜ、がんばって くれるのだろう?

それは、人間の ことが 大好《だいす》きだからだ。これまで 人間の なかで 大切《たいせつ》に 育てられてきた 犬たちには、人の 役《やく》に 立つ ことが 大きな 喜《よろこ》びに なる。

犬が なにか 一つの 仕事を おぼえる たびに、わたしは うれしくて、「グッド、グッド」と 心の 底《そこ》から ほめる。

すると その きもちが 犬にも 伝《つた》わり、とて

もうれしそうに　つぎの　訓練《くんれん》に　向《む》かって　くれるのだ。

（中略《ちゅうりゃく》）

120日に　わたる　訓練を　おえた　犬への　最後《さいご》の　テストは、⑤目かくし歩行《ほこう》だ。これは、わたしたち　指導員《しどういん》が　アイマスクを　して　街《まち》を　歩《ある》き、犬の　働《はたら》きを　たしかめる　テスト。この　さき犬たちには、目の　不自由《ふじゆう》な　人の　命《いのち》に　関《かか》わる仕事《しごと》を　して　もらうのだから、訓練する　こちらも　命がけだ。

音に　おどろいたり、街で　キョロキョロしたり、乗《の》り物《もの》に　酔《よ》ったり　する　犬は、ここで　＊不適《ふてき》格《かく》に　なる。目の　不自由な　人の　安全《あんぜん》を守《まも》る盲導犬《もうどうけん》が、雷《かみなり》に　とびあがったり、とちゅうで　集《しゅう》中力《ちゅうりょく》を　失《うしな》ったり　しては　こまるからだ。

（日野多香子《ひのたかこ》『今日《きょう》からは、あなたの盲導犬』）

（注《ちゅう》）〇協会《きょうかい》＝会員《かいいん》の　協力《きょうりょく》で　なりたつ　会。
〇ナビゲーター＝人に　方向《ほうこう》などを　しじする　もの。
〇平行《へいこう》＝二つの　まっすぐな　線《せん》が　まじわらない　こと。
〇服従《ふくじゅう》＝命令《めいれい》に　したがう　こと。
〇不適格＝ひつような　しかくが　ない　こと。

(1) ①訓練《くんれん》を　本格的《ほんかくてき》に　はじめるのは、この　ときから　とは、いつからですか。〈20点〉

一年間《ねんかん》、［　　　　］て、人間《にんげん》と　心《こころ》を　通《かよ》わせられる　頼《たの》もしい　若犬《わかいぬ》に育《そだ》った　ときから。

(2) ②ハーネスに　ついて　つぎの　もんだいに　答《こた》えなさい。

1 それは　何《なん》ですか。文章中《ぶんしょうちゅう》から　二字と　四字で　ぬき出しなさい。〈10点×2〉

盲導犬《もうどうけん》が［　　］を［　　　　］道具《どうぐ》。

2 盲導犬に とって それは どんな もので
すか。〈10点〉

［　　　　　　］

(3) ③信号《しんごう》の……区別《くべつ》するのだろうと ありますが、
目の 不自由《ふじゆう》な 人は どうやって 区別して
いるのですか。文章中から ぬき出しなさい。
〈10点〉

［　　　　　　］で 判断《はんだん》して いる。

(4) ④「利口《りこう》な 不服従《ふふくじゅう》」と ありますが、どう い
う ことですか。〈15点〉

主人《しゅじん》が 判断を まちがえた ときに、

［　　　　　　］

(5) ⑤目かくし歩行《ほこう》と ありますが、どうして この
ような きけんな テストを するのですか。
〈15点〉

犬たちが 盲導犬として、

［　　　　　　］

(6) この 文章は 何《なに》に ついて 書かれて いま
すか。合《あ》う ものを 一つ えらんで ○を つ
けなさい。〈10点〉

ア（　）ボランティアの たいへんさに ついて。
イ（　）盲導犬に なるまでの 訓練に ついて。
ウ（　）言《い》う ことを きかない 犬の しつけに ついて。

復《ふく》習《しゅう》テスト⑥

15分

／100

答え 52ページ

学習日　月　日

1 つぎの 文章《ぶんしょう》を 読《よ》んで、もんだいに 答《こた》えなさい。

4月に 入り、北国《きたぐに》に、遅《おそ》い 春《はる》が やって きました。冬《ふゆ》の 間《あいだ》の クマゲラの 仕事《しごと》ぶりを 見て みたいと 思《おも》い、雪《ゆき》が とけ始《はじ》めて 少《すこ》し 歩《ある》きやすく なった 森へと 出かけました。

作《つく》りかけの 丸木舟《まるきぶね》のような 木を 見ました。たてに 長《なが》い 穴《あな》で、すわりこんで オールを 持《も》てば、りっぱな 舟です。大きな 木が、根元《ねもと》から たおれ、木くずが 散《ち》らばって います。やっと 虫を 発見《はっけん》して、もっと もっとと、何日《なんにち》も 熱心《ねっしん》に 掘《ほ》った ようすが よく わかります。

（中略《ちゅうりゃく》）

クマゲラは、大型《おおがた》の キツツキです。

思います。

（竹田津実《たけたづみのる》『北国からの動物記《どうぶつき》⑨ クマゲラ』）

（注《ちゅう》）○脳しんとう＝頭を うって、しばらく 気を うしなう こと。
○気絶＝しばらく 気を うしなう こと。
○振動＝ゆれうごく こと。

(1) ①この 地《ち》に 家《いえ》を 建《た》てたと ありますが、その 理由《りゆう》を「クマゲラ」と いう 言葉《ことば》を つかって 書《か》きなさい。〈20点〉

「わたし」は、

［　　　　　　　　　　］

(2) ②わたしは 心配《しんぱい》しましたと ありますが、わたしは クマゲラの 何《なに》を 心配したのですか。一つ えらんで ○を つけなさい。〈20点〉

わたしの　住《す》む　家《いえ》の　うら山に、ときどき　やって　きて、来《く》れば　一時間《じかん》くらい、食《た》べものを　さがして　います。わたしは　その　姿《すがた》が　好《す》きで、①この　地《ち》に　家を　建《た》てたのでした。

それに　しても、と　②わたしは　心配《しんぱい》しました。クマゲラは　かなづちのように、くちばしを　はげしく　たたきつけて、かたい　木を　掘って　います。頭《あたま》の　ふりすぎで、*脳《のう》しんとうを　起《お》こしても　ふしぎでは　ありませんが、森で　*気絶《きぜつ》して　いる　クマゲラを、まだ　見た　ことが　ありません。

研究者《けんきゅうしゃ》に　よると、クマゲラの　脳は、長い　長い　舌《した》に　よって　まもられて　いるのだと　いいます。舌は、途中《とちゅう》で　ふたつに　わかれ、脳を　くるりと　まくように　して　頭の　中に　おさめられて　いて、はげしい　*振動《しんどう》を　やわらかくして　いるのだそうです。

③生きものと　いうのは　ふしぎだと、しみじみ

ア（　）くちばしが　きずつかないか。

イ（　）えさが　なくならないか。

ウ（　）脳《のう》しんとうを　起《お》こさないか。

(3)　③生きものと　いうのは　ふしぎと　ありますが、何が　ふしぎなのですか。〈20点×2〉

クマゲラは　頭《あたま》の　ふりすぎで　脳しんとうを　起こしても　ふしぎでは　ないのに、脳が

［　　　　　　］

ので、［　　　　　　］こと。

(4)　この　文章の　話題《わだい》は　何《なん》ですか。一つ　えらんで　○を　つけなさい。〈20点〉

ア（　）クマゲラから　かんじる　生きものの　ふしぎさ。

イ（　）クマゲラの　木を　掘《ほ》る　熱心《ねっしん》さ。

ウ（　）春《はる》の　いろいろな　生きものの　様子《ようす》。

19 大切《たいせつ》な ところ(1)

ねらい 大切なところを意識して文章を読めるようになる。

学習日 月 日

★ 標準レベル

15分 /100 答え53ページ

1 つぎの 文章《ぶんしょう》を 読《よ》んで、もんだいに 答《こた》えなさい。

①分類学上《ぶんるいがくじょう》、まったく ちがう「*目《もく》」や「*科《か》」に属《ぞく》する 虫が、かたちも 色《いろ》も そっくりと いうことが あります。これは しばしば「擬態《ぎたい》」とよばれます。ハチに にた アブや カミキリムシ。とくに ちがう 科に 属する チョウが、まったく 同《おな》じような もようを もって いると、ほとんど こちらが だまされて しまいます。

まわりの 状況《じょうきょう》に とけこむ、②そう いう すがた かたちを して いる 虫も います。コノハムシは、葉《は》っぱに にせた うえに、虫の 食《く》い

(1) ①分類学上《ぶんるいがくじょう》、まったく ちがう「目《もく》」や「科《か》」に 属《ぞく》する 虫が、かたちも 色《いろ》も そっくりと ありますが、これを 何《なん》と いいますか。一つ えらんで ○を つけなさい。〈20点〉

ア( ) 擬態《ぎたい》　イ( ) もよう

ウ( ) かれ葉《は》

(2) ②そう いう すがた かたちを して いる 虫と ありますが、どのような すがた かたちですか。一つ えらんで ○を つけなさい。〈20点〉

ア( ) アブに そっくりな すがた かたち。

イ( ) まわりの 状況《じょうきょう》に とけこむ すがた かたち。

ウ( ) どこに いても 目立つ すがた かたち。

あとまで　つけて　います。③なぜ　かれ葉や　かれ枝《えだ》らしい　「もよう」まで　つけなくては　ならないのか。

（中略《ちゅうりゃく》）

正統的《せいとうてき》な　説明《せつめい》は　「かれ葉に　にて　いる　カマキリと　あまり　にて　いない　カマキリが　いたと　する。あまり　にて　いない　ほうは、たとえば　鳥《とり》に　食《た》べられる　率《りつ》が　高《たか》い。にて　いる　ほうは、かれ葉に　にて　いるほど　見つかりにくい。それで　ますます　かれ葉に　にて　くる」と　いう　ものです。鳥だって　エサを　とるのに　必《ひっ》死《し》で、虫を　見つける　能力《のうりょく》が　向上《こうじょう》する。かくれる　ほうも　どんどん　かくれるのが　上手《じょうず》に　なる、と　いう　わけです。

（養老孟司《ようろうたけし》『どうなるの？　虫がいなくなったら』）

（注《ちゅう》）○目・科＝生物《せいぶつ》を　分《わ》ける　ときに　つかう　名前《なまえ》。

(3) ③なぜ　かれ葉や　かれ枝《えだ》らしい　「もよう」まで　つけなくては　ならないのかと　ありますが、なぜですか。文章中から　二字と　一字で　ぬき出しなさい。〈20点×2〉

かれ葉に　にて　いる　カマキリと、そうで　ない　カマキリでは、かれ葉に　□□　いる　ほうが　□　に　見つかりにくいから。

(4) この　文章の　内容《ないよう》に　合《あ》う　ものを　一つ　えらんで　○を　つけなさい。〈20点〉

ア（　）鳥《とり》が　虫を　見つける　力を　高《たか》める　ほど、虫は　かくれるのが　上手《じょうず》に　なる。

イ（　）かくれるのが　上手な　虫は、ぜったいに　見つからない。

ウ（　）かれ葉に　にた　虫は、いつか　葉っぱに　なる　ことが　できる。

★★ 上級レベル

15分

／100

答え53ページ

学習日　月　日

1 つぎの 文章《ぶんしょう》を 読《よ》んで、もんだいに 答《こた》えなさい。

①キツネは タヌキに くらべ、身《み》の こなしが すばやく、狩《か》りの 能力《のうりょく》に すぐれて いる。カエルや 昆虫《こんちゅう》や、人間《にんげん》の おやつの スナック菓子《がし》や、秋《あき》には 果実《かじつ》も 口に するが、本来《ほんらい》の たべものは ノネズミや ノウサギや 鳥類《ちょうるい》で、キジ、カモ、カラス、ハクチョウなども とらえて たべて いる。

②ノネズミを とる ときは、ジャンプ力に ものを いわせ、後《うし》ろ足で 高《たか》く 立ちあがって、上から とびかかる。耳も よく、風《かぜ》の ない 野原《のはら》なら、一〇メートル先の ノネズミの かすかな もの音も 聞《き》きのがさない。竹を そいだような ピンと 立った 耳は *だてで なく、高性能《こうせいのう》アンテナの

ふりを し、カラスなどを おびきよせ、いきなり とびかかって 牙《きば》に かけると いった 猟法《りょうほう》を 使《つか》ったりも するとかで、ちえの 深さは はかりしれない。また、たべきれない えものは 土に うめて 保存《ほぞん》して おき、うめた 場所は ひと月 たっても おぼえて いるそうだ。

（木暮正夫《こぐれまさお》『キツネとタヌキの大研究《だいけんきゅう》』）

（注《ちゅう》）○だて＝かざり。見かけだおし。
○カムフラージュ＝まわりと まぎれて てきの 目を くらます こと。

(1) ①キツネと ありますが、キツネの 本来《ほんらい》の たべものを 文章中から ぬき出しなさい。〈25点〉

［　　　　］や 鳥類《ちょうるい》。

役《やく》わりを　はたして　いるんだね。目も　いい。
ちえの　はたらきも、なみたいていでは　ないんだ。見るからに　かしこそうな　顔《かお》を　して　いるが、じっさいに　かしこいんだ。［　　］、ノウサギ狩《が》りの　しかたを　みると、いったん　にげられても　深追《ふかお》いを　しない。にげられた　場所《ばしょ》で　まちぶせを　する。ノウサギは　かしこく　なくてね。せっかく　にげたのに、ぐるっと　ひと回《まわ》りして　もどって　くるんだ。キツネは　それを　知《し》って　いて、こんどは　みごとに　キャッチして　しまう。
カモや　ハクチョウなどの　水鳥《みずどり》は　どう　して　とるか。頭《あたま》に　水草を　のせて、そーっと　泳《およ》ぎよって　いく。水鳥たちは、あやしみながらも、まさか　キツネとは　思《おも》わないから、③ゆだんする。その　ゆだんを　ついて、いきなり　おそいかかると　いう、おそるべき　*カムフラージュ戦術《せんじゅつ》を　やって　のける。（中略《ちゅうりゃく》）
また、赤い　土を　体《からだ》に　ぬりつけて　死《し》んだ

---

(2)　②ノネズミを　とる　ときに、キツネは　足を　どのように　つかいますか。文章中から　二十二字で　さがし、はじめと　おわりの　四字を　ぬき出しなさい。「、」や「。」も　一字と　して　数《かぞ》えます。〈完答25点〉

［　　　　］～［　　　　］

(3)　［　　］に　あてはまる　言葉《ことば》を　一つ　えらんで　○を　つけなさい。〈25点〉

ア（　　）しかし　　イ（　　）ところで
ウ（　　）つまり　　エ（　　）たとえば

(4)　③ゆだんすると　ありますが、なぜ　ゆだんするのですか。〈25点〉

［　　　　　　　　　　］

★★★ 最高レベル

30分

/100

答え54ページ

学習日　月　日

1 つぎの 文章《ぶんしょう》を 読《よ》んで、もんだいに 答《こた》えなさい。

鹿山《しかやま》の シバは どう やって 生えて いる面積《めんせき》を ひろげて いったのでしょうか？ 私《わたし》はタネに 注目《ちゅうもく》しました。

ススキは 人の 背丈《せたけ》を こえるほど 大きな草ですが、タネは 小さな ものです。秋《あき》に なると ススキの 穂《ほ》には たくさんの タネが できます。タネは つけねの ところに 毛《け》を もっていて、風《かぜ》が ふくと 空に まいあがり、タンポポと 同《おな》じように 風に 乗《の》って 遠《とお》くへ はこばれます。そして、飛《と》んで いった さきで 芽《め》を 出すのです。

これに くらべると シバの タネは ススキとは まるで ちがいます。シバは 高《たか》さが せいぜい 10センチメートルほどの 背の 低《ひく》い 植物《しょくぶつ》ですが、その タネは、ススキのように 飛ぶ ための 毛は もって おらず、丈夫《じょうぶ》で 中身《なかみ》が つまって いますから、風が ふいても 飛ぶとはとても 見えません。では シバは どうして タネを ひろげて いるのでしょうか？

①シバの タネが どう やって ひろがるかを調《しら》べる ため、私は はじめに シバが タネを つける 6月に、鹿山の シカの 糞《ふん》の なかに ふくまれる タネの 数《かず》を かぞえて みました。すると多《おお》い ときは 糞 1コの なかに 平均《へいきん》して 20粒《つぶ》もの シバの タネが 入って いました。

(中略《ちゅうりゃく》)

つぎに 私は シカが 1日に どのくらい 糞を するかを 調べる ために 動物園《どうぶつえん》で シカの糞を 集《あつ》め かぞえる ことに しました。そうすると、シカは　1日に　12回《かい》ほど、1回に　約《やく》90コの　糞を　して　いました。これは　シカ　1頭《とう》が　1日に　およそ　1000コの　糞を　すると　いうことです。

そう　すると、糞　1000コ　×《かける》　タネ　20粒で　1頭の　シカが　1日に　2万《まん》コ（およそ　小さじ4杯分《はいぶん》）もの　シバの　タネを　出す　ことになります。鹿山では　シカは　あちこち　歩《ある》いて　いきますから、シバの　タネは　シカに　よって　ひろげて　もらえます。

でも、シカは　丈夫な　歯《は》で　食《た》べた　ものを　かみつぶします。それに　胃《い》の　なかで　*発酵《はっこう》させ、長《なが》い　腸《ちょう》で　*消化《しょうか》します。だから、シカの　ような　動物が　タネを　食べると　タネは　死《し》んで　しまうと考《かんが》えられて　いました。もし　シバの　タネが　シカに　食べられても　大丈夫なら　②新《あたら》しい　発見《はっけん》です。

そこで、私は　ゆでた　ジャガイモに　3000粒のシバの　タネを　入れて、飼《か》われて　いる　シカに

食べさせました。その　糞を　調べたら、糞から1100粒ほどの　タネが　出て　きました。

次《つぎ》に、③シカの　糞から　出て　きた　タネと、なにも　しない　タネを　明《あか》るい　場所《ばしょ》に　おきました。そう　すると、なにも　しない　タネは25%《パーセント》しか　芽を　出しませんでしたが、シカの　糞から　出て　きた　タネは　なんと　58%も　芽を出したのです。シカに　食べられた　タネの　ほうが　よく　芽を　出したのには　おどろきました。

これは　タネを　つつんで　いる　丈夫な　皮《かわ》が傷《きず》ついた　ほうが　タネに　植物の　生長《せいちょう》に　必要《ひつよう》な　*酸素《さんそ》と　光《ひかり》が　行《い》きとどく　ためです。

サクランボは　おいしそうな　赤い　色《いろ》なので、緑《みどり》の　葉《は》の　なかで　めだって、鳥《とり》に　食べてもらいます。そうして　なかに　ある　タネを　はこばせるのです。

その　点《てん》、シバの　実《み》は　黒《くろ》っぽい　茶色《ちゃいろ》で　ぜんぜん　めだちません。でも　シカは　たくさんの

葉《は》と シバの 実《み》を いっしょに 食《た》べます。シバの 葉を「動物《どうぶつ》に 食べさせる もの」と 見ると、サクランボの 実と シバの 葉は タネを はこんで もらう ための 同《おな》じ 働《はたら》きを して いると いえます。

④植物《しょくぶつ》は 動《うご》けないので、タネを ひろげる ことは とても 大切《たいせつ》な ことです。マツや カエデ、それに タンポポなどは、タネの 一部《いちぶ》に 飛《と》ぶ しかけを もって いて、風《かぜ》に はこばれます。

（高槻成紀《たかつきせいき》『食べられて生きる草の話《はなし》』）

（注《ちゅう》）○発酵《はっこう》＝細菌《さいきん》などの はたらきで ものの せいしつを かえる こと。
○消化《しょうか》＝食べた ものを えいようとして 体《からだ》に とりいれる こと。
○酸素《さんそ》＝空気の 中に ふくまれる 気体《きたい》。

(1) ススキ・シバに ついて つぎの もんだいに 答《こた》えなさい。

1 ススキと シバの 正しい 説明《せつめい》を 一つ えらんで、○を つけなさい。〈10点〉

ア（　）シバは ススキよりも 背《せ》が 高《たか》い。
イ（　）ススキは 10センチメートルほどの 高さが ある。
ウ（　）ススキは 人の 背丈《せたけ》より 大きい。
エ（　）秋《あき》に なると シバの 穂《ほ》には たくさんの タネが できる。

2 それぞれ どんな タネを もって いますか。〈10点×2〉

・ススキ［　　　　］タネ。
・シバ［　　　　］、丈夫《じょうぶ》で 中身《なかみ》が つまった タネ。

(2) ①シバの タネが どう やって ひろがるかを 調《しら》べると ありますが、筆者《ひっしゃ》は どのような 手《て》順《じゅん》で 調べ、何《なに》が わかりましたか。それぞれ 一つ えらんで、○を つけなさい。〈10点×2〉

〈手順〉

ア（　）まず、動物園《どうぶつえん》で シカの 糞《ふん》を 集《あつ》めて かぞえた。

イ（　）はじめに、鹿山《しかやま》の シカの 糞の なかに ふくまれる タネの 数《かず》を かぞえた。

ウ（　）同《おな》じ 日に、鹿山と 動物園で シカの 糞を 集めた。

〈わかった こと〉

ア（　）１頭《とう》の シカは、１日に ２万《まん》コの シバの タネを 出す こと。

イ（　）シカは 丈夫《じょうぶ》な 歯《は》で 食《た》べた ものを かみつぶす こと。

ウ（　）シバの タネが やわらかい こと。

(3) ②新《あたら》しい 発見《はっけん》と ありますが、どんな 発見ですか。〈15点〉

［　　　　］

(4) ③シカの 糞から……しない タネと ありますが、その ちがいを 書きなさい。〈15点〉

［　　　　］

(5) ④植物《しょくぶつ》は……大切《たいせつ》な ことですと ありますが、サクランボの 実《み》と シバの 実は どう やって タネを はこばせますか。〈10点×2〉

〈サクランボの 実〉

［　　　　］

〈シバの 実〉

［　　　　］

説明文《せつめいぶん》の 読《よ》みとり

20 大切《たいせつ》な ところ(2)

学習日　月　日

ねらい　文章の大切なところについての問いを解けるようになる。

★標準レベル　15分　/100　答え56ページ

1 つぎの 文章《ぶんしょう》を 読んで、もんだいに 答《こた》えなさい。

まだ、夕やけの のこって いる 西《にし》の 空に、ほそい ほそい 三日月を みつけたら、つづけて、①まいばん 月を みて ごらん。

つぎの 日の おなじ ころに、月は、きのうみた 月より いくらか 東《ひがし》に うつって、すこしふとって いる はずです。そして、つぎの 日の夕がたには、もっと 東に うつって、さらに ふとって きます。

そうです。日が たつに つれて、月は、だんだん 太陽《たいよう》から 東がわに はなれて、ふとって くりゆうは、月が じぶんで 光らないで、太陽の光《ひかり》を うけて かがやいて いるからです。

（藤井旭《ふじいあきら》『月をみよう』）

(1) ①まいばん 月を みて ごらんと ありますが、つぎの 日の おなじ ころ、月は どう なっていますか。一つ えらんで ○を つけなさい。〈30点〉

ア（　）東《ひがし》に うつり、すこし ほそく なって いる。

イ（　）東に うつり、すこし ふとって いる。

ウ（　）西《にし》に うつり、すこし ふとって いる。

るのです。三日月から　五、六日　たつと、スイカを　わったような　半月《はんげつ》に　なりますが、これを　②上弦《じょうげん》の　月と　いいます。

　さらに　一しゅうかん　たつと、まんまるい　まん月に　なって、太陽が　西に　しずむのと　いれかわりに、東から　のぼって　きます。

　まん月を　すぎて、さらに　一しゅうかん　たつと、こんどは、上弦の　月と　はんたいがわの　はんぶんが　光《ひか》る、下弦《かげん》の　月に　なります。このころに　なると、月の　出は　ずっと　おそくなって、みんなが　ねしずまった、まよなかに　のぼって　きます。

　それから、また　もとの　三日月のように、ほそくなって　みえなく　なります。でも、しんぱい　いりません。四、五日　たつと、また　もとの　三日月にもどって、夕がたの　西の　空に、ちゃんと　かまのように　ほそい　すがたを、あらわすからです。

　このように、月が　ふとったり　やせたり　する

---

(2) ②上弦《じょうげん》の　月について　つぎの　もんだいに　答えなさい。

1 これは　どんな　月ですか。文章中から　三字で　ぬき出しなさい。〈20点〉

［　　　］を　半分《はんぶん》に　わったような　月。

2 この　月と　はんたいがわの　はんぶんが　光《ひか》る　月を　何《なん》と　いいますか。一つ　えらんで、○を　つけなさい。〈20点〉

ア（　）下弦《かげん》の　月　イ（　）まん月
ウ（　）三日月

(3) この　文章の　内容《ないよう》に　合《あ》う　ものを　一つ　えらんで　○を　つけなさい。〈30点〉

ア（　）月が　見えなく　なるのは、じぶんで　光る　力を　なくすからだ。

イ（　）月は、じぶんで　光らない。

ウ（　）上弦の　月の　ころに　なると、月の　出は　おそくなる。

★★ 上級レベル

15分

／100

答え56ページ

学習日　月　日

1 つぎの 文章《ぶんしょう》を 読《よ》んで、もんだいに 答《こた》えなさい。

　ある 冬《ふゆ》の 晴《は》れた 日、仕事場《しごとば》の 近《ちか》くを 歩《ある》いて いたら、クリの 木の 上に、枯《か》れ葉《は》や 枝《えだ》の かたまりが あるのを みつけました。クリの 木は、冬に 葉が かれるので、木の葉は みんな 落《お》ちて いるのに、そこだけ 枯れ葉が かたまって のこって いるのです。

　歩いて いる うちに、その かたまりは、ほかの クリや カキの 木にも ある ことに 気づきました。みつかったのは、高速道路《こうそくどうろ》や 林道《りんどう》の すぐ わき、人家《じんか》の 庭先《にわさき》など、人が 生活《せいかつ》して いる ところに ある 木です。

①「えっ、こんなところに!?」

ボクは 心底《しんそこ》 ビックリして しまいました。な

(1) ①「えっ、こんな ところに!?」ボクは 心底《しんそこ》 ビックリして しまいましたと ありますが、「ボク」が おどろいたのは なぜですか。つぎの 文に あてはまる 言葉《ことば》を、文章中から それぞれ aは 四字、bは 六字、cは 三字で ぬき出しなさい。〈15点×3〉

人が [a] いる ところに [b] が 実《み》を [c] いった あとが あったから。

ぜなら、それは　ある　動物《どうぶつ》が　木に　のぼり、実《み》を　食《た》べて　いった　あとだからです。さて、その　動物とは、いったい　だれでしょう？

　正解《せいかい》は、あの　体《からだ》の　大きな　ツキノワグマです。ツキノワグマは、夏《なつ》から　秋《あき》に　かけて、②木の実を　よく　食べます。たとえば、夏には　ヤマザクラや　ウワミズザクラ、秋には　クヌギや　コナラなどの　ドングリ、クリや　クルミなどです。

　ツキノワグマは　それらの　木に　のぼり、枝を　バキバキと　折《お》って、ざぶとんのように　しきつめます。そして　その　上で、ゆっくりと　食事《しょくじ》を　するのです。ときには、そこで　ねむる　ことも　あります。

　その　ときに　できた　枝の　かたまりは、まるで　棚《たな》のように　みえるので、③「クマ棚《だな》」と　よばれて　います。クマ棚は、ツキノワグマに　とって、レストランで　あり、休けい所《じょ》でも　あるのです。

（宮崎学《みやざきまなぶ》『動物たちのビックリ事件簿《じけんぼ》④　冬にみつかるおもしろサイン』）

---

(2) ②木の実を　よく　食《た》べますと　ありますが、ツキノワグマは　どんな　ものを　食べますか。くわしく　書《か》きなさい。〈15点〉

［　　　　］

(3) ③「クマ棚《だな》」と　ありますが、つぎの　うち、「クマ棚」の　説明《せつめい》として　合《あ》って　いる　ものを　**二つ**　えらんで　○を　つけなさい。〈20点×2〉

ア（　）ツキノワグマが　あつめた　木の実を　枝《えだ》の　形《かたち》に　かためた　もの。

イ（　）人間《にんげん》が　ツキノワグマに　えさを　やる　ところ。

ウ（　）ツキノワグマが　食べたり　休んだり　する　ところ。

エ（　）ツキノワグマが　枝を　折《お》って　しきつめた、枝の　かたまり。

★★★ 最高レベル

30分

／100

答え 57ページ

学習日　月　日

1 つぎの 文章《ぶんしょう》を 読《よ》んで、もんだいに 答《こた》えなさい。

地球《ちきゅう》の 外《そと》、つまり 宇宙《うちゅう》の 温度《おんど》って どのくらいだと 思《おも》いますか？ 想像《そうぞう》した ことも ないのでは ないでしょうか。

なんと、−270《マイナス》度《ど》です。

宇宙の なかに ある 地球は、ふつうに 考《かんが》えると、どんどん 冷《ひ》えて しまう はずです。

[A]、地球の 温度は 宇宙の ように 低《ひく》くは なりません。①なぜ 地球は 寒《さむ》く ならないで いられるのでしょうか。

地球を あたためて くれて いる ものが あります。太陽《たいよう》の 光《ひかり》です。

太陽は とても 熱《あつ》い 星《ほし》です。太陽で 発生《はっせい》した 熱《ねつ》エネルギーは、光と なって、宇宙空間《くうかん》を とびこえ、休む こと なく 地球に やって きます。みなさんも、日なたで ぽかぽかと あたたまった 経験《けいけん》が あるでしょう。

しかし、かんがえて みて ください。いくら 地球が 寒い ところに あるとは いえ、地球が ずっと 熱《ねっ》せられたら、地球は 熱く なりすぎて しまいそうです……。

たとえば、寒い 日に ストーブの 前《まえ》に ずーっと いると 体《からだ》が 熱く なりすぎて しまう ことが ありますよね。なにか、地球の 温度を ちょうど よく して いる ものが あるのでしょうか？

実《じつ》は 地球からは、②赤外線《せきがいせん》と よばれる ものが 出て います。この 赤外線が、宇宙に 熱を 放出《ほうしゅつ》して います。

赤外線は、わたしたちには 見えない 光ですが、

温度が　ある　ものからは、温度に　応《おう》じて　必《かなら》ず出て　います。たとえば　暖炉《だんろ》や　たき火からはたくさん　出て　いますし、体温《たいおん》の　ある　わたしたちの　体からも　すこし　出て　います。地球の温度は　わたしたちの　体温ほど　ありませんが、それでも　じゅうぶんに　温度を　もって　いるため、[B]。

地球には　太陽からの　熱が　入ります。

いっぽうで、地球の　熱は　赤外線の　かたちで、つねに　地球全体《ぜんたい》から　外《そと》に　出て　いって　います。③この　とき、入って　くる　熱の　量《りょう》と　赤外線として　出て　いく　熱の　量は、おなじに　なります。地球が　ある　とき　突然《とつぜん》　寒く　なったり、暑《あつ》く　なったり　せず、何万年《なんまんねん》にも　わたって温度が　ほぼ　一定《いってい》に　保《たも》たれて　いるのは、両者《りょうしゃ》が　つりあって　いるからなのです。くわしく　計《けい》算《さん》すると、地球の　温度が　−18度の　とき、出入りする　熱の　エネルギー量が　ちょうど　おなじになる　ことが　わかりました。つまり、本来《ほんらい》の　地球は、もっと　冷《つめ》たい　星の　はずなのです。

現在《げんざい》の　気候《きこう》は　あたたかい（平均気温《へいきんきおん》　15度）ですから、④この　結果《けっか》は　おかしいですね。実《じつ》は計算の　とき、ある　ものの　働《はたら》きを　含《ふく》めて　いませんでした。

それが、空です。正確《せいかく》に　言《い》えば、⑤大気です。

実は　大気は、地球から　出る　赤外線が、宇宙に　出ないよう、ふたのような　役割《やくわり》を　して　いるのです。宇宙から　やって　くる　太陽の　光は、ほとんどが　大気を　通《とお》り抜《ぬ》けられますが、地球から　出て　いく　赤外線は、全部《ぜんぶ》が　大気を　通り抜けられません。

地球が　寒く　ならないで　いられるのは、地球に　大気が　あるからなのです。たとえるなら、大気は　地球の　「お布団《ふとん》」と　いえるのです。

（杉本憲彦《すぎもとのりひこ》『空があるから』）

(1) A に あてはまる 言葉《ことば》を 一つ えらんで ○を つけなさい。〈10点〉

ア（　）つまり

イ（　）したがって

ウ（　）けれども

エ（　）では

(2) ①なぜ 地球《ちきゅう》は 寒《さむ》く ならないで いられるのでしょうかと ありますが、なぜですか。〈10点〉

［　　　　］

(3) ②赤外線《せきがいせん》と ありますが、つぎの うち、赤外線の 説明《せつめい》として 合《あ》って いる ものを 二つ えらんで ○を つけなさい。〈10点×2〉

ア（　）赤外線は、わたしたちの 体《からだ》からは 出て いない。

イ（　）赤外線は、温度《おんど》が ある ものからは、必《かなら》ず 出て いる。

ウ（　）赤外線は、宇宙《うちゅう》に 熱《ねつ》を 放出《ほうしゅつ》して いる。

エ（　）暖炉《だんろ》や たき火から 出て いる 赤外線は、わたしたちに 見える。

オ（　）赤外線は、宇宙から 熱を とりこむ やくわりを して いる。

(4) B に あてはまる 内容《ないよう》を 考《かんが》えて、十五字以内《いない》で 書きなさい。〈10点〉

(5) ③このときと　ありますが、どんな　ときですか。〈15点〉

地球に　太陽《たいよう》から　熱が　入り、地球の　熱が

［　　　　　　］とき。

(6) ④この　結果《けっか》は　おかしいと　ありますが、何《なに》が　おかしいのですか。文章中《ぶんしょうちゅう》から　aは　二字、bは　一字、cは　五字で　ぬき出しなさい。〈5点×3〉

くわしい　a［　　］では　本来《ほんらい》　地球は　もっと　冷《つめ》たい　b［　］だが、現在《げんざい》の　気候《きこう》は　c［　　　　　］こと。

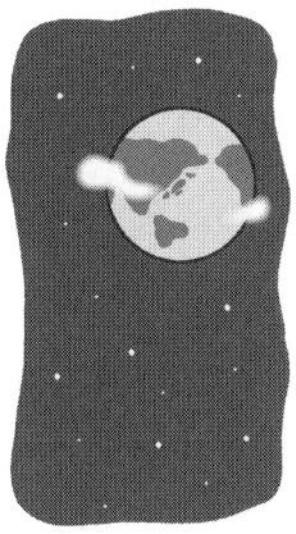

(7) ⑤大気と　ありますが、ひっしゃは　大気の　やくわりを　何に　たとえて　いますか。あてはまる　ものを　**すべて**　えらんで　○を　つけなさい。〈完答10点〉

ア（　）ストーブ
イ（　）お布団《ふとん》
ウ（　）熱《ねつ》エネルギー
エ（　）ふた
オ（　）たき火

(8) この　文章の　内容に　合う　ものを　一つ　えらんで　○を　つけなさい。〈10点〉

ア（　）地球から　出て　いく　赤外線は、すべて　大気を　通《とお》り抜《ぬ》ける。
イ（　）宇宙《うちゅう》の　温度は　−18度で　ある。
ウ（　）太陽の　熱や　大気の　おかげで、地球は　寒くない。

4章

説《せつ》明《めい》文《ぶん》の 読《よ》みとり

学習日 月 日

21 大《たい》切《せつ》な ところ(3)

ねらい 大切なところを意識して文章を読み、問題に答えられるようになる。

★ 標準レベル

15分

/100

答え59ページ

1 つぎの 文章《ぶんしょう》を 読んで、もんだいに 答《こた》えなさい。

①クモの 遠《とお》い 先祖《せんぞ》は、約《やく》 五億年前《ごおくねんまえ》に、海《うみ》で 生活《せいかつ》して いた 三葉虫《さんようちゅう》の なかまです。この なかまから、ながい 年月を かけて、カブトガニや ウミサソリの なかまが 進化《しんか》しました。そして、②ウミサソリの なかまから、陸《りく》に あがって 進化した ものが、サソリや クモの なかまだと 考《かんが》えられて います。

(中略《ちゅうりゃく》)

花が さく 植物《しょくぶつ》が あらわれたのは、今《いま》から 一億年ほど 前の ことです。花が さくと、みつ

(注《ちゅう》) ○円網＝円い 形《かたち》に 細《こま》かく 糸が はられた 網。

(1) ①クモの 遠《とお》い 先祖《せんぞ》と ありますが、クモの 遠い 先祖は 何《なん》ですか。文章中から それぞれ 三字で ぬき出しなさい。〈10点×2〉

□□□ の □□□

(2) ②ウミサソリの なかまと ありますが、ここから 進化《しんか》した ものは 何ですか。文章中から 三字と 二字で ぬき出しなさい。〈15点×2〉

□□□ と □□ の なかま。

を えさに したり、植物の 上で くらす こん虫が あらわれ、種類《しゅるい》も 数《かず》も ふえました。
　クモの 生活場所《ばしょ》も ひろがりました。（中略）
　草や 葉《は》の しげみに 網《あみ》を はる クサグモ、花や 葉の かげで、えものを まちぶせる ハエトリグモや カニグモ、そして、とびまわる こん虫を 空中で まちぶせる、*円網《まるあみ》を つくる クモも あらわれました。コモリグモや ハシリグモのように、水の 上で、えものを とる なかまも あらわれました。糸を 命《いのち》づなや 網に つかって、いろいろな 場所で、いろいろな こん虫を つかまえるように なりました。
　クモは、同《おな》じ 場所で なかまが ふえすぎて、えさ不足《ぶそく》に なるのを、③子グモの 空中旅行《りょこう》で ふせいで います。風船《ふうせん》のように 軽《かる》い 糸は、羽《はね》の ない クモを、新《あたら》しい 生活場所に、はこんで いく 役《やく》めを して います。

（栗林慧《くりばやしさとし》『クモのひみつ』）

(3) クモの 生活場所《せいかつばしょ》が ひろがったのは なぜですか。文章中から aは 一字、bは 二字、cは 三字で ぬき出しなさい。〈10点×3〉

一億年前《いちおくねんまえ》に、a［　］を さかせる 植物《しょくぶつ》が あらわれて、b［　　］を えさに したり、植物の 上で くらす c［　　　］が 出て きて、いろいろな 場所で それらを つかまえるように なったから。

(4) ③子グモの 空中旅行《りょこう》の はたらきに あてはまる ものを 一つ えらんで ○を つけなさい。〈20点〉

ア（　）糸で 羽《はね》をつくり、空を とぶ。

イ（　）同《おな》じ 場所で なかまが ふえて、えさ不足《ぶそく》に なるのを ふせぐ。

ウ（　）とびまわる こん虫を 空中で まちぶせる ために つかう。

15分

／100

答え59ページ

学習日　月　日

1 つぎの 文章《ぶんしょう》を 読《よ》んで、もんだいに 答《こた》えなさい。

近所《きんじょ》に、メダカたちが およぎ、カエルたちの大合唱《だいがっしょう》の きこえて くるような、そんな 小川や水田は のこって いますか。

このような 場所《ばしょ》は、さまざまな 生きものがすみついて いて、豊《ゆた》かな 自然《しぜん》と いえます。そこでは、生きものたちが、食《た》べたり 食べられたりしながら、全体《ぜんたい》の バランスを たもって います。このような 関係《かんけい》を ①食物連鎖《しょくもつれんさ》と いいます。

②池《いけ》や 小川の 食物連鎖を 基礎《きそ》で ささえているのは、植物《しょくぶつ》*プランクトンです。植物プランクトンは、動物《どうぶつ》プランクトンに 食べられます。動物プランクトンは メダカに 食べられ、メダカは水生昆虫《こんちゅう》や 鳥《とり》などに 食べられます。

ものの すみかが うばわれて います。

（草野慎二《くさのしんじ》『メダカのくらし』）

（注《ちゅう》）○プランクトン＝水面《すいめん》や 水中に ただよって、うかんで いる 生きもの。
○寄生虫＝動物に ついたり、体《からだ》の 中へ 入ったり して えいようを とり 生きる 虫。
○農薬＝農作物《のうさくもつ》に がいの ある 虫や 病気《びょうき》を ふせぐ ための くすり。

(1) ①食物連鎖《しょくもつれんさ》とは 何《なん》ですか。文章中から aは 四字、bは 六字、cは 四字で ぬき出しなさい。〈5点×3〉

生きものたちが、a［　　　　］する ことと、b［　　　　　　］する ことを くりかえしながら、全体《ぜんたい》の c［　　　　］を たもって いる 関係《かんけい》。

でも、③弱《よわ》い 生きものが、一方的《いっぽうてき》に 強《つよ》い 生きものに 食べられる わけでは ありません。メダカなどは、天敵《てんてき》に 食べられて へる 分《ぶん》を みこして、たくさん たまごを うみます。

また、メダカに とって *寄生虫《きせいちゅう》の イカリムシや 水生昆虫は おそろしい 天敵ですが、これらの 天敵が たまごや 幼虫《ようちゅう》の ときは、ぎゃくに メダカたちに 食べられて います。

こう して、全体では、どちらか 一方《いっぽう》が 欠《か》けても、自然界《しぜんかい》の バランスは くずれて しまいます。

水田が、自然の 一部《いちぶ》と して つかわれて いたときは、メダカに とって、そこは すみよい 場所で、どんどん すみかを 広《ひろ》げて いきました。

でも、農業《のうぎょう》を 効率《こうりつ》よく おこなう ために *農薬《のうやく》を たくさん つかったり、水路《すいろ》を コンクリート化《か》するように なってから、メダカを はじめ、④多《おお》くの 生きものが 姿《すがた》を けして います。また、開発《かいはつ》で 池や 沼《ぬま》が うめたてられ、年ねん、生き

(2) ②池《いけ》や 小川の 食物連鎖に あてはまる ものを 一つ えらんで ○を つけなさい。〈25点〉

ア（ ）動物《どうぶつ》プランクトンは、植物《しょくぶつ》プランクトンを 食《た》べる。

イ（ ）鳥《とり》は メダカに 食べられる。

ウ（ ）動物プランクトンが 食物連鎖を 基礎《きそ》で ささえて いる。

(3) ③弱い 生きものが、……ありませんと ありますが、メダカは どう するのですか。〈30点〉

天敵《てんてき》が たまごや 幼虫《ようちゅう》の ときは、

(4) ④多《おお》くの 生きものが 姿《すがた》を けして いますと ありますが、なぜですか。〈30点〉

★★★ 最高レベル

30分

/100

答え60ページ

学習日　月　日

1 つぎの 文章《ぶんしょう》を 読《よ》んで、もんだいに 答《こた》えなさい。

　ある 日の ことです。アオムシが 歩《ある》く ところを 観察《かんさつ》して いた わたしは、①アオムシの 意外《いがい》な 動《うご》きに ハッと しました。アオムシは 歩く ときに しきりに 頭《あたま》を 動かして いるのです。わたしは それまで、アオムシの 脚《あし》の 動きにばかり 気を とられて、頭の 動きには、とくに 注意《ちゅうい》して いませんでした。
　そこで あらためて 頭の 動きに 注目すると、アオムシは 歩く ときに かならず 頭を 左右に 振《ふ》って います。足場《あしば》を なぞるように 左に 右に、頭を 振りながら モゾモゾと 歩いて いました。
　では *②老熟幼虫《ろうじゅくようちゅう》は どうなのだろうと 考《かんが》え、その 歩《ある》き方《かた》を あらためて 観察しました。
　すると どうでしょう。セカセカと 急《いそ》ぎ足《あし》で 歩く 老熟幼虫は、ときたま 思《おも》い出《だ》したように 頭を 振るだけで、ほとんど 頭を 振らないで 歩いて いました。たまに する 頭振りも、アオムシのように、一目で それと わかるような はっきりした 頭振りでは ありませんでした。
　アオムシは なぜ 頭を 振りながら 歩くのだろうか。頭を 振る ことと、アオムシが 落《お》っこちない こととに 関係《かんけい》が あるのだろうか。わたしは そう 思って、アオムシの 頭振りを 観察しました。
　まもなく、③頭振りの 特徴《とくちょう》が 見えて きました。アオムシは ただ 単《たん》に 頭を 左右に 振るのでは なく、まるで 足場の 匂《にお》いでも かぐかのように 動かして います。さらに もっと よく観察すると、アオムシは　横向《よこむ》きの　8の字（∞）を　えがくように　頭を　動かして　いる　ことが　わかりました。わたしは、アオムシの　この　頭振りを「8の字の　頭振り」と　よぶ　ことに　し、さらに　くわしく　観察する　ことに　しました。

わたしは　④アオムシを　ガラス板《いた》の　上に　乗《の》せました。こう　すると、アオムシの　頭の　動きが　見やすく　なります。それに　歩いて　いる　ところを　ガラス板の　下から　観察する　ことも　できます。

ガラス板の　上に　乗せると、アオムシは　まもなく　モソモソと　動き出し、頭を　8の字に　振りながら　前《まえ》に　進《すす》みはじめました。

アオムシが　2、3センチほど　前進《ぜんしん》した　ときの　ことです。わたしは　アオムシの　口元《くちもと》に　きらりと　光《ひか》る　白い　ものを　目撃《もくげき》しました。ア

「何《なん》だ、これは！」。ドキッと　した　わたしは、注意深《ぶか》く　観察しました。それは　とても　細《ほそ》い、

白い　糸で　ある　ことが　わかりました。

アオムシは　歩きながら　糸を　はきつづけて　いたのです。

この　発見《はっけん》に　元気《げんき》づけられ、観察を　つづけると、糸は　口の　すぐ　後《うし》ろに　ある　突起《とっき》から　はき出されて　いる　ことが　わかりました。イ

アオムシは　その　突起を　ときどき　ガラス板に　おしつけます。おしつけられた　糸が　ガラスの　表面《ひょうめん》に　くっつきました。アオムシは　ただ　糸を　はき出して　いるだけでは　なく、はき出した　糸を　ガラス板の　ところどころに　つけて　いたのです。

アオムシが　進んだ　あとの　ガラス板の　表面には、8の字の　形《かたち》を　した　白い　細い　糸が「道《みち》」のように　はりつけられて　いました。ウ

何と　いう　ことだろう。アオムシは、自分が　進む　前方《ぜんぽう》に、自分《じぶん》が　歩く　細い　糸の　道を　つくって　いるのだろうか。わたしは　⑤予想《よそう》も

しなかった　アオムシの　行動《こうどう》に　大いに　おどろきました。

　わたしは　今度《こんど》は　ガラス板《いた》の　下側《したがわ》から　アオムシの　歩《ある》き方《かた》を　観察《かんさつ》して　みる　ことに　しました。こう　すると、白い　細《ほそ》い　糸の　道《みち》を、もっと　よく　見る　ことが　できました。**エ**

　この　観察の　結果《けっか》、重要《じゅうよう》な　ことが　わかりました。それは　ガラス板に　はりつけた　糸を　アオムシが　脚《あし》で　探《さぐ》り当《あ》て、その　糸に　脚の　つめや　フックを　しっかりと　ひっかけて　いる　ことです。アオムシは　ガラス板に　しきつめた　8の字の　糸に　しがみつきながら、糸の　道を　歩いて　いるのです。

（小原嘉明《おばらよしあき》『アオムシの歩く道』）

（注《ちゅう》）○老熟幼虫《ろうじゅくようちゅう》＝もう　すぐ　さなぎに　なるほど、そだった　幼虫。

---

(1) ①アオムシの　意外《いがい》な　動《うご》きと　ありますが、どんな　動きですか。〈15点〉

［　　　　　　　　］振《ふ》りながら　歩《ある》く　動き。

(2) ②老熟幼虫《ろうじゅくようちゅう》に　ついて、合《あ》う　ものを　一つ　えらんで　○を　つけなさい。〈10点〉

ア（　）アオムシのように、はっきりと　頭《あたま》を　振って　歩く。

イ（　）セカセカせずに、ゆっくりと　歩く。

ウ（　）ほとんど　頭を　振らずに　歩く。

(3) ③頭振りの　特徴《とくちょう》と　ありますが、どんな　特徴ですか。〈15点〉

足場《あしば》の　匂《にお》いでも　かぐかのように、［　　　　　　　　］特徴。

(4) ④アオムシを ガラス板《いた》の 上に 乗《の》せましたに ついて つぎの もんだいに 答《こた》えなさい。

1 これは なぜですか。あてはまる 言葉《ことば》を 文章中《ぶんしょうちゅう》から ぬき出しなさい。〈10点×2〉

アオムシの [　　　] が 見やすくなり、[　　　] を ガラス板の 下から 観察《かんさつ》できるから。

2 ひっしゃは アオムシを ガラス板の 上に 乗せて 観察した ことで、まず はじめに どんな ことが わかりましたか。〈15点〉

[　　　　　　]

---

(5) ⑤予想《よそう》も しなかった アオムシの 行動《こうどう》と ありますが、アオムシの どんな 行動ですか。〈15点〉

[　　　　　　]

(6) ひっしゃが ガラス板で アオムシを 観察して いた 様子《ようす》が 書かれて いるのは、どこまでですか。ア～エから 一つ えらんで 記《き》号《ごう》で 答《こた》えなさい。〈10点〉

[　]

復《ふく》習《しゅう》テスト⑦

15分

/100

答え62ページ

学習日　月　日

1 つぎの文章《ぶんしょう》を読《よ》んで、もんだいに答《こた》えなさい。

①サンゴは、小さな１ぴき１ぴきがたくさんあつまってくらしていて、夜《よる》は、*触手《しょくしゅ》をのばして動物《どうぶつ》プランクトンを食《た》べ、昼間《ひるま》は、体《からだ》の中にすむ褐虫藻《かっちゅうそう》という藻《も》のなかまが*光《こう》合成《ごうせい》をしてつくる栄養《えいよう》をもらって生きている。サンゴの色《いろ》も、じつは褐虫藻の色だ。

こう書《か》くと、まるでサンゴばかりが得《とく》をしているように感《かん》じるかもしれないけれど、褐虫藻も、サンゴの体の中にいるおかげで、太陽《たいよう》の光《ひかり》がふりそそぐ「海《うみ》の特等席《とくとうせき》」でふんだんに光合成をすることができている。つまり、サンゴと褐虫藻は共生関係《きょうせいかんけい》にある。

因になっているといわれる。

白化が広《ひろ》がったり、□と、サンゴはつぎつぎに死んで、骨だけになる。やがて、その骨もくずれ、がれきとなって、さいごには、サンゴ礁《しょう》がなくなってしまう。

（長島敏春《ながしまとしはる》『サンゴの海』）

（注《ちゅう》）○触手＝サンゴなどの口のまわりにある細長《ほそなが》いとっき。ものにふれたり食べものをとらえたりする。
○光合成＝しょくぶつが太陽の光をつかってさんそを出すこと。

(1) ①サンゴについて合《あ》うものを**二つ**えらんで○をつけなさい。〈15点×2〉

ア（　）昼間《ひるま》は光合成《こうごうせい》をしている。
イ（　）夜《よる》は動物《どうぶつ》プランクトンを食《た》べる。
ウ（　）サンゴの色《いろ》は褐虫藻《かっちゅうそう》の色だ。
エ（　）サンゴは褐虫藻なしでも生きられる。

るんだ。
（中略《ちゅうりゃく》）
②サンゴの　白化《はっか》は、サンゴの　体から、褐虫藻が　いなく　なって　起《お》こる。褐虫藻が　いなく　なる、おもな　原因《げんいん》は、地球温暖化《ちきゅうおんだんか》だと　いわれて　いる。海水《かいすい》の　温度《おんど》が　30度を　こえると、褐虫藻は　サンゴの　体から　でて　いく。
サンゴは、体の　色として　見えて　いた　褐虫藻が　いなく　なると、透明《とうめい》に　なり、力を　あわせて　つくった　骨《ほね》の　部分《ぶぶん》が　透《す》けて、白く　見えるように　なる。すると　サンゴは、褐虫藻から　もらう　栄養も　なくなり、およそ　2か月の　あいだに　褐虫藻が　もどって　こないと、やがて　死《し》ぬ　ことに　なる。
さらに、オニヒトデと　いう　ヒトデが、サンゴを　どろどろに　とかして　食べる。食べられて　しまうと、サンゴは　白い　骨だけに　なって　しまう。海水の　汚染《おせん》が、オニヒトデが　ふえる　原

---

(2) ②サンゴの　白化《はっか》と　ありますが、どうして　白化するのですか。文章中の　言葉《ことば》を　つかって　書《か》きなさい。〈15点×2〉

［　　　　］が　30度《ど》を　こえると、褐虫藻が［　　　　］、骨《ほね》の　部分《ぶぶん》が　透《す》けて　白く　見えるように　なるから。

(3) ［　］に　あてはまる　言葉を　考《かんが》えて、十五字以内《いない》で　書きなさい。〈20点〉

(4) この　文章の　内容《ないよう》に　合う　ものを　一つ　えらんで　○を　つけなさい。〈20点〉

ア（　）地球温暖化《ちきゅうおんだんか》や　海水《かいすい》の　汚染《おせん》が　すすむと、サンゴ礁《しょう》が　なくなる。

イ（　）オニヒトデと　サンゴは　共生関係《きょうせいかんけい》に　ある。

ウ（　）サンゴの　骨《ほね》は　死《し》んでも　くずれない。

思《し》考《こう》力《りょく》問《もん》題《だい》に チャレンジ④

15分

／100

答え 63ページ

学習日　月　日

1 つぎの 文章《ぶんしょう》を 読《よ》んで、もんだいに 答《こた》えなさい。

きまった 時間《じかん》に ねむく なったり、目が さめたり するのは 「体内時計《たいないどけい》」が あるからです。

じつは、①体内時計は 地球上《ちきゅうじょう》の ほぼ すべての 生《い》き物《もの》が もって います。昆虫《こんちゅう》や 植物《しょくぶつ》も ふくめた、あらゆる ものが、体内時計を もって いるのです。たとえば 蚊《か》の 一種《いっしゅ》は、夕方《ゆうがた》に なると 集《あつ》まって 蚊柱《かばしら》を つくりますが、これは 体内時計を 使《つか》って おなじ 時間に 集まり、交《こう》尾《び》の 成功率《せいこうりつ》を 上げて いるのです。

ただし、すこし 注意《ちゅうい》しなければ ならないこと

---

(1) ①体内時計《たいないどけい》に ついて、**あてはまらない ものを** 一つ えらんで ○を つけなさい。〈20点〉

ア（　）ほぼ すべての 生《い》き物《もの》が もって いる。

イ（　）生き物の 昼夜《ちゅうや》の リズムを ととのえて いる。

ウ（　）蚊《か》の 一種《いっしゅ》が 夕方《ゆうがた》に 集《あつ》まる こと と 関係《かんけい》が ない。

(2) ［　　］には、〈れい〉のように 時《とき》の 長《なが》さを あらわす 三字の 言葉《ことば》が 入ります。一文字目は 数字《すうじ》、二・三字目は 漢字《かんじ》です。考《かんが》えて 書《か》きなさい。〈20点〉

〈れい〉3週間《しゅうかん》

［　｜　｜　］

が　あります。生き物の　体内時計は、じつは
□　ぴったりでは　ないのです。

（中略《ちゅうりゃく》）

それでは、②どうして　わたしたち人間《にんげん》は、ズレを感《かん》じずに　規則《きそく》正しく　生活《せいかつ》できるのでしょう？

朝《あさ》、カーテンを　あけると　まぶしいですね。そう、太陽《たいよう》の　光《ひかり》です。

わたしたちは、毎朝《まいあさ》　太陽の　光を　感じる　ことで、体内時計の　ズレを　直《なお》して　いるのです。

③生き物に　とって、昼《ひる》と　夜《よる》を　規則正しく生活する　ことは　とても　大切《たいせつ》な　ことです。

恐竜《きょうりゅう》が　たくさん　いた　時代《じだい》、わたしたち　哺《ほ》乳類《にゅうるい》の　祖先《そせん》は、恐竜に　襲《おそ》われないよう　夜間《やかん》に活動《かつどう》する　ことで　生きながらえて　きたと　考《かんが》えられて　います。

（吉村崇《よしむらたかし》『からだの中の時計』）

---

(3)　②どうして……生活《せいかつ》できるのでしょう？と　ありますが、どうしてですか。三十字以内《いない》で　書きなさい。〈20点〉

(4)　③生き物に……大切《たいせつ》な　ことですと　ありますが、どうしてですか。それぞれ　二十字以内で書きなさい。〈20点×2〉

人間《にんげん》の　祖先《そせん》は、恐竜《きょうりゅう》が　たくさん　いた　時《じ》代《だい》、恐竜に　襲《おそ》われないよう

ことから、規則《きそく》正しい　生活を　する　ことが、